VETERANOS EN EE.UU.: LEGISLACIÓN E INTEGRACIÓN EN LA DÉCADA DE 1940

Isabel María García Conesa

BIBLIOTECA BENJAMIN FRANKLIN

Dedicatoria

Quisiera dedicar esta investigación a mi familia, de la que me siento muy orgullosa de formar parte. En primer lugar, a mi hijo Daniel, por aportar tanto a nuestras vidas, por ser tan especial y por todos esos momentos de estrés que ha tenido que compartir. A mi esposo, por su comprensión, por su paciencia infinita y sus palabras de aliento.

A mis padres, no encuentro palabras para expresar mi gratitud por haberme dado lo mejor de sus vidas, por ser el espejo en el que mirarme, por su apoyo incondicional en cada momento y por quererme tanto. A mis hermanas, por estar siempre ahí y por ser tan imprescindibles en mi vida.

A Niebla, Lola y Bruno, gracias por haber compartido conmigo el silencio en los momentos de estudio.

Mi más sincero agradecimiento a Toñi. Gracias por acompañarme en mi recorrido académico, por tus inestimables consejos y por creer en mí. Por nuestros entrañables encuentros en el rincón irlandés y por nuestra amistad.

A todos los nuestros, los que son y están…aquí y allí.

Sin todos vosotros, sin vuestra fuerza y cariño, todo esto no habría sido posible.

Agradecimientos

ÍNDICE

AGRADECIMIENTOS

A lo largo de esta investigación me he sentido muy afortunada de conocer a personas e instituciones que me han dado la oportunidad de llevar a cabo este proyecto. A todas ellas, gracias.

Mi más profundo agradecimiento a la Dra. Dª Antonia Sagredo Santos por acompañarme en mi recorrido académico, por su rigor, su infinita paciencia, sus sugerencias, orientaciones y correcciones. Gracias por el apoyo recibido en esos momentos en los que el tiempo jugaba en nuestra contra y hacía desvanecer los ánimos.

Gracias a la Dra. Dª Mª Luz Arroyo Vázquez por haberme animado a participar en este mundo de la docencia e investigación universitarias. Una entrañable conversación en un congreso nos ha traído hasta aquí. Gracias por compartir tu experiencia y por brindarme tu amistad.

Mi gratitud y reconocimiento al Dr. D. Antonio D. Juan Rubio por su perseverancia, recomendaciones y absoluta disponibilidad. Su asesoramiento e implicación desde el inicio de este trabajo han supuesto una ayuda inestimable.

Gracias al personal de la Schlesinger Library, Radcliffe Institute for Advanced Study de la Universidad de Harvard por su colaboración desinteresada, por su trato atento y distinguido durante mi estancia. En especial, gracias a estas compañeras con las que compartí momentos que parecían que no llegarían a su fin, siempre dedicándome un gesto amable: Dª Susan Landry (*Executive Assistant to the Directors*), Dª Jane Kamensky (*Carl and Lily Pforzheimer Foundation Director*), Dª Ellen Shea (*Head of Research Services*), Dª Sarah Hutcheon (*Research Librarian*), Dª Laurie Ellis (*Staff Assistant II*) y a Dª Laura Peimer y Dª Susan Earle (*Archivists*).

Introducción

INTRODUCCIÓN

A lo largo del presente trabajo analizaremos la situación de los veteranos estadounidenses en general y, muy particularmente, la de los veteranos de la Segunda Guerra Mundial. Si bien la contienda bélica ha sido suficientemente estudiada en el devenir de la historia, no lo han sido tanto los veteranos de esa confrontación al volver a los Estados Unidos y su posterior integración en la sociedad civil de su país en la posguerra.

Con el fin de poder llevar a cabo este estudio empírico, nos hemos remitido a la lectura y al análisis de las leyes originales relativas a los veteranos que se fueron aprobando a partir de la mitad de la década de los años cuarenta. Al realizar este análisis, hemos podido comprender la magnitud y la extensión de todas estas medidas y cómo cambiaron la vida de los veteranos de guerra para siempre.

Encontramos una serie de publicaciones que han constituido la base bibliográfica sobre la que se ha sustentado, en gran medida, esta investigación y que son susceptibles de ser organizadas y distribuidas según la concreción de su temática o argumentación. En su distribución hemos partido de lo más general a lo más particular.

Así, por ejemplo, podemos clasificar los siguientes grupos: los relativos a la Segunda Guerra Mundial, los relacionados con la historia de los Estados Unidos, aquellas obras referentes a los dos presidentes de la época (Franklin D. Roosevelt y Harry S. Truman) y, por último, las relacionadas con la historia de los veteranos. Por lo tanto, el primer grupo estaría constituido por todas aquellas publicaciones que versan sobre la contienda bélica y sus consecuencias y sobre la situación de los Estados Unidos en los años cuarenta.

Los numerosos estudios sobre la Segunda Guerra Mundial han tenido su lógico reflejo en las cuantiosas publicaciones de carácter científico que se han venido editando desde casi su finalización. Estos estudios se caracterizan, en líneas generales, por llevar a cabo un análisis pormenorizado de la contienda, principalmente desde el punto de vista de los vencedores.

La extensísima literatura perteneciente a este primer grupo nos ha resultado de enorme utilidad para poder analizar el conflicto bélico desde amplias y muy variadas perspectivas. Y como hemos apuntado anteriormente, el grueso principal de este grupo de publicaciones está formado por obras de autores masculinos anglosajones, siendo algunas de ellas bastante recientes en el tiempo.

Podemos incluir las siguientes obras a modo de ejemplo, del año 2015, de Maury Klein, *A Call to Arms: Mobilizing America for World War II*, o de Ian W. Tall, *The Conquering Tide: War in the Pacific Islands*, o bien aquellas del año 2014, como las de Douglas Brinkley, *The World War II*, Rick Atkinson, *The Guns at Last Night: The War in Western Europe* o la de Martin Gilbert, *The Second World War: A Complete History*.

Aún dentro de este primer grupo también se han tenido en cuenta algunas obras históricas escritas por mujeres, quienes han aportado su punto de vista femenino a la contienda bélica y a la época estudiada. Entre las mismas podemos apuntar las siguientes: Mary L. Roberts, *What Soldiers Do: Sex and the American GI in World War II* (2014), Laura Hillenbrand, *Unbroken: A World War II Story of Survival, Resilience and Redemption* (2014), Sherna B. Gluck, *Rosie the Riveter Revisited: Women, the War and Social Change* (1987), Karen Anderson, *Wartime Women: Sex Roles, Family Relations and the Status of Women during World War II* (1981), o Ruth Milkman, *Gender at Work: The Dynamics of Job Segregation by Sex during World War II* (1987).

Un segundo grupo de publicaciones de referencia en el que nos hemos basado, especialmente en la primera parte de la investigación, estaría formado por aquella literatura relacionada con la historia de los Estados Unidos en general y, principalmente, la centrada en los años cuarenta del siglo XX. Esta es la época que ha marcado el contexto histórico de nuestro estudio, permitiéndonos así conseguir un conocimiento más profundo de dichos años.

Destaca asimismo un nutrido conjunto de obras cuya fecha de publicación data de los últimos años, lo que proporciona, por tanto, unos contenidos plenamente actualizados sobre esa temática. Entre las mismas, merece la pena destacar las siguientes obras: Oliver Stone y Peter Kuznick, *La historia silenciada de Estados Unidos* (2015), Hugh R. Slotten, *The Oxford Encyclopedia of the History of America* (2014), Jeffrey A. Engel, *America in the World* (2014), George B. Tindall y David E. Shi, *America: A Narrative History* (2007), David M. Kennedy, *The American Pageant: A History of the Republic* (2012), o Larry Schweikart y Dave Dougherty, *A Patriot's History of the Modern World* (2012).

Nuevamente podemos comprobar cómo toda esta literatura fue obra de autores masculinos anglosajones que, tradicionalmente, han dominado este campo temático. Aún así, podemos incluir igualmente en este segundo grupo una reducida muestra de publicaciones de historiadoras que han alcanzado cierta notoriedad académica como, por ejemplo, Lisa K. Boehm y su reciente obra *America's Urban History* (2014), o Claudia Goldin y su artículo "The Great Compression: Wage Structure in the United States at Mid-century" (*Quarterly Journal of Economics*, 1992).

Estos dos primeros grupos de publicaciones de referencia que acabamos de citar nos han resultado de gran utilidad para proporcionar una visión genérica de un contexto histórico determinado en la historia de los Estados Unidos, los años cuarenta, y la Segunda Guerra Mundial.

Como es fácilmente deducible, ambos grupos están estrechamente entrelazados puesto que comparten su ámbito de estudio en frecuentes ocasiones. Y si bien estos dos grupos son importantes en el fundamento teórico de la presente investigación, no constituyen en sí mismos la literatura necesaria para una adecuada focalización en profundidad y con el suficiente rigor científico. Necesitamos, así pues, una mayor concreción temática dentro de los estudios previos existentes. Viene esta determinada por los dos siguientes grupos de publicaciones en los que podemos agrupar esta investigación.

Concretamente, nos referimos a aquellas publicaciones dedicadas a analizar no solo la vida personal sino, sobre todo, las actuaciones políticas e históricas de los dos presidentes estadounidenses que gobernaron el país en la época objeto de estudio: los demócratas Franklin D. Roosevelt primero (hasta el año 1945) y Harry S. Truman (a partir del año 1945) después.

Por lo tanto, un tercer grupo de publicaciones quedaría constituido por todas aquellas que fijaron y centraron su atención en la figura del presidente Franklin D. Roosevelt (1882 – 1945). Algunas son bastante recientes en el tiempo, como es el caso de la obra de Jay Winik *1944: FDR and the year that changed history* (2015).

No obstante, el núcleo principal de este grupo de obras data o bien de la segunda mitad del siglo XX o bien de la primera década del siglo XXI. Entre las primeras, podemos incluir las siguientes: Frances Perkins, *The Roosevelt I Knew* (1946), Harold F. Gosnell, *Franklin D. Roosevelt: Champion Champaigner* (1952), Arthur M. Schlesinger, T*he Age of Roosevelt: The Crisis of the Old Order* (1957), Nicholas Halasz, *Roosevelt through Foreign Eyes* (1961), John T. Flyn, *El mito de Roosevelt* (1962), o William E. Leuchtenburg, *Franklin D. Roosevelt and the New Deal* (1963).

Y entre las segundas, las de la primera década del siglo XXI, se pueden citar las siguientes obras: Burton W. Folsom, *New Deal or Raw Deal? How FDR's Economic Legacy Has Damaged America* (2009), Anthony J. Badger, *FDR: The First Hundred Days* (2008), William J. Federer, *The Faith of FDR* (2006), o Davis W. Houck, *FDR's Body Politics: The Rhetoric of Disability* (2003).

En consonancia con este tercer grupo estaría conformado el cuarto grupo de publicaciones, que son las centradas en el presidente Harry S. Truman (1884 – 1972). Y de forma parecida a lo que sucedió con los volúmenes anteriores, esta se puede dividir en obras publicadas a finales del siglo XX y las publicadas en la primera década del siglo XXI.

Entre las primeras merece la pena destacar las siguientes obras de divulgación: Robert H. Ferrell, *Off the Records: The private documents of Harry S. Truman* (1980), Barton J. Bernstein, *Politics of the Truman's Administration* (1980), Robert J. Donovan, *Tumultuous Years: The Presidency of Harry S. Truman* (1982), Michael T. Benson, *Harry S. Truman and the Founding of Israel* (1997), o Ralph Keyes, *The Wit and Wisdom of Harry Truman* (1999).

De la misma manera, entre las segundas cabe incluir las siguientes obras: Ralph E. Weber, *Talking with Harry: Candid Conversations with President Harry Truman* (2001), Robert H. Ferrell, *The Autobiography of Harry S. Truman* (2002), Monte M. Poem, *Letters Home by Harry S. Truman* (2003), o Steve Neal y Robert V. Remini, *Miracle of '48: Harry Truman's Major Campaign Speeches & Selected Whistle-Stops* (2003).

Estos dos nuevos grupos nos han proporcionado una mayor concreción sobre la temática objeto del presente estudio, uniéndose a la contextualización histórica que nos han aportado los dos primeros grupos. Por lo que ya tenemos fijada tanto la contextualización histórica como la concreción sobre la figura de los dos presidentes que firmaron las leyes.

Sin embargo, aún nos restaría incluir entonces un quinto grupo que englobe aquellas publicaciones científicas de un carácter mucho más concreto y que aborden la situación específica, así como la problemática de los veteranos de guerra estadounidenses y, sobre todo, los veteranos de la Segunda Guerra Mundial.

Naturalmente, nos encontramos en este punto con el problema añadido de la escasa cantidad de publicaciones rigurosas existentes con una temática tan definida y peculiar. Entre ellas merece la pena incluir las siguientes: Williard Waller, *The Veteran Comes Back* (1944), George K. Pratt, *Soldier to Civilian: Problems of Readjustment* (1994), o Edward Humes, *When Dreams Come True* (1999).

Curiosamente, se da la paradoja de que es en este último grupo de publicaciones previas donde hemos encontrado una mayor presencia de autoras femeninas, aún a pesar de ser este un tema objeto de estudio eminentemente masculino. Por ende, debemos también considerar las siguientes aportaciones femeninas: Sara Turner, "Going to War and Going to College" (2002), Gladys M. Kammerer, *Impact of War on Federal Personnel Administration* (1951), o Sharon P. Smith, "Pay Differentials between Federal Government and Private Sector Workers" (1976).

En definitiva, cabe preguntarse en qué situación real deja a nuestra investigación toda esta serie de obras previas existentes que hemos mencionado. Como se ha podido comprobar, si bien las publicaciones en los primeros grupos de trabajo han sido numerosas y variopintas, cambia radicalmente cuando el foco de atención principal se centra exclusivamente en un grupo concreto de la población estadounidense, la de los veteranos de guerra.

Precisamente, en esta escasez de producción científica rigurosa sobre este tema es donde mejor se puede enmarcar y encuadrar nuestra actual investigación. Debido a la existente carencia de estudios previos sobre los veteranos, hemos querido incluir nuestra aportación empírica analizando, de una manera rigurosa, las principales medidas aprobadas por el gobierno para facilitar la reinserción a la vida civil de los veteranos de la Segunda Guerra Mundial que volvían a casa tras la contienda bélica.

Por lo tanto, el vacío que hay de obras que valoren todas estas medidas de forma conjunta es el hueco que hemos pretendido ocupar con este estudio. Ahora bien, sería injusto no reconocer igualmente que sí hemos podido encontrar algunas publicaciones que analizan, de forma separada y sesgada, algunas de las medidas que hemos presentado de forma conjunta, aportando una visión mucho más genérica y global de la situación.

Por ejemplo, podemos considerar aquellas publicaciones que analizaron la aprobación de la primera medida a considerar en este estudio en el año 1944, la *G. I. Bill of Rights,* como son las siguientes: Keith Olson, "The GI Bill and Higher Education" (1973), Stephen R. Ortiz, *Beyond the Bonus March and the GI Bill* (2010), Glen C. Altschuler, *The GI Bill: a new deal for veterans* (2009), o Frydl Kathleen, *The GI Bill* (2009).

De igual manera, hemos podido constatar la presencia de un número aún más reducido de publicaciones que versan sobre la segunda medida considerada en esta investigación, la *Veterans' Preference Act.* Entre ellas, deben ser destacadas las siguientes aportaciones: Gregory B. Lewis y su *The Impact of Veterans' Preference on the Composition and Quality of the Civil Service* (2013), Robert H. Elliot, "The Fairness of Veterans' Preference in a Merit System" (1986), o Mark A. Emmert, "Who Pays for Veterans' Preference?" (1984).

Por lo tanto, la relevancia de esta investigación queda plenamente justificada y validada al no existir, en el momento de la presentación de este trabajo al menos, publicaciones que o bien analicen la tercera medida presentada o lo que es más trascendente aún, consideren todas estas medidas legislativas en su conjunto. Se deduce de ello una falta de producción científica que proporcione una visión panorámica global de cómo afectaron las mismas a los veteranos de guerra. Por todo ello, pretendemos completar este vacío existente de una forma rigurosa y científica a lo largo del presente estudio.

Evidentemente, el objetivo principal de la presente investigación es el de indagar en profundidad y el de compendiar todas aquellas medidas legislativas trascendentales a favor de los veteranos de guerra que se fueron aprobando en el Congreso de los Estados Unidos a partir de la Segunda Guerra Mundial.

En clara contraposición a lo acontecido con otros veteranos, especialmente los de la Primera Guerra Mundial, que se vieron desprotegidos y desamparados por el gobierno, éstos consiguieron que se fueran aprobando una serie de leyes que mejoraron ostensiblemente su situación y facilitaron enormemente su reinserción a la sociedad civil de la época. Dichas medidas, como se irá comprobando a lo largo del estudio, cambiaron para siempre su estatus social y, por extensión, sus propias vidas.

En este sentido, nuestro objetivo va a ser tratar de recoger todos los beneficios o compensaciones que fueron consiguiendo los veteranos, con qué finalidad y por qué, y qué consecuencias tuvieron, a medio y largo plazo, para ellos mismos y para la sociedad estadounidense de finales de los años cuarenta.

La Segunda Guerra Mundial marcó extraordinariamente, como ningún otro acontecimiento, la década objeto de estudio en la presente investigación. La guerra se extendió por todo el mundo y fue, con diferencia, el conflicto más sangriento conocido hasta la fecha. Los Estados Unidos y la Unión Soviética se convirtieron en las nuevas y únicas superpotencias del mundo, pasando las antiguas potencias europeas a un segundo nivel. Pero, todo esto tuvo un enorme coste para el país. No solo tuvieron enormes pérdidas en vidas humanas como consecuencia de las propias acciones bélicas sino a su finalización, el desorbitado número de soldados que volvieron a casa y fueron desmovilizados en tiempos de paz.

El gobierno estadounidense tuvo que hacer frente, de esta manera, a un elevado número de soldados que retornaban paulatinamente del frente y a los que tenían que reinsertar en la sociedad civil del país, evitando que se reprodujeran los incidentes registrados a la finalización de la Primera Guerra Mundial.

Consiguientemente, investigaremos las principales medidas legislativas que se aprobaron con el fin de proporcionar una adecuada atención a este grupo de veteranos en su intento de reinsertarse al mercado laboral. Medidas que impulsaron, en definitiva, una serie de mejoras laborales, económicas y sociales sin parangón hasta la fecha. Baste decir, para resaltar la importancia de estas, que los efectos de algunas de estas medidas aún perduran y tienen su reflejo en la sociedad estadounidense actual.

Así pues, los principales objetivos de nuestra investigación podrían condensarse de la siguiente manera: examinar la batería de medidas legislativas aprobadas a favor de los veteranos de guerra estadounidenses, profundizar en las tres leyes más importantes para los veteranos, reflejando su trascendencia y/o consecuencias, demostrar los beneficios que estas medidas reportaron a los veteranos y discernir sobre las razones que condujeron a la aprobación de estas medidas y debatir sobre sus efectos.

Cabe preguntarse, irrebatiblemente y, en relación con lo expuesto anterior-mente, dónde radica la originalidad de nuestra investigación y las razones por las que hemos escogido esta temática. Como se ha ido mencionando previamente, la justificación de la presente investigación reside en el intento de ocupar el vacío existente en la actualidad sobre este conjunto de medidas en su totalidad, así como en la extrema relevancia que estas tuvieron y aún tienen en la sociedad estadounidense.

La adecuación del estudio viene dada por ser esta una época de la historia de los Estados Unidos que resultó determinante en el desarrollo de los acontecimientos mundiales posteriores y para los propios veteranos en particular. Todo ello, unido a la casi inexistencia de estudios previos existentes, dota a la presente investigación de la consistencia teórica necesaria para su fundamentación.

Y, relacionado con esta última aseveración, podemos asimismo justificar plenamente el carácter innovador de nuestra investigación. No se pretende aportar un punto de vista nuevo o diferente sobre estudios ya existentes en la actualidad, sino que, por el contrario, nuestra intención es la de innovar en la misma temática objeto de estudio. Queda probada y justificada, tanto desde un punto de vista teórico como metodológico, la realización de la presente investigación sobre los veteranos de la Segunda Guerra Mundial y las medidas que se fueron aprobando a su favor.

A lo largo de esta investigación tenemos la firme intención de confirmar y refrendar los objetivos principales anteriormente citados con el fin de probar o refutar nuestra propuesta de investigación, quedando así justificada la originalidad del tratamiento concedido a la misma, conseguir los suficientes datos empíricos que nos permitan reflexionar en profundidad sobre las diversas medidas legislativas aprobadas, intentar que dichos datos nos sirvan de fundamento o base sobre la que construir un ulterior debate sobre sus consecuencias o repercusiones y discernir de una forma razonada las conclusiones que se hayan obtenido con el fin de poder plantear estudios futuros sobre esta temática.

Teniendo ya enunciados y enumerados no solo los objetivos de esta investigación, sino también la justificación y el carácter innovador de la misma, llega ahora el momento de plantear cuál es nuestra hipótesis de investigación, así como la formulación de las distintas preguntas sobre la misma.

Por lo tanto, la hipótesis de trabajo de la que partimos y planificamos este trabajo nos lleva inexorablemente a corroborar la siguiente afirmación: "para los veteranos de guerra estadounidenses hubo un antes y un después de la aprobación de una serie de medidas tras la finalización de la Segunda Guerra Mundial por las consecuencias que estas tuvieron y aún tienen en la sociedad estadounidense".

Y con el fin de poder demostrar dicha aserción a lo largo de la presente investigación y comprobar si es verídica, podemos formular algunas preguntas que la corroboren: ¿qué importancia tuvieron las medidas aprobadas en los años cuarenta para los veteranos de guerra?, ¿cuál fue el impacto que cada medida aportó para mejorar la calidad de vida de los veteranos?, ¿qué repercusión posterior mantuvieron dichas medidas, no solo para los veteranos, sino para la propia sociedad estadounidense?, ¿consiguieron estas medidas legislativas su propósito inicial?, y ¿existen medidas similares en la actualidad a las aprobadas en los años cuarenta?

El corpus de este trabajo de investigación supone un intento de profundizar en los años cuarenta en los Estados Unidos. Partiendo de la situación económica y social de esta década y, teniendo en cuenta el enorme impacto mundial que supuso la Segunda Guerra Mundial, llegamos a nuestro punto de investigación, que es el de los veteranos de guerra. Este estudio responderá a las preguntas sobre quiénes eran, qué tipo de leyes y cuáles permitieron su reinserción en la sociedad civil, qué aportaron en su momento y, gracias a la aprobación de estas, qué beneficios tienen los veteranos en la actualidad en la sociedad estadounidense.

Para ello, la metodología empleada está plenamente vigente en cada parte del trabajo. Lógicamente, debido a la naturaleza de nuestra investigación, vamos a seguir una metodología histórica, teniendo en cuenta que en la elaboración del estudio nos hemos basado en una combinación de fuentes primarias y secundarias. Ambos tipos de fuentes no solo son complementarias, sino que además son necesarias para poder cubrir los diferentes ámbitos objeto del presente estudio.

Así pues, el primer paso a seguir fue desplazarnos a la biblioteca Arthur & Elizabeth Schlesinger Library Radcliffe Institute for Advanced Study (AESL – RIAS) de la Universidad de Harvard (USA) que disponía de una colección de documentos inéditos, lo que nos permitió aportar el primer rayo de luz a nuestra investigación. El segundo paso fue analizar la información registrada en diversos repositorios de varios congresistas de los años cuarenta y cincuenta para poder delimitar nuestro campo de trabajo a los veteranos de guerra. Una vez seleccionados dichos documentos, decidimos cuál iba a ser la estructura del trabajo.

Cualquier investigación histórica debe seguir un método que combine diversos sub-métodos de estudio. Por un lado, hemos usado el método analítico, que es el heurístico, para encontrar la información nueva, la que se desconoce. Por otro lado, se ha empleado el método de síntesis, que es el hermenéutico, con el fin de aclarar la interpretación de la contextualización histórica de base.

Si el método analítico ha sido el utilizado para estudiar la nueva información disponible sobre las medidas legislativas aprobadas para los veteranos, el método de síntesis es el que se ha usado para condensar y explicar la contextualización histórica que nos ha servido de punto de partida de la presente investigación.

Pero, como afirma el historiador Gregorio Delgado García, la investigación histórica también es deductiva-inductiva (Delgado García 11). Lo primero, deductiva, porque hemos obtenido una serie de consecuencias del principio o hipótesis de partida que nos han llevado a la conclusión, yendo de lo más general (Estados Unidos en los años cuarenta y la Segunda Guerra Mundial) a lo más particular (la situación de los veteranos y las leyes aprobadas).

Y lo segundo, inductiva, porque nos ha permitido la posibilidad de pasar de los hechos analizados singulares (las medidas aprobadas) a las proposiciones generales concluyentes. Es decir, de lo particular a lo general. Por lo tanto, el método de investigación histórico debe ir de lo general a lo particular, pero debe ser completado de lo particular a lo general.

Como hemos apuntado anteriormente, las fuentes consultadas pueden ser clasificadas, como recoge el historiador Tevni Grajales Guerra, en dos categorías básicas: fuentes primarias y fuentes secundarias (Grajales Guerra 5). La fuente primaria es aquella que está directamente relacionada con el evento o hecho que se estudia. En nuestro caso, para la presente investigación se han empleado diversos recursos originales como puedan ser los archivos o fondos gubernamentales de los Estados Unidos.

Entre ellos podemos mencionar las siguientes fuentes primarias: Schlesinger Library (Radcliffe Institute for Advanced Study, Harvard University), artículos de prensa en periódicos de diverso alcance (*The Lowell Sun, The Washington Post*), The National Archives of the United States, The Congressional Record, CQ Almanac, Presidential Papers, United Stats Statutes at Large, House and Senate Resolutions o Public Laws.

Por su parte, las fuentes secundarias tienen, en general, un valor limitado por causa de las distorsiones que sufre la información. En nuestro estudio y, por lógica, las fuentes secundarias disponibles están compuestas por la rica y extensa bibliografía consultada y que es expuesta en el ámbito de actuación de la presente investigación.

Esta bibliografía se ha podido dividir en función de su temática en: publicaciones sobre la historia de los Estados Unidos en general, la historia de los Estados Unidos en los años cuarenta y la Segunda Guerra Mundial, obras sobre los presidentes Franklin D. Roosevelt y Harry S. Truman, y publicaciones sobre la situación de los veteranos estadounidenses y las leyes que se aprobaron para favorecerlos.

A continuación, podemos y debemos hacer referencia asimismo a la organización de esta investigación. El presente estudio se puede estructurar en dos partes bien diferenciadas entre sí debido al tratamiento temático de las mismas, pero a la vez secuenciado desde lo más general a lo más particular como hemos apuntado con anterioridad. No es necesario subrayar entonces que cada parte constituye la base sobre la que se asienta la posterior. Y, por descontado, la última parte de esta investigación cumple la función de proporcionar las oportunas conclusiones.

Así pues, la primera parte de la investigación presenta la contextualización histórica de la misma, organizada en tres capítulos diferentes. En el capítulo 1, vamos a ofrecer una visión de los Estados Unidos en los años cuarenta desde una perspectiva histórica y política, que nos permitirá alcanzar una mejor comprensión del momento histórico a analizar, un periodo clave no solo para los Estados Unidos, sino a nivel internacional.

Una vez ofrecida la misma, en el capítulo 2, analizaremos la sociedad estadounidense en los años cuarenta desde un punto de vista económico y sociocultural. Este capítulo complementará al anterior a la hora de ofrecer una panorámica global general de los Estados Unidos en un momento histórico determinado y desde múltiples ángulos.

Y el tercer y último capítulo de esta primera parte estará dedicado a estudiar en profundidad la situación de los veteranos en los Estados Unidos en aquella época histórica. Veremos cuán significativamente cambió su situación en la sociedad y mostraremos las diferentes asociaciones de veteranos que progresiva y paulatinamente se fueron creando en el país. También analizaremos el papel del Comité de Asuntos de los Veteranos en ambas cámaras del Congreso Nacional, la Cámara de Representantes y el Senado.

Pasamos así entonces a la segunda y definitiva parte de esta investigación y donde se ofrecen un mayor número de capítulos, cinco capítulos dedicados en exclusiva a analizar la legislación aprobada relativa a los veteranos en los diversos congresos a lo largo de la década de los años cuarenta y principios de los cincuenta.

Los capítulos 4 y 5 están enteramente centrados en examinar toda la legislación sobre veteranos en los diferentes congresos que se van a analizar. En el capítulo 4, en primer lugar, vamos a ofrecer una somera explicación de los aspectos generales del Congreso, cómo se organiza y cómo funciona, así como un resumen de la tipología de actuaciones que nos podemos encontrar en el mismo. A continuación, aún dentro del mismo capítulo, indagaremos en aquellas medidas que fueron presentadas durante el 76º y el 77º Congreso respectivamente, es decir los dos congresos que iniciaban la década.

En el capítulo 5 introduciremos aquellas medidas que se fueron proponiendo durante el resto de los congresos de aquella década, es decir desde el 78º hasta el 81º Congreso. Hemos pretendido aglutinar la información legislativa correspondiente a estos cinco congresos en un único capítulo con el fin de tener todos los datos empíricos agrupados.

Una vez recopiladas todas las medidas legislativas presentadas en los diferentes congresos de los años cuarenta, los siguientes tres capítulos de la investigación van a estar dedicados a un detallado estudio de las que consideramos como las tres medidas o leyes más relevantes para los veteranos.

Por lo tanto, en el capítulo 6 estudiaremos la primera medida importante en ser aprobada por el Congreso, la llamada *Servicemen's Readjustment Act*, o como popularmente se la conoce *G.I. Bill of Rights*. Esta fue aprobada antes incluso de que concluyese definitivamente la Segunda Guerra Mundial y tenía como objetivo facilitar la inserción a la vida civil de los veteranos que regresaban del frente de batalla. Esta ley les proporcionaba una serie de beneficios inimaginables hasta aquellas fechas.

El capítulo 7 estará pues dedicado al examen de la segunda medida importante aprobada, la llamada *Veterans' Preference Act*, que en cierta medida complementaba la anterior. Si la anterior concedía a los veteranos compensaciones económicas o sociales, esta nueva medida prestaba mayor atención a los aspectos laborales, intentando facilitar su entrada en el mercado laboral.

El capítulo 8 se centrará en la tercera y definitiva medida relevante que, en cierta forma, cerraba la cuadratura de medidas iniciada en el capítulo 6. En esta ocasión se trataba de la *Veterans' Readjustment Act*, que extendía los beneficios o compensaciones a los veteranos de la guerra de Corea y no solo a los de la Segunda Guerra Mundial.

Por último, las conclusiones de esta investigación pondrán el broche final en cuanto a la estructura organizativa se refiere. Se ofrecerá una valoración personal de los diferentes resultados obtenidos a lo largo del estudio a la vez que designaremos las posibles limitaciones técnicas, ofreciendo sugerencias para una futura continuación investigadora. Esta investigación se completará con la presentación de todas las fuentes consultadas, organizadas por su temática, como se ha venido señalando, y de aquellos apéndices que son merecedores de ser adjuntados debido a su especial significado: abreviaturas, tablas, figuras y mapas.

Todas las traducciones de los puestos de trabajo, asociaciones y leyes de inglés a español que aparecen a lo largo de este libro han sido realizadas por la autora, asegurando coherencia y fidelidad al texto original. Por este motivo no se indica explícitamente en cada una de ellas.

CAPÍTULO I
Los Estados Unidos en los años cuarenta desde una perspectiva histórica y política

CAPÍTULO I   LOS ESTADOS UNIDOS EN LOS AÑOS CUARENTA DESDE UNA PERSPECTIVA HISTÓRICA Y POLÍTICA

La década de 1940 fue quizás la más gloriosa en la historia de los Estados Unidos. Fue un momento en el que el destino de la democracia dependía de los jóvenes valientes que luchaban en el extranjero junto a las fuerzas aliadas en la Segunda Guerra Mundial contra la tiranía de Hitler y el régimen fascista. La guerra terminó con el lanzamiento de la bomba atómica sobre dos ciudades japonesas, dando paso así al comienzo de la denominada Guerra Fría (*Cold War*).

Los años cuarenta estuvieron marcados por la Segunda Guerra Mundial, la contienda de mayores proporciones y más devastadora que ha padecido la humanidad. No obstante, los dos primeros años de la guerra fueron de relativa calma para los Estados Unidos, que veían el conflicto aún lejano y propio de la vieja Europa, enzarzada en terribles disputas territoriales.

Pero a finales de 1941, con el ataque japonés a la base militar norteamericana en el Pacífico de Pearl Harbor, los estadounidenses entraron de lleno en el conflicto, que desde ese momento adquirió proporciones mundiales. Los efectos de la guerra y la recesión económica que trajo consigo no tardaron en hacerse sentir en todos los sectores de la sociedad.

A pesar de todo, la Segunda Guerra Mundial impulsó la economía mediante el suministro de capital de inversión y puestos de trabajo, haciendo que muchas mujeres entraran en el mercado laboral por primera vez. Ello hizo que los Estados Unidos, oficialmente neutral durante las primeras etapas de la contienda, iniciaran el suministro de provisiones a los Aliados en marzo de 1941 a través del llamado Programa de Préstamo y Arriendo (*Lend-Lease Program*). Préstamo y Arriendo es el nombre del programa en virtud del cual los Estados Unidos suministraron al Reino Unido, la Unión Soviética, China, Francia y a otras naciones aliadas, grandes cantidades de material de guerra entre 1941 y 1945.

De los principales combatientes, Estados Unidos fue la única nación que se enriqueció a causa del conflicto. Las conferencias en Bretton Woods y Yalta crearon un nuevo sistema de organización internacional que colocó al país y a la Unión Soviética en el centro de los asuntos mundiales. En 1945, cuando llegó el fin de la

Segunda Guerra Mundial en Europa, una conferencia internacional celebrada en San Francisco (California) redactó la Carta de las Naciones Unidas, que entraría en vigor después de la contienda. El final oficial de la guerra estuvo marcado por el uso de la primera arma nuclear después de haber sido utilizada en las ciudades japonesas de Hiroshima y Nagasaki en agosto de 1945.

Hasta cierto punto, las tensiones internas y externas en la era de posguerra fueron gestionadas por nuevas instituciones y por el estado del bienestar, facilitando así el boom de posguerra que duró hasta bien entrados los años 70. La década también fue testigo de los inicios de las nuevas tecnologías, incluyendo los primeros ordenadores, la energía nuclear y la propulsión a chorro, con frecuencia desarrolladas por primera vez gracias al esfuerzo bélico y, posteriormente, adaptado y mejorado en la posguerra.

Así pues, en el presente capítulo vamos a realizar un exhaustivo análisis de la situación general de la sociedad estadounidense a lo largo de los años cuarenta, contemplado desde varias perspectivas bien diferenciadas, aunque interrelacionadas entre sí, histórica y política, puesto que una no se entiende sin la otra.

1.1. Contexto histórico

La Segunda Guerra Mundial marcó como ningún otro acontecimiento la década de 1940 y la segunda mitad del siglo XX, como atestigua la extensa cronología histórica de los años cuarenta (Morris). Al igual que sucedió en 1914 durante la Primera Guerra Mundial, el conflicto se extendió por diversos continentes, aunque en esta ocasión fuese mucho más sangrienta y modificase para siempre el mundo. En 1945, al final de la contienda, Alemania había sufrido enormes pérdidas humanas y materiales, al igual que le sucedió a Japón.

Si bien Alemania sufrió la mayor cantidad de bajas militares, fue la Unión Soviética la que tuvo el mayor número de bajas civiles. Estados Unidos no fue escenario de enfrentamientos significativos y los estados iberoamericanos estuvieron al margen de la confrontación aun cuando de manera oficial apoyaron la causa de los Aliados, con la salvedad de Argentina, que dio cobijo a líderes nazis a la finalización del conflicto bélico.

Mientras la mayoría de los estadounidenses observaban con ansiedad el curso de la guerra en Europa, la tensión crecía en Asia. Aprovechando la ocasión para mejorar su posición estratégica, Japón anunció un nuevo orden en el cual ejercería su hegemonía sobre todo el Pacífico. En la lucha por sobrevivir frente a la Alemania nazi, Gran Bretaña no pudo resistir, abandonó su concesión en Shanghái y cerró temporalmente la ruta de suministros chinos desde Birmania. La reacción de Estados Unidos consistió en imponer un embargo a la exportación de chatarra a Japón.

Así, en julio de 1941, los japoneses ocuparon el sur de Indochina (Vietnam del Sur), anunciando su posible avance hacia el sur en busca de petróleo, estaño y caucho en la Malasia británica y las Antillas holandesas. En respuesta, Estados Unidos declaró un embargo sobre el producto que Japón necesitaba más que cualquier otro, el petróleo.

La confrontación parecía ahora inevitable. Así, en la mañana del 7 de diciembre, aviones japoneses lanzaron un devastador ataque por sorpresa contra la flota estadounidense en el Pacífico en Pearl Harbor (Hawái) en el que 21 barcos fueron destruidos o inhabilitados, 323 aviones resultaron destruidos o dañados y 2.388 soldados murieron.

La opinión estadounidense, aún dividida a causa de la guerra en Europa, se unificó de la noche a la mañana ante lo que el presidente Roosevelt calificó en un discurso como "un día que pervivirá en la infamia para siempre" (BACM Research Papers). El Congreso le declaró la guerra a Japón oficialmente el 8 de diciembre y, al cabo de tres días, Alemania e Italia le declararon la guerra a Estados Unidos. Así, una Resolución Conjunta del Senado (*Senate Joint Resolution 116*) formalizó la declaración en los siguientes términos: "Que un estado de guerra entre los Estados Unidos y el gobierno de Japón que le ha sido impuesto a los Estados Unidos por la presente queda declarado formalmente".

El país pronto se dispuso a movilizar a su gente y a desarrollar toda su capacidad industrial. En los años siguientes, la industria de defensa alcanzó cifras de producción asombrosas: 30.000 aviones, 5.000 barcos de guerra, 60.000 lanchas de desembarco, y 86.000 tanques (Brinkley 146). El número total de miembros en las fuerzas armadas de los Estados Unidos al final de la guerra era de más de doce millones.

Las mujeres trabajadoras, cuyo icono fue "Rosie la remachadora" (*Rosie the Riveter*), tuvieron un papel muy importante en la producción industrial. Todas las actividades de la nación, agricultura, minería, comercio, inversiones, comunicaciones, educación y cultura quedaron sometidas a nuevas y mayores formas de control.

Como los hombres estaban siendo enviados al extranjero y las mujeres a las fábricas a ocupar su lugar, estas se convirtieron en un gran trampolín de la primera ola del feminismo en los Estados Unidos. Para algunas, fue la apertura de una nueva puerta en el sueño americano. En lugar de simplemente tener un marido, una familia o un lugar al que llamar hogar, ahora tenían la oportunidad de encontrar un empleo, con la consiguiente libertad financiera que les permitiría ser un contribuyente más en lugar de solo recibir. En el momento en que la guerra terminó, en vez de regresar rápidamente a sus hogares, las mujeres empezaron a desempeñar más puestos de trabajo en las fábricas hasta que se casaban o se quedaban embarazadas.

A raíz de lo ocurrido en Pearl Harbor y, por temor al espionaje asiático, los estadounidenses incurrieron en lo que después se reconocería como un acto de intolerancia: el confinamiento de todos aquellos ciudadanos norteamericanos de origen japonés. Así, en febrero de 1942, casi 120.000 personas que vivían en California fueron sacadas de sus casas y confinadas en miserables campos de concentración temporales para ser llevadas después a centros de reubicación en las afueras de ciudades aisladas del suroeste ante la supervisión de las autoridades federales.

Buena muestra de ello da cuenta la carta remitida por el director de la Oficina Federal de Investigación (Federal Bureau of Investigation, F.B.I.), John Edgar Hoover (1895– 1972) al general de división y secretario del presidente (*Major General, Secretary to the President*), Edwin M. Watson el 10 de diciembre de 1941:

> Pensé que resultaría interesante al Presidente y a usted tener las tablas adjuntas que muestran el número de extranjeros japoneses, alemanes e italianos puestos bajo custodia del *F.B.I.* el día 9 de diciembre. Estas tablas muestran la localización exacta y el número de personas detenidas, así como los lugares de detención.

Significativa, asimismo, fue la misiva remitida por el ayudante del fiscal general (*Assistant to the Attorney General*), James H. Rowe (1909– 1984) a la secretaria personal del presidente, Grace Tully, en la que denuncia esta medida como inconstitucional y afirma que la administración se estaba dejando llevar por la histeria general con las siguientes palabras:

> Por favor, comuníquele al Presidente que le preste toda su atención a la situación de los japoneses en California. Me parece que la situación explotará cualquier día. Hay casi 125.000 y, si esto sucede, será uno de los mayores éxodos masivos de la historia reciente. Y probablemente requerirá la suspensión del mandato del *habeas corpus* (Carta de James H. Rowe a Grace Tully, 2 de febrero de 1942).

De forma parecida se expresó también el fiscal general (*Attorney General*), Francis Biddle (1886 – 1968), en una carta remitida al propio presidente Franklin D. Roosevelt en la que intenta convencerle de abandonar la idea de la evacuación masiva y el internamiento de ciudadanos con las siguientes palabras:

> Durante varias semanas ha habido una creciente demanda de evacuación de todos los ciudadanos japoneses de todos los estados de la costa oeste. Mi último consejo del Departamento de la Guerra es que no hay ninguna prueba de un ataque inminente y por parte del *F.B.I* no hay ninguna evidencia de un sabotaje planificado (Carta de Francis Biddle a Franklin D. Roosevelt, 17 de febrero de 1942).

Al cabo de muchos debates en torno a la estrategia, los Aliados decidieron abrir un frente a finales de 1943 para obligar a los alemanes a desviar un número mayor de sus fuerzas de la Unión Soviética. Entonces, el general estadounidense Dwight D. Eisenhower (1890 – 1969) fue nombrado comandante supremo de todas las fuerzas aliadas en Europa.

El 6 de junio de 1944, los primeros contingentes de un ejército de invasión estadounidense, británico y canadiense desembarcaron en cinco playas de Normandía. En marzo de ese mismo año, estadounidenses y británicos ya habían cruzado el Rin y el avance de los rusos desde el este era irresistible. Así, Alemania presentó su rendición incondicional el 7 de mayo de 1945.

Las batallas finales en el Pacífico figuraron entre las más sangrientas de toda la guerra. Pensando que la bomba atómica podría usarse para obtener una rendición más rápida de Japón y, con menos bajas que con una invasión del continente, el presidente Harry Truman dispuso que la bomba sería lanzada si los japoneses no se rendían para antes del 3 de agosto, hecho que finalmente no se produjo.

Ante la negativa de Japón, el 6 de agosto, un avión de los Estados Unidos, llamado *Enola Gay,* arrojó una bomba atómica sobre la ciudad de Hiroshima. Una segunda bomba fue lanzada tres días más tarde, el 9 de agosto, sobre Nagasaki. Las bombas destruyeron amplias secciones de ambas ciudades, con pérdidas masivas de vidas. El 14 de agosto, Japón accedió a las condiciones impuestas en Potsdam. La rendición formal de Japón tuvo lugar el 2 de septiembre de 1945.

El 24 de octubre, se reunieron los representantes de cincuenta países en la ciudad estadounidense de San Francisco (California), fundando las Naciones Unidas. En claro contraste con su rechazo a la incorporación de los Estados Unidos a la anterior Liga de las Naciones después de la Primera Guerra Mundial, el Senado estadounidense ratificó sin dilación la Carta de las Naciones Unidas. Con ese hecho se confirmó que el espíritu aislacionista de décadas anteriores había dejado de ser el rasgo dominante de la política exterior de este país.

Los juicios contra los líderes nazis comenzaron en noviembre de 1945 en Núremberg (Alemania) según lo dispuesto en Potsdam. Los nazis fueron acusados no solo de planear y consumar una guerra de agresión, sino también de violar las leyes de la guerra y de la humanidad con el genocidio sistemático de judíos y otros pueblos de Europa, conocido como el Holocausto.

Hacia finales de la Segunda Guerra Mundial, el ideal de un mundo en paz pareció al alcance de la mano. Los países que triunfaron habían aprendido la lección del pasado y estaban dispuestos a no exigir reparaciones agobiantes a los vencidos. En Bretton Woods (Estados Unidos), una gran reunión internacional había fijado las bases de un sistema económico que aspiraba a asegurar la estabilidad y el crecimiento para todos.

Los Estados Unidos y la Unión Soviética emergieron como las nuevas y únicas potencias del mundo, reemplazando a las potencias europeas. Todas las antiguas potencias europeas pasaron a un segundo nivel. La Sociedad de Naciones fue reemplazada por la nueva Organización de Naciones Unidas que, a diferencia de la anterior, tuvo su sede en Nueva York y no en Europa.

Estados Unidos dominó los asuntos internacionales en los primeros años de posguerra. Tras la victoria en la gran contienda y al ver que su país se había librado de la declaración de guerra, los estadounidenses se sentían confiados de su misión tanto en el ámbito nacional como en el exterior. Los líderes del país deseaban preservar la estructura democrática que habían defendido con un enorme coste y querían compartir los beneficios de la prosperidad.

Las condiciones del mundo de la posguerra animaron a la descolonización y a la creación de nuevos estados y gobiernos. En 1948 se estableció formalmente el estado de Israel gracias, en gran medida, al respaldo de Gran Bretaña y de los Estados Unidos. Esta nueva nación estaba totalmente conformada por población judía, que era en su mayoría europea, donde había sufrido la persecución de los nazis.

La finalización de la Segunda Guerra Mundial marcó el inicio de una nueva época, no solo para los Estados Unidos sino también para el mundo entero. En la nación norteamericana, el fin de la guerra se celebró con mucha alegría y esperanza para el futuro a la vez que la amenaza de un conflicto con la Unión Soviética se cernía como una nube oscura.

Durante años la mayoría de los estadounidenses se sintieron seguros y confiados y aceptaron la necesidad de asumir una posición fuerte contra la Unión Soviética en la Guerra Fría a partir de 1945. Disfrutaban así de una prosperidad de posguerra que llevó a unos nuevos niveles de riqueza.

La Alemania de posguerra fue dividida en cuatro zonas de ocupación (estadounidense, soviética, británica y francesa). Cuando las potencias de Occidente anunciaron su intención de crear un estado federal consolidado a partir de sus respectivas zonas, Stalin reaccionó bloqueando Berlín e interrumpiendo todas las vías de acceso por carretera y ferrocarril desde Occidente.

Los líderes estadounidenses temían que la pérdida de Berlín fuera el preludio de la pérdida de Alemania y de toda Europa occidental. Por lo tanto, en una exitosa demostración de la firmeza por parte de Occidente que se llegó a conocer como el puente aéreo de Berlín, la aviación de los Aliados transportó más de dos millones de toneladas de productos, entre ellos alimentos y carbón. Stalin levantó el bloqueo al cabo de 231 días y tras registrarse casi 300.000 vuelos, ante la superioridad de los Aliados.

Al salir de la contienda como una superpotencia victoriosa, el futuro de Estados Unidos parecía brillante aun cuando preocupaciones geopolíticas apareciesen en la vida cotidiana, afectando a la sociedad en sus niveles más básicos. La prosperidad y el conservadurismo social llegaron a definir la época de la posguerra, en medio de la Guerra Fría.

Después de la guerra, Estados Unidos dio un paso atrás y se centró en sí mismo. Surgió un nuevo sueño americano revitalizado después de todo el derramamiento de sangre, el esfuerzo de la nación y su profundo patriotismo. El sueño americano de la década de 1930 se había centrado en el trabajo duro. Los hombres procuraban el bienestar de sus familias con la esperanza de superar la depresión. En la década de 1940, después de dejar atrás las luchas, el consumismo y la primera ola del feminismo comenzaron a desempeñar un papel en el sueño americano, adelantando las ideas de futuro.

Durante la Segunda Guerra Mundial, el apoyo a las tropas se convirtió en el tema de todos los días en América. Las empresas estadounidenses picaron este anzuelo y lo explotaron todo lo que pudieron. Este consumismo comenzó a expandirse por todo el país porque ahora incluso el pobre podía apoyar a las tropas. Los anuncios comenzaron a utilizar a los militares y a las mujeres en el ejército, con sugerencias fáciles para el hombre corriente y lemas como para las tropas comenzaron a invadirlo todo, como recoge el historiador Gregory Dallas (Dallas 64).

No solo había gente en el frente nacional trabajando duro, sino que también se estaban convirtiendo en una sociedad de consumo. Podían comprar el pan que apoyara a las tropas, un bono de guerra o podían también esperar a que un héroe de guerra llegara a casa y entrara en sus vidas.

Cuando finalizó la guerra, los hombres y mujeres que habían estado combatiendo llegaron a casa y el sueño americano cambió ligeramente. Las mujeres todavía querían estar en el lugar de trabajo y las empresas aumentaron su producción de anuncios, pero ahora la atención se centró en la obtención de la casa americana perfecta en palabras de Douglas Brinkley. El hogar estadounidense perfecto era una casa en los suburbios, un trabajo estable, estar casado y tener unos cuantos hijos.

1.2. Contexto político

Antes de que el segundo mandato del presidente demócrata Franklin D. Roosevelt se afianzara, su programa nacional se ensombreció por el proyecto expansionista de los regímenes totalitarios de Japón, Italia y Alemania. Japón invadió Manchuria, aplastó la resistencia china e instituyó el estado títere de Manchukuo. Italia, bajo Benito Mussolini (1883 – 1945), amplió sus fronteras en Libia y conquistó Etiopía. Alemania, bajo el líder nazi Adolf Hitler (1889 – 1945), militarizó su economía y volvió a ocupar Renania, hasta entonces desmilitarizada a raíz del Tratado de Versalles.

Estados Unidos, decepcionado por el fracaso de la cruzada a favor de la democracia en la Primera Guerra Mundial, anunció que por ningún motivo recibiría su ayuda cualquier país involucrado en el conflicto. La legislación que apoyaba la neutralidad estadounidense prohibió el comercio de armas con cualquiera de las naciones beligerantes y que los barcos mercantes con bandera estadounidense transportaran esos productos.

El objetivo político era impedir la participación de los Estados Unidos en una guerra en el extranjero. El sentimiento aislacionista se acentuó cuando los nazis conquistaron Polonia y con el estallido de la Segunda Guerra Mundial, aunque los estadounidenses estaban, sin lugar a duda, a favor de las víctimas de la agresión de Hitler y apoyaban a las democracias aliadas (Gran Bretaña y Francia). Roosevelt solo podía esperar hasta que la opinión pública sobre la participación estadounidense cambiara a causa de los acontecimientos que se estaban produciendo.

Los esfuerzos militares de los Aliados se complementaron con una serie de reuniones internacionales para discutir los objetivos políticos de la guerra. En una conferencia angloestadounidense realizada en enero de 1943 en Casablanca (Marruecos), se decidió que no sería posible concertar la paz con el Eje si no era en términos de una rendición incondicional.

La finalidad de este requisito, exigido por Roosevelt, era tratar de garantizar a todas las naciones en conflicto que no se llevarían a cabo negociaciones de paz por separado con los representantes del fascismo o del nazismo. En noviembre de 1943, Roosevelt y Churchill se reunieron con el líder nacionalista chino, Chiang Kai-shek (1887 – 1975), en El Cairo para decidir las condiciones que se impondrían a Japón, entre ellas la renuncia a las conquistas de sus agresiones anteriores.

Poco después, en Teherán, Roosevelt, Churchill y Stalin concertaron acuerdos básicos sobre la ocupación de Alemania en la posguerra y el establecimiento de una nueva organización mundial, las Naciones Unidas. En febrero de 1945, los tres líderes Aliados se reunieron en Yalta cuando la victoria ya parecía segura. Allí, la Unión Soviética accedió a participar en la guerra contra Japón tres meses después de la rendición de Alemania. A cambio, obtendría el control de Manchuria y recibiría también las islas Kuriles de Japón.

Las conversaciones sobre las indemnizaciones que Alemania debía pagar quedaron inconclusas. Se firmaron acuerdos específicos para la ocupación de Alemania por los Aliados y para el juicio de los criminales de guerra. En Yalta se acordó también que las grandes potencias debían tener derecho de veto en los asuntos que afectaran a su seguridad.

A los dos meses de su regreso de Yalta, Franklin D. Roosevelt murió a causa de una hemorragia cerebral cuando estaba de vacaciones en Georgia. Pocos personajes de la historia estadounidense han sido tan honrados con un gran duelo y la población del país sintió que había sufrido una pérdida irreparable. El vicepresidente, Harry Truman (1884 – 1972), fue su sucesor natural.

Los jefes de gobierno de los Estados Unidos, Gran Bretaña y la Unión Soviética se reunieron en Potsdam, del 17 de julio al 2 de agosto de 1945, para discutir las operaciones contra Japón, la concertación de la paz en Europa y el futuro de Alemania.

La llamada Guerra Fría fue el tema político y diplomático más importante en los primeros años de la posguerra, especialmente en la segunda mitad de la década de los años cuarenta. Surgió de los anteriores desacuerdos entre la Unión Soviética y los Estados Unidos, que se produjeron después de la Revolución Rusa de 1917. Sin embargo, los dos países lucharon como aliados en la Segunda Guerra Mundial y pasaron por alto sus diferencias para afrontar juntos el peligro nazi.

Pero cuando la guerra terminó, el antagonismo volvió a aflorar. Estados Unidos esperaba compartir con otras naciones sus ideas de libertad, igualdad y democracia. Recordando el espectro de la Gran Depresión, el país defendía ahora el libre comercio por dos razones principales: crear mercados para sus productos agrícolas e industriales y garantizar la capacidad de las naciones del oeste europeo para exportar como medio para reconstruir sus maltrechas economías.

Los Estados Unidos y la Unión Soviética afrontaron la era de posguerra con actitudes políticas diametralmente diferentes. El gobierno estadounidense del presidente Truman apostó para que los antiguos combatientes se recuperaran rápidamente y la democracia se fortaleciese, como el mismo Truman afirmó: "Queremos una Europa próspera y capaz de sostenerse a sí misma. Una Europa en bancarrota no es beneficiosa para ningún país, ni para la paz en el mundo" (McCuillough 96).

La política estadounidense en los años de posguerra consistió en contener a la Unión Soviética. La doctrina de la contención se aplicó por vez primera en Oriente Medio y en el este del Mediterráneo. A principios de 1946, Estados Unidos exigió y obtuvo la retirada total de los soviéticos de Irán, cuya mitad septentrional había sido ocupada por ellos durante la guerra.

Para alcanzar esta tarea, la administración estadounidense se propuso tres objetivos: poner en marcha un programa de asistencia económica para los países europeos, establecer un protectorado en Japón para que ese país se recuperara económicamente y construyera instituciones democráticas, y fortalecer el tejido de las instituciones internacionales que debían asegurar la estabilidad económica y política mundial.

A principios de 1947, la política estadounidense cristalizó cuando los británicos informaron que ya no podrían seguir apoyando al gobierno de Grecia contra una gran insurgencia comunista. La contención requirió también una copiosa ayuda económica para ayudar a la recuperación de Europa occidental, devastada por la guerra. Ante la inestabilidad económica y política que primaba en muchos de los países de la región, Estados Unidos temía que los partidos comunistas locales, dirigidos por Moscú, capitalizaran su prestigio por la resistencia que opusieron a los nazis en la guerra y accedieran así al poder.

A mediados de 1947, el secretario de Estado George C. Marshall (1880 – 1959), invitó a los países de Europa a elaborar un programa "que no iría dirigido contra ningún país o doctrina, sino contra el hambre, la pobreza, la desesperación y el caos" (Goldsmith 581). A principios de 1948, el Congreso aprobó por votación la financiación del llamado Plan Marshall para ayudar en la recuperación económica de la vieja Europa, lo cual se considera como una de las iniciativas en política exterior más exitosas en la historia de los Estados Unidos.

La Unión Soviética adoptó entonces una estrategia más militar. Su objetivo era asegurar su propia identidad territorial a largo plazo y la estabilidad del régimen comunista. Así pues, buscó fortalecerse internacionalmente mediante la expansión territorial y la instalación de gobiernos subordinados a Moscú en su zona de influencia.

Entre los estadounidenses crecía la convicción de que la Unión Soviética era un nuevo imperio con pretensiones expansionistas. Para los soviéticos, los Estados Unidos pretendían servirse del dinero y de las instituciones internacionales para regir los destinos del planeta. Este choque en términos de poder se complementaba con dos modelos de vida. Estados Unidos defendía la democracia política y el libre mercado mientras que la Unión Soviética apostaba por los regímenes de partido único y por la economía planificada.

La voluntad soviética de controlar por la fuerza a Europa Oriental y parte de Asia está más allá de toda duda. Lo que se discute es si este resultado era inevitable o fue facilitado por algunas torpezas de la política exterior estadounidense. El centro de debate fue la decisión de la administración Truman, tomada en 1945, de cortar la ayuda económica que recibían los antiguos enemigos de Hitler.

Al negarse a participar del llamado Plan Marshall la Unión Soviética dejó de recibir grandes sumas de dinero que eran vitales para su funcionamiento interno, lo que generó la convicción de que solo podían obtener ventajas si aumentaban su control sobre la zona oriental de Europa. Así pues, en mayo de 1945, Stalin se lo confirmó al enviado especial del gobierno estadounidense a Moscú, Harry Hopkins: "Si la negativa a continuar con la ayuda económica fue pensada como una medida de presión para aplacarnos, fue un error garrafal por parte de su presidente" (Gosnell Harry 67).

El clima de creciente hostilidad fue acompañado por la elaboración de doctrinas destinadas a orientar la toma de decisiones. Los dirigentes políticos se acostumbraron entonces a pensar con una lógica que ya no era la de la paz, sino la de la guerra. La doctrina Truman era reactiva, proponiendo un criterio a seguir en el caso de que la Unión Soviética tuviera comportamientos agresivos, lo que implicaba una voluntad de intervención de alcance a un nivel más global.

1.2.1. La presidencia de Franklin D. Roosevelt (1933 – 1945)

Franklin D. Roosevelt (1882 – 1945) fue el trigésimo segundo presidente de los Estados Unidos. Era abogado, aunque abandonó muy joven la profesión para dedicarse a la política. Fue elegido senador en 1911 y después gobernador del estado de Nueva York en 1928, destacando su política de lucha contra la pobreza.

La crisis bursátil del 29 y la profunda depresión económica que provocó le dieron el apoyo definitivo para vencer a Herbert Hoover (1874 – 1964) en las elecciones presidenciales de 1932, las primeras que ganaron los demócratas desde tiempos de Woodrow Wilson (1856 – 1924). Rompiendo con el principio impuesto por George Washington (1732 – 1799) de que los presidentes solo serían reelegidos por dos mandatos, Roosevelt volvió a presentarse con éxito en las elecciones de 1936, 1940 y 1944, por lo que fue el único presidente estadounidense que permaneció en el poder durante cuatro mandatos seguidos.

Sus primeros años de gobierno fueron de grandes cambios. En pleno periodo de entreguerras, Roosevelt se concentró en delinear lo que se conoció como el *New Deal*, un ambicioso plan de intervención del estado en la reconstrucción de la economía nacional, tratando de reorganizar el capitalismo, estabilizar el sistema y contener las numerosas rebeliones que surgían al abrigo de la crisis. A pesar del *New Deal*, la economía estadounidense seguía deprimida, por lo que Roosevelt veía con buenos ojos entrar en la guerra. El embargo de todos los medios de subsistencia básicos que Roosevelt había ordenado sobre Japón solamente dejó una salida al país nipón, atacar a los Estados Unidos y hacerle participar en el conflicto por la fuerza. La política de Roosevelt de provocar para ser atacado y así entrar en la guerra con la aprobación del Congreso y de la población dio sus frutos.

La presidencia de Franklin D. Roosevelt estuvo marcada por dos hechos históricos de una relevancia extrema. Si el inicio de su mandato se centró en sacar al país de la Gran Depresión en la que se hallaba inmerso desde 1929, el final de este se caracterizó por su férrea determinación de involucrar a los Estados Unidos en la Segunda Guerra Mundial, siendo determinante en las conversaciones que marcarían el final de la contienda.

Después de la superación de la crisis económica, el gran reto de Roosevelt fue la lucha por la supremacía mundial. Estableció relaciones diplomáticas con la Unión

Soviética e instauró una política de buena vecindad con los países tradicionalmente sometidos. Pero ante la agresividad demostrada por la Alemania nazi desde la llegada de Adolf Hitler (1889 – 1945) al poder en 1933, Roosevelt hizo frente al aislacionismo dominante en el Congreso alineando a los Estados Unidos con el bando aliado en defensa de las libertades.

En la campaña presidencial de 1940 se demostró que los aislacionistas eran una minoría. Por lo tanto, la elección de noviembre fue otro apoyo mayoritario para el presidente, con lo cual Roosevelt fue el primero y el último jefe del ejecutivo de los Estados Unidos en ser elegido para un tercer periodo.

Con la caída de Francia y el inicio de la guerra aérea contra Inglaterra a mediados de 1940, se intensificó el debate entre los estadounidenses que pugnaban por ayudar a las democracias y la facción antibélica conocida como los aislacionistas. Roosevelt hizo todo lo posible por inclinar la opinión pública a favor de la intervención, preparando así la participación estadounidense en la guerra, que se produjo después del ataque japonés en diciembre de 1941.

Desde ese momento se instauró una economía de guerra regulada por el gobierno federal, movilizando todos los recursos del país y acabando por imponer su superioridad demográfica e industrial sobre Alemania y Japón.

Ante el agravamiento de la crisis, el Congreso votó a favor de asignar grandes sumas de dinero para el rearme y en septiembre de 1940 se aprobó la primera ley de reclutamiento en tiempo de paz promulgada jamás en los Estados Unidos. También en ese mes, Roosevelt concertó un audaz acuerdo ejecutivo con el primer ministro británico, Winston Churchill (1874 – 1965).

A principios de 1941 Roosevelt logró que el Congreso aprobara finalmente el llamado Programa de Préstamos y Alquiler (*Lend-Lease Act Program*) por el cual se autorizaba al presidente a transferir directamente armas y equipo militar a cualquier país y, especialmente, a Inglaterra, considerado vital para la defensa y seguridad de los intereses nacionales. Los historiadores Otis L. Graham y Megham Wander estimaron que, al final de la guerra, el total de la ayuda otorgada por el concepto de préstamo y alquiler ascendió a más de cincuenta mil millones de dólares (Graham y Wander 125).

En el año 1942, Roosevelt reforzó sus firmes alianzas firmando la llamada Declaración de las Naciones Unidas, que integraba a veinticinco países aliados contra el Eje, lo que superaba el número de naciones enfrentadas de uno y otro bando. Además, tuvo el acierto de financiar la investigación de la bomba atómica que se utilizaría posteriormente contra Alemania y Japón.

En la Conferencia de Teherán (1943), las concesiones de Franklin D. Roosevelt respecto a Joseph Stalin fueron erróneas puesto que el líder estadounidense cometió la equivocación de aceptar casi todas las propuestas imperialistas del megalómano mandatario ruso sin estudiar las nefastas consecuencias que las mismas tendrían a largo plazo, muy especialmente para Europa del Este.

En enero de 1944, Roosevelt emitió un decreto ejecutivo para instituir el llamado Consejo de Refugiados de Guerra (*War Refugee Board*, WRB), un organismo independiente del gobierno de los Estados Unidos directamente subordinado al presidente. La mayoría de los historiadores, como el caso de John T. Flyn o Michael Simpson, están de acuerdo en que las designaciones del entonces secretario de la Guerra (*Secretary of the War*) Henry Stimson (1867 – 1950) y del sub-secretario de Estado (*Under-secretary of State*) Edward Stettinius (1900 – 1949) en dicho Consejo tenían el efecto de controlar al organismo.

Vencidas las potencias del Eje, Roosevelt negoció con sus aliados Winston Churchill y Joseph Stalin (1878 – 1953) la reorganización del mundo en las distintas conferencias de posguerra. Conforme a sus ideas de entendimiento pacífico entre las naciones, Roosevelt promovió su proyecto de creación de una Organización de las Naciones Unidas (ONU) y se mostró conciliador con Stalin, aunque no pudo evitar que este adoptara una posición de fuerza, consolidando como potencia mundial a la Unión Soviética y determinando la bipolarización de la inminente Guerra Fría.

Durante la Conferencia de Yalta (1945) se produjo el mayor error de la política estadounidense ya que le cedió a la Unión Soviética toda Europa Oriental. También se firmó que, a los tres meses de rendirse Alemania, la Unión Soviética se volcaría en la guerra del Pacífico, ampliando sus territorios con partes de Manchuria, China septentrional y las islas Kuriles.

No obstante, Roosevelt no descuidó la diplomacia y durante todo el conflicto se entrevistó en varias ocasiones con los líderes aliados, unas veces a solas y otras de forma conjunta, para diseñar y configurar el nuevo orden internacional que tendría que establecerse después de la guerra.

Sin embargo, la enfermedad le privó del privilegio de establecer la paz en el mundo y de alcanzar un amplio acuerdo con el poderoso y astuto Stalin que sin duda habría cambiado el equilibrio de fuerzas en el mundo. Roosevelt dedicó su vida al servicio del país, viviendo importantes cambios a nivel mundial y protagonizando momentos clave de la historia.

Tuvo que plantar cara a una guerra en dos frentes. Uno en Europa contra los totalitarismos fascistas y otro en el Pacífico contra el expansionismo japonés. Venció en ambos, pero perdió la vida en el intento. El éxito de Roosevelt fue confiar en su capacidad, pero sobre todo trabajar en equipo buscando a los mejores para que asumieran los cargos y las cargas más complicadas y difíciles. Siempre prestó su apoyo a sus colaboradores y diseñó los proyectos contando con un grupo con el que se comprometía.

Sus visitas a los soldados en Europa, aun estando enfermo, servían para mostrar a los que se jugaban la vida en el frente que todos formaban parte de un mismo proyecto y perseguían un mismo fin. En momentos de crisis buscó la unidad entre las fuerzas políticas y en la política internacional entre las naciones, pues consideraba que el orden mundial debía ser fruto de un compromiso de todos o no se lograría nunca.

Franklin D. Roosevelt no fue un presidente más en los Estados Unidos. Tampoco fue solo el presidente que sacó al país de la peor crisis económica de su historia después del crac bursátil de 1929. Roosevelt fue el único presidente estadounidense en tener cuatro mandatos presidenciales seguidos y dirigir al país durante la Segunda Guerra Mundial, llevando a la economía nacional por caminos hasta entonces desconocidos.

1.2.2. La presidencia de Harry Truman (1945 – 1953)

Harry S. Truman (1884 – 1972) fue el sucesor natural de Franklin D. Roosevelt en la presidencia antes de que terminara la guerra. Siendo un hombre sin pretensiones que primero fue senador demócrata por Missouri y después vicepresidente del país, no se sintió al principio preparado para gobernar. Como Roosevelt no comentaba con él las complejas cuestiones de posguerra, Truman tenía poca experiencia en asuntos internacionales, llegando a afirmar lo siguiente sobre sí mismo: "No soy lo bastante grande para este trabajo" (Miller 48).

La breve vicepresidencia de Truman, ya que estuvo en el cargo menos de tres meses, se desarrolló sin complicaciones. Roosevelt raramente estaba en contacto con él, ni siquiera para informarle de las decisiones más importantes como, por ejemplo, el desarrollo de la bomba atómica o de las dificultades con la Rusia soviética. Pero, repentinamente, le tocaron resolver éstos y otros innumerables problemas cuando se convirtió en presidente el 12 de abril de 1945. Al acceder a la presidencia, Truman les dijo a los reporteros: "Muchachos, si alguna vez rezáis, rezad por mí ahora. No sé si a alguno de vosotros alguna vez os ha caído una carga de heno encima, pero cuando me dijeron lo que había pasado ayer, sentí que la luna, las estrellas y todos los planetas me habían caído encima" (McCuillough 476).

También les pidió a todos los miembros del gabinete de Roosevelt que permaneciesen en sus puestos. Les dijo que estaba abierto a sus consejos y establecía como principio central de su administración que "él sería el que tomase las decisiones y que ellos serían los que lo apoyasen" (McCuillough 348).

A pesar de todo, Truman respondió sin dilación a los nuevos retos. Impulsivo a veces en asuntos menores, demostró estar dispuesto a tomar decisiones difíciles y bien meditadas sobre asuntos de la mayor importancia. Sus juicios sobre el modo de responder a la Unión Soviética determinaron a fin de cuentas la situación en los albores de la Guerra Fría. En un enérgico discurso en el Congreso en 1947, Truman afirmó: "Creo que la política de los Estados Unidos debe consistir en apoyar a los pueblos libres que se resisten a ser subyugados por minorías armadas o por presiones del exterior" (Truman, *Memoirs* 147).

Los periodistas no tardaron en llamar a esa declaración la Doctrina Truman (*Truman Doctrine*). El presidente solicitó entonces al Congreso cuatrocientos millones de dólares en ayuda económica y militar. Después de un emotivo debate que hizo recordar al de los intervencionistas y a los aislacionistas antes de la Segunda Guerra Mundial, le fue finalmente concedida esta suma de dinero.

Los detractores de izquierdas acusaron después a Truman de haber exagerado la amenaza soviética sobre Estados Unidos con tal de lograr que sus compatriotas apoyaran su política de contención. A su vez, esta declaración provocó una oleada de histeria anticomunista en todo el país.

Poco después de su nombramiento, la guerra contra Japón había alcanzado su etapa final. Una petición urgente a Japón de rendirse fue rechazada, así que Truman ordenó, después de consultar a sus consejeros, lanzar las bombas atómicas en ciudades en las que se producía material bélico como eran Hiroshima y Nagasaki.

En junio de 1945, el presidente Truman fue testigo directo de la firma de la Carta de las Naciones Unidas, establecida con la esperanza de preservar la paz mundial tras los fallidos intentos anteriores. Hasta el momento había seguido las políticas de su precursor, pero pronto desarrolló su propia política.

Presentó al Congreso un programa de veintiún puntos en los que se proponía la extensión del seguro social, un programa de empleabilidad, un acta de Prácticas de Trabajo Justo y Permanente y la verificación de la vivienda pública. El programa, como el propio Truman escribió: "simboliza la asunción de la oficina del presidente por mi propio derecho" (McCuillough 317).

Los peligros y la crisis marcaron el escenario exterior mientras Truman hacía campaña con éxito en 1947. Al mismo tiempo que la Unión Soviética ejercía presión sobre Turquía a través de las guerrillas para que invadieran Grecia, le pidió al Congreso que ayudaran a los dos países, promoviendo el programa que lleva su nombre la Doctrina de Truman. Así, en una declaración oficial del presidente en una Sesión Conjunta del Congreso afirmó:

> La gravedad de la situación que afronta el mundo en la actualidad necesita mi aparición aquí hoy en una Sesión Conjunta del Congreso. Los Estados Unidos han recibido una petición urgente del gobierno griego de ayuda financiera y económica.

Por lo tanto, le pido al Congreso que autorice el envío de personal militar y civil a Grecia y a Turquía a petición de dichos países para ayudarles en la tarea de reconstrucción para supervisar el uso de la ayuda económica dispensada (Carlin).

Posteriormente, el llamado Plan Marshall, nombrado en honor a su secretario de Estado (*Secretary of State*) George Marshall (1880 – 1959), estimuló una recuperación económica en una Europa occidental destruida. Y cuando los rusos bloquearon los sectores occidentales de Berlín en 1948, Truman creó un puente aéreo para proveer a los berlineses. Mientras tanto, negociaba una alianza militar para proteger las naciones de Europa occidental, la Organización del Tratado del Atlántico Norte (OTAN), establecida en 1949.

El fin de la Segunda Guerra Mundial fue seguido por una transición incómoda de la economía de guerra a una economía en tiempos de paz. El presidente se enfrentó a la renovación de los conflictos laborales que habían permanecido latentes durante los años de guerra, una grave escasez de vivienda y de productos de consumo y a la insatisfacción generalizada por la inflación.

La reconversión desordenada de la posguerra en la economía de los Estados Unidos estuvo marcada por una grave escasez, numerosas huelgas y la aprobación de la Ley de Trabajo y Mantenimiento, superando su veto personal. En este ambiente se produjo una oleada de huelgas en las principales industrias y la respuesta de Truman hacia ellas fue considerada generalmente como ineficaz.

Mientras se preparaba para las elecciones de 1948, Truman dejó clara su identidad como demócrata en la tradición del *New Deal*, la promoción de un seguro nacional sanitario, la derogación de la ley antisindical y un agresivo programa de derechos civiles. En conjunto, todo ello constituyó un amplio programa legislativo que se llamó Trato Justo (*Fair Deal*). Recordemos que, en la primavera de 1948, el índice de aprobación pública de Truman se situaba en torno al 36% y que se consideraba que era incapaz de ganar las elecciones. Truman intentó relajar la política interna mediante una estrategia de derechos civiles en la Convención Nacional Demócrata (*Democratic National Convention*, DNC).

Contra todo pronóstico, Truman ganó las elecciones presidenciales de 1948 ayudado por su famoso *Whistle Stop Tour*, una odisea presidencial de más de 35.000 kilómetros, algo que nunca había sido realizado por ningún presidente. Truman y sus colaboradores recorrieron el país en el tren presidencial de los Estados Unidos, llamado el *Whistletop*, con la táctica de dar breves discursos en la plataforma trasera del ferrocarril. Este simple acto llegó a representar toda su campaña.

Truman tomó entonces una de las decisiones más controvertidas de su carrera al reconocer la creación del estado de Israel, ignorando las declaraciones del entonces secretario de Estado, George Marshall, quien temía que eso pudiera dañar las relaciones con los estados árabes. Ignorando las advertencias de los árabes, ingleses y del propio Departamento de Estado que la inmigración judía a Palestina y que un estado judío podía desestabilizar el Medio Oriente, Truman y el Congreso siguieron apoyando la creación de un hogar para el pueblo judío: "Este gobierno ha sido informado que se ha proclamado un estado judío en Palestina y se ha pedido el reconocimiento por el gobierno provisional. Los Estados Unidos reconocen al gobierno provisional como la autoridad de facto del nuevo estado de Israel" (Carlin).

Después de su elección, usó las órdenes ejecutivas para iniciar la disgregación de las fuerzas armadas y crear controles de lealtad, despidiendo a miles de simpatizantes comunistas de su cargo. El hecho de que se opusiera a los juramentos de lealtad obligatoria para los empleados gubernamentales le costó acusaciones de que su gobierno estaba siendo demasiado blando con el comunismo. Así, por ejemplo, firmó la Orden Ejecutiva 9981 (*Executive Order 9981*) que permitía la integración racial en las fuerzas armadas. Truman se arriesgó políticamente cuando apoyó los derechos civiles, afirmando lo siguiente:

> Por la presente queda establecida que la política oficial del Presidente será que habrá igualdad de trato y oportunidad para todas las personas en las fuerzas armadas con independencia de su raza, color, religión u origen nacional. Esta medida deberá ponerse en práctica tan pronto como sea posible, respetando el tiempo necesario para hacer efectivos los cambios necesarios sin afectar la eficacia o la moral (Carlin).

La investidura presidencial de Truman en 1949 fue la primera que se televisó a nivel nacional. Su segundo mandato fue agotador debido a la política exterior y a su política de contención, terminando dramáticamente con el monopolio nuclear estadounidense cuando a mediados de ese mismo año la Unión Soviética hizo explotar su primera bomba atómica.

Truman era un firme partidario de la OTAN, estableciendo una alianza militar formal en tiempos de paz con muchos países democráticos europeos que no habían caído bajo el control soviético tras la Segunda Guerra Mundial. Truman propuso entonces con éxito la creación del tratado en el Senado estadounidense en 1949.

La presidencia de Truman estuvo llena de acontecimientos en el exterior: el fin de la Segunda Guerra Mundial, su decisión de usar armas nucleares contra Japón, la fundación de las Naciones Unidas, el Plan Marshall para reconstruir Europa, la Doctrina Truman para contener el comunismo, el comienzo de la Guerra Fría, el puente aéreo de Berlín, la creación de la OTAN, la Guerra Civil en China y la Guerra de Corea.

A lo largo de su presidencia, Truman tuvo que hacer frente a las acusaciones de que el gobierno federal estaba albergando a espías soviéticos del más alto nivel. El testimonio del Congreso sobre este tema atrajo la atención nacional y miles de personas fueron despedidas por seguridad. No obstante, Truman contraatacó afirmando en una prestigiosa revista:

> El americanismo está bajo el ataque de los elementos que proclaman a viva voz ser sus principales defensores. Tratan de crear miedo y sospecha mediante el uso de la calumnia, las acusaciones no probadas y las mentiras. Están tratando de hacernos creer que nuestro gobierno está lleno de comunismo y corrupción. Ahora bien, ese es el viejo truco comunista inverso. Eso no es el americanismo ("The Presidency: McCarthyism vs. Trumanism" 5).

El reconocimiento final a su figura y a su labor como 33º presidente llegó en su 82º cumpleaños el 8 de mayo de 1966 por medio de la Proclamación 3724 (*Proclamation 3724*) en la que se le rendía un merecido tributo:

> El Senado de los Estados Unidos, en el que él sirvió leal y devotamente antes de llegar a la presidencia, ha reconocido la gran deuda de este país con Harry S. Truman requiriendo a tal fin al presidente de los Estados Unidos a extender con ocasión de su 82º cumpleaños, el 8 de mayo de 1966, la admiración y la gratitud de nuestro pueblo (US Government Printing Office 1786).

1.2.3. La política exterior estadounidense

La llegada de Franklin D. Roosevelt a la presidencia llevó a la desaparición del aislacionismo como principio básico de la política exterior estadounidense y al liderazgo mundial. El avance alemán en Europa se convirtió en una amenaza mundial por sus ansias de dominación global.

Partidario, en un principio, de las ideas intervencionistas de su referente político, el anterior presidente Woodrow Wilson, una vez que fue elegido presidente Roosevelt, se inclinó por apoyar al poderoso sector aislacionista de su partido temiendo que un enfrentamiento interno pudiera poner en peligro su plan del *New Deal*.

En relación con América Latina, Roosevelt adoptó una línea política basada en la buena vecindad con la que llevó todavía más lejos la política de gradual retirada emprendida anteriormente por los presidentes Calvin Coolidge y Herbert Hoover. El propósito de Roosevelt no era otro que contrarrestar una más que posible influencia alemana e italiana en las repúblicas vecinas del sur, por lo que debía esforzarse por encontrar vías de colaboración económicas y políticas con estos países.

Estados Unidos se había convertido en una potencia mundial sin buscarlo y le apoyaba una industria en continuo crecimiento y con potenciales imprescindibles.

Con Roosevelt, los Estados Unidos se introducían en el camino del compromiso internacional, de la salida del tradicional aislacionismo y tomaban conciencia de que su supuesta invulnerabilidad no era tal.

El mérito de Roosevelt fue conseguir que la opinión pública girase su atención desde asuntos nacionales, con el país saliendo de la Gran Depresión, hacia Europa y el Pacífico y que lo hicieran convencidos de que la causa transcendía el interés nacional. Roosevelt estaba convencido de que el nazismo era una amenaza contra los Estados Unidos y mientras pedía un principio de desarme, solicitaba que el país se prepara para lo peor.

La ruptura de la neutralidad estadounidense se produjo el mismo momento en que los alemanes entraron en Francia el 10 de junio de 1940, comprometiéndose a extender toda su ayuda material a cualquier país que resistiera el ataque alemán. Y, por otro lado, Roosevelt aumentó enormemente el presupuesto de Defensa a pesar del aún intenso sentimiento aislacionista en la vida política estadounidense. Roosevelt empezó a agitar la conciencia de su pueblo en un discurso en mayo de 1942 en el que explicaba la necesidad de defender lo que él llamaba las cuatro libertades (*Four Freedoms*) y la creación de un nuevo orden mundial con la desaparición del equilibrio de poder existente.

En agosto de 1941 se reunieron en un crucero Winston Churchill y Franklin D. Roosevelt. Los resultados de esa reunión pretendían crear un verdadero nuevo orden mundial al estilo estadounidense. La llamada Carta Atlántica valoraba de forma wilsoniana el concepto de seguridad, extendía las cuatro libertades y mejoraba las condiciones sociales a nivel mundial. Esta carta, en definitiva, consagraba la autodeterminación y el desarme.

Las visiones de posguerra variaban según las naciones, pero los Estados Unidos no se habían embarcado en la contienda bélica para liberar Europa y dejarla que se gobernara de la forma tradicional con esferas de poder y la diplomacia tradicional europea. Debemos destacar el hecho de que Roosevelt buscaba, en todo caso, la aplicación de los principios estadounidenses del orden mundial y no del orden europeo, lo que afectaba de lleno a las colonias inglesas de ultramar. Bajo el mandato de Roosevelt se celebraron una serie de conferencias internacionales que pretendían crear las bases del orden mundial a la americana: Naciones Unidas (Dumbarton Oaks y San Francisco), la economía mundial (Bretton Woods), la agricultura y la alimentación (Hot Springs), la ayuda y la rehabilitación (Washington) y la aviación civil (Chicago).

Lo que la guerra había unido, la victoria lo rompió. Los Estados Unidos encontraron la oposición a la aplicación de sus principios y la situación terminó con la bipolarización de la política mundial con centros en Washington y Moscú. Muerto Roosevelt, Harry S. Truman se encontró un panorama desolador en política exterior con una URSS hambrienta de territorios, con Francia deshecha, Inglaterra débil y Alemania ocupada y dividida en cuatro zonas de influencia. Truman desarrolló la política exterior estadounidense de las coaliciones haciendo volver a los enemigos vencidos, Alemania y Japón, al conjunto de las democracias desarrollando una intensa labor de ayuda que tuvo como estrella el Plan Marshall para fomentar el desarrollo de las economías europeas.

Las premisas doctrinarias de contención y anticomunismo han constituido los pilares estructurales sobre los cuales se ha sostenido todo el andamiaje de la política exterior estadounidense. La primera prioridad ejecutiva internacional de la administración Truman, en opinión de Bert Cochran, fue la contención por cualquier medio del "expansionismo de los soviéticos y del crecimiento de su área de influencia" (Cochran 85).

La Guerra Fría fue un conjunto de hechos y situaciones heredadas y nuevas, pero fue la única alternativa que el *status* de las relaciones internacionales dejó a las potencias. Para Stalin, la diplomacia no era más que una herramienta más para definir el equilibrio de fuerzas. Para los Estados Unidos, establecer el nuevo orden mundial pacífico y democrático era el objetivo de su diplomacia.

Esto fue el comienzo del enfriamiento de las relaciones entre estadounidenses y soviéticos y la amenaza de la Guerra Fría se atisbaba en el horizonte de las relaciones internacionales de posguerra. Los Estados Unidos llegaron a la conclusión de que sin cambio de mentalidad soviética no había resultados positivos en las negociaciones.

A partir de entonces comenzó la ayuda a países europeos y apareció la Doctrina Truman que, al estilo wilsoniano, daba la imagen de unos Estados Unidos defensores de la democracia y la comunidad internacional de acuerdo con los principios de la Carta de las Naciones Unidas. Truman apoyó firmemente la creación de las Naciones Unidas y a tal fin propuso a la exprimera dama, Eleanor Roosevelt, como la primera delegada a la Asamblea General de las Naciones Unidas con las siguientes palabras:

> Me congratula comunicarle que la he nombrado una de las representantes de los Estados Unidos para participar en la primera sesión de la Asamblea General de los Estados Unidos que se celebrará en Londres a comienzos de enero de 1946. Le adjunto una lista completa de esta delegación del gobierno (Carlin).

Para lograr que el Congreso gastase las sumas necesarias de dinero para reactivar la moribunda economía europea, Truman utilizó un argumento ideológico diciendo que el comunismo florecía en las zonas económicamente desfavorecidas. Como parte de la estrategia de los Estados Unidos durante la Guerra Fría, Truman firmó la llamada Ley de Seguridad Nacional de 1947 y reorganizó las fuerzas armadas. También creó la

Agencia Central de Seguridad (*Central Intelligence Agency*, CIA) y el Consejo Nacional de Seguridad (*Security National Council*).

Poco después se anunció el plan de ayuda y recuperación económica tanto para Europa como para Japón, el llamado Plan Marshall. Este plan triunfó por su idealismo, por sus miras en un futuro utópico que llegó a ser tangible, por el compromiso moral y material del pueblo estadounidense en vertebrar con medios humanos y materiales la producción y la política exterior que definía la letra de este plan de ayuda orientado contra el hambre, la pobreza, la desesperanza y el caos.

Así pues, la política exterior estadounidense dirigió sus pasos a la oposición, a contener la expansión soviética en el mundo. Eso fue la política de contención que tuvo numerosos escenarios por todo el globo. Esta política fue el producto de la intransigencia soviética en las negociaciones de finales de la guerra y de la posguerra.

Esta cruzada anticomunista se justificó ideológicamente en el supuesto derecho de los Estados Unidos a defender mundialmente la democracia como forma pública de vida. Truman pronunció explícitamente que los Estados Unidos se convertirían en los paladines de la justicia internacional a fin de intentar poner fin a los intentos del Kremlin por extender la cobertura de la llamada Cortina de Hierro.

En consecuencia, la asunción del liderazgo de todo el mundo capitalista les impulsó, ideológicamente, a la perentoria necesidad de aumentar permanentemente la partida de gastos militares destinados a financiar el desarrollo de la Guerra Fría, recién inaugurada por la doctrina oficial anticomunista de Washington.

Por esta vía se estaba encontrando, a su vez, una nueva válvula de escape a la sobrecapacidad productiva con fines bélicos desarrollada por la economía estadounidense durante la Segunda Guerra Mundial. Al respecto, un conocido economista de Harvard, Sumner Slichter, comentaba atinadamente en 1949 sobre la dimensión económica que la Guerra Fría estaba adquiriendo:

> Incrementa la demanda de bienes de consumo, ayuda a sostener un alto nivel de ocupación y acelera el progreso técnico. En consecuencia, ayuda al país a elevar su nivel de vida. Así que debemos agradecer a los rusos por ayudarnos a que el capitalismo de los Estados Unidos funcione mejor que nunca (Baran y Sweezy 170).

Los Estados Unidos articularon su nueva política exterior con una creatividad que la misma política de contención provocaba al llevar a crear continuamente posiciones de fuerza militar y económica por todo el mundo. Además, se relacionó la estabilidad con el aunar de la economía y la sociedad civil (Plan Marshall) y la creación de una fuerza de seguridad poderosa con la decisión de actuar (OTAN).

La OTAN surgió tras la aceleración de la expansión comunista en 1948, quedando entonces demostrado que los Estados Unidos debían participar en la defensa de Occidente, que aún estaba débil para oponerse a una Unión Soviética en expansión. La política exterior estadounidense sufrió un nuevo giro por el que entonces el mundo quedó claramente dividido en dos esferas de influencia, término que, como señala el investigador Clifford Patterson, para el país quedó como el predominio del poder para la paz para luchar contra la agresión y no contra ningún país en concreto (Patterson 537).

CAPÍTULO II
La sociedad estadounidense en los años cuarenta desde un contexto económico y sociocultural

CAPÍTULO II LA SOCIEDAD ESTADOUNIDENSE EN LOS AÑOS CUARENTA DESDE UN CONTEXTO ECONÓMICO Y SOCIOCULTURAL

En este segundo capítulo vamos a seguir ofreciendo una precisa contextualización de los Estados Unidos a lo largo de los años cuarenta. Si en el capítulo anterior nos centramos en analizar el país desde una perspectiva histórica y política, en este nuevo capítulo nos concentraremos en la situación general estadounidense desde dos nuevos contextos: el económico y el sociocultural.

Los efectos de la Segunda Guerra Mundial y la recesión económica que trajo consigo no tardaron en hacerse sentir en todos los sectores. Además, muchos músicos fueron llamados a filas, como tantos otros jóvenes. La mayoría de los grandes locales que habían sido el hogar del *swing* en la década anterior cerraron sus puertas y su lugar fue ocupado por pequeños clubs que daban cobijo a pequeñas formaciones que no tenían la fama y el reconocimiento de las que le precedieron.

Muchos jugadores de béisbol y otras celebridades fueron a la guerra y gran parte de la cultura estadounidense se centró alrededor de ella. La mayor parte de la cultura popular fue arraigada en el sentimiento antialemán y antijaponés. Pero después de la guerra, el ánimo de todos se centró una vez más en la extravagancia y la cultura pop. Las películas llenaron los cines y la moda cambió drásticamente.

Pero resulta casi imposible explicar el impacto que la guerra tuvo en todos los aspectos de la vida. A los ciudadanos no se les permitió comprar en una tienda la cantidad de azúcar, mantequilla o carne a su gusto. Tampoco se podría llenar el tanque de gasolina cada vez que querían. Muchos artículos fueron racionados, lo que significa que solo se podía comprar la cantidad que el gobierno permitió.

2.1. Contexto económico

En la primera mitad de la década de los años cuarenta, es decir desde 1940 hasta 1945, el desempleo se redujo al 2%, la economía industrial creció rápidamente conforme millones de personas se trasladaron a nuevos puestos de trabajo en la industria de guerra y 16 millones de hombres y casi 300.000 mujeres fueron reclutados para el servicio militar activo.

Todos los sectores económicos crecieron durante la guerra. La producción agrícola pasó de un índice de 106 en el año 1939 a 128 en 1943. La producción de carbón pasó de 446 millones de toneladas en 1939 a 651 en 1943 y el petróleo de 1,3 billones de barriles a 1,5 billones. La producción manufacturera se duplicó, pasando de un índice de volumen de 109 en el año 1939 a 239 en 1943.

La Junta de Producción de Guerra (*War Production Board*, WPB) coordinó la capacidad productiva del país para que se cumplieran las prioridades militares. Fábricas de productos de consumo se convirtieron en industrias militares. Los fabricantes de automóviles construyeron tanques y aviones para convertir a los Estados Unidos en el arsenal de la democracia (Harrison 19).

En un esfuerzo por evitar el aumento de la renta nacional y la escasez de productos de consumo que causaran inflación, la recién creada Oficina de Administración de Precios (*Office of Price Administration*, OPA) racionó y estableció el precio en artículos de consumo que iban desde el azúcar a la carne, la ropa o la gasolina en un intento por contener el aumento de los precios.

Así, seis millones de mujeres trabajaron en las industrias de manufactura y de producción, siendo la mayoría de los empleos temporales en la industria armamentística de nueva creación. Algunas mujeres estaban reemplazando a los hombres que estaban combatiendo lejos. Estas trabajadoras se vieron simbolizadas por el personaje de ficción de Rosie la remachadora (*Rosie the Riveter*). Después de la guerra muchas regresaron al trabajo doméstico conforme los hombres regresaban del servicio militar.

El periodo posterior al final de la Segunda Guerra Mundial fue una época dorada de crecimiento económico. Se desarrollaron, según los datos recogidos por Robert Higgs, más de doscientos billones de dólares en bonos de guerra y la ley *G.I. Bill* financió los estudios de los jóvenes que volvían de la guerra (Higgs 51). Después de concluir la Segunda Guerra Mundial, comienza para la economía estadounidense un periodo de transición hacia una economía de producción de bienes de consumo después de la militarización del proceso productivo de los años del conflicto bélico. Durante este periodo se dio un fuerte auge en el sector de la construcción con la proliferación de suburbios y de centros comerciales. La inversión vino del sector privado y los niveles de inflación y desempleo se mantuvieron bajos.

En estos años, Estados Unidos también jugó un papel muy activo en el ámbito internacional. En 1944 participó junto a Gran Bretaña en el diseño de un nuevo sistema monetario internacional que tenía como objetivo crear tipos de cambio fijos, incrementar el flujo de capitales a largo plazo y crear un marco para la eliminación de las barreras comerciales.

En 1945, Estados Unidos lanzó el llamado Plan Marshall para la recuperación y cooperación europea elaborado por los propios europeos para lo cual se creó el

Comité Europeo de Cooperación Económica, que posteriormente se convertiría en la Organización para el Desarrollo y Cooperación Económica (OCDE).

En 1946, con la promulgación en los Estados Unidos del Acta del Empleo (*Employment Act*) que tenía como objetivo alcanzar el pleno empleo con estabilidad, se dio un giro a la política económica de *laissez faire* que prevaleció en los años de preguerra para promover una política keynesiana en la cual el estado benefactor se combinó con un amplio gasto militar tanto en el país como en el extranjero.

Desde la Segunda Guerra Mundial, los estadounidenses han incrementado la práctica de comprar bienes y servicios a crédito por el que las compras importantes se pagaban a plazos mensuales. La clase media creció, al igual que el producto interior bruto (*Gross Domestic Product*, GDP) y la productividad. Este crecimiento se distribuyó de forma uniforme entre las diversas clases económicas, lo que algunos atribuyen a la fuerza de los sindicatos en este periodo, cuya afiliación llegó a su máximo histórico.

Gran parte del crecimiento se debió a que los trabajadores agrícolas con bajos ingresos pasaron a desempeñar empleos mejor remunerados en los núcleos urbanos. El Congreso creó entonces el Consejo de Asesores Económicos (*Council of Economic Advisors*, CEA) para promover mayores niveles de empleo, mayores beneficios y baja inflación.

Las investigaciones con cultivos produjeron variedades de granos que producían un alto rendimiento con el uso de los fertilizantes, produciéndose la llamada revolución verde a partir de la década de 1940. En consecuencia, la producción de maíz, trigo y soja aumentó significativamente.

El transporte aéreo se benefició de los avances aeronáuticos durante la guerra. Los Estados Unidos fueron el principal productor de aviones de combate durante la Segunda Guerra Mundial y hacia el final del conflicto tenía un gran excedente de maquinaria, herramientas, e instalaciones de fabricación de aviones. La industria aeronáutica tuvo el mayor crecimiento de productividad, creciendo un 9% por año (Hooks).

2.1.1. Los cambios estructurales en la economía estadounidense

Para los Estados Unidos, la Segunda Guerra Mundial y la Gran Depresión constituyeron los hechos económicos más importantes del siglo XX. Los efectos de la guerra fueron variados, el más significativo fue el que terminó con la depresión. El gobierno federal emergió de la guerra como un actor económico potente, capaz de regular la actividad económica y de controlar parcialmente la economía a través del control del gasto y del consumo.

La industria estadounidense se revitalizó por la guerra y muchos sectores se orientaron hacia la defensa (la industria aeroespacial y electrónica) o dependían completamente de ella (la energía atómica). Los rápidos cambios científicos y tecnológicos de la guerra crearon una expectativa de innovación continua por parte de científicos e ingenieros.

La escala global de la guerra afectó severamente a las principales economías del mundo a excepción de los Estados Unidos, que gozó de un poder económico y político sin precedentes a partir de 1945. La conversión fue el tema clave en la vida económica de los Estados Unidos en la primera mitad de la década de los años cuarenta. No obstante, en muchas industrias sus responsables se resistieron a la reconversión a la producción militar porque no querían perder su cuota de mercado con respecto a sus competidores que no se reconvirtieron. Así pues, la reconversión se convirtió en el objetivo de los funcionarios públicos y de los líderes sindicales (Connery 258).

La construcción naval se movilizó con rapidez y eficacia. La industria fue supervisada por la Comisión Marítima de los Estados Unidos (*U.S. Maritime Commission*, USMC), agencia creada para reactivar la industria naval y para garantizar que los astilleros estadounidenses fuesen capaces de satisfacer las demandas del tiempo de guerra.

Y para organizar la economía en crecimiento y con el fin de asegurar que se producían los bienes necesarios para la guerra, el gobierno federal creó una serie de agencias de movilización que no solo compraron los productos, sino que en la práctica dirigían la fabricación de esos bienes.

Una forma de medir la magnitud del aumento en el gasto federal y el consiguiente incremento en gasto militar es a través de la comparación con el PIB, que a su vez aumentó considerablemente durante la guerra como nos muestra la tabla 1.

Año	PIB	Gasto Federal (%)	Gasto Defensa (%)
1940	101.4	9.34%	1.64%
1941	120.67	10.77%	5.08%
1942	139.06	21.70%	15.86%
1943	136.44	46.59%	32.23%
1944	174.84	41.54%	36.00%
1945	173.52	41.56%	37.19%

Tabla 1. Gasto federal y militar durante la Segunda Guerra Mundial. Elaboración propia a partir del artículo de Louis Johnston & Samuel H. Williamson. "The Annual Real and Nominal GDP for the United States, 1789 – Present". *Economic History Services*, marzo de 2004.

En enero de 1942, el presidente Franklin D. Roosevelt estableció una nueva agencia de movilización, la Junta de Producción de Guerra y la puso bajo la dirección de Donald Nelson (1888 – 1959), quien comprendió de inmediato que el problema de la administración de la economía de guerra se podía reducir a una cuestión clave: la de equilibrar las necesidades de la población civil con las de los militares.

Los asuntos fiscales y financieros también fueron abordados por otras agencias federales. Por ejemplo, la Oficina de Administración de Precios utilizó su regularización del precio máximo general en un intento de reducir la inflación mediante el mantenimiento de los precios en su nivel de marzo de 1942. Y en julio, el Consejo Nacional del Trabajo de la Guerra (*National War Labor Board*, NWLB) limitó los incrementos salariales en tiempos de guerra al 15%, por lo que el coste de la vida aumentó entre 1941 y 1942.

Con el aumento de los salarios de alrededor de un 65% en el transcurso de la guerra, este éxito limitado en la reducción de la tasa de inflación hizo que gran parte de la población disfrutara de una calidad estable o incluso mejorase su nivel de vida durante la contienda (Kennedy, *Freedom from Fear* 102).

Sin embargo, en algunas regiones, como las zonas rurales del sur profundo, el nivel de vida se estancó y según algunos economistas, como Robert Higgs, el nivel de vida nacional apenas se mantuvo cuando no disminuyó (Higgs 45). Como la tabla 2 nos muestra, la producción en muchos sectores manufactureros se incrementó espectacularmente en la primera mitad de los años cuarenta.

Ítem	1940	1941	1942	1943	1944
Aviación	245	630	1706	2842	2805
Munición	140	423	2167	3803	2033
Construcción de buques	159	375	1091	1815	1710
Aluminio	126	189	318	561	474
Caucho	109	144	152	202	206
Acero	131	171	190	202	197

Tabla 2. **Índices de crecimiento de producción manufacturera**. Elaboración propia de los datos extraídos de Alan S. Milward. *War, Economy, and Society, 1939 – 1945*. Berkeley: University of California Press, 1979, p. 86.

Como resultado de este crecimiento espectacular, la economía estadounidense sufrió cambios estructurales muy importantes. Entre ellos podemos destacar, como bien recoge el historiador económico Alan S. Milward, en primer lugar, un mayor incremento del gasto público, lo que generó un déficit fiscal que terminó produciendo inflación (Milward 95). En segundo lugar, hubo un cambio notable en la estructura productiva, pasando a ser una economía de servicios. Y, en tercer lugar, se produjo una recomposición de la fuerza de trabajo con una mayor participación de la mujer y los cambios introducidos en los patrones de consumo de las familias.

En medio de todas estas transformaciones llama poderosamente la atención que lo que ha permanecido prácticamente invariable ha sido la distribución de los ingresos. Para la sociedad estadounidense la calidad de vida pasó a ser una de sus mayores preocupaciones, interesándose sobre todo por los temas como la contaminación, el uso de la energía, el medio ambiente y los derechos civiles.

A medida que una economía se desarrolla, se vuelve más urbana y demanda más servicios. Por otro lado, los Estados Unidos se han caracterizado por utilizar una tecnología orientada al ahorro de mano de obra e intensificar el capital, asociándolo con un alto nivel de capacitación favoreciendo el desarrollo de aquellas industrias que hacían un uso intensivo de la fuerza de trabajo de alto nivel.

Por otro lado, el mayor cambio observado en la composición de la fuerza de trabajo en los Estados Unidos ha sido la participación de la mujer casada, que normalmente era joven y tenía varios hijos. A finales de los años cuarenta, según los datos aportados por la profesora de sociología Ruth Milkman, de los sesenta millones de empleados, un 30% ya eran mujeres, algo impensable hasta la fecha (Milkman 131).

La mayor fuente de empleo para la mujer era el sector terciario en el que encontraban empleo como oficinistas, administradoras o gerentes. Recordemos que esta no era la situación que prevalecía en los años treinta cuando la mujer dejaba el mercado de trabajo al casarse y muy pocas reingresaban después.

Entre los bienes perecederos, los sectores que han mostrado las tasas más altas de crecimiento y que generaron mayor empleo fueron los de maquinaria industrial y aparatos electrónicos, mientras que los de menor crecimiento fueron los vinculados a equipos de transporte y el acero.

Entre los bienes no perecederos, los sectores con mayor demanda de empleo fueron los de plástico y hule; y los de menor crecimiento la piel y los textiles, en los que había una mayor competencia externa. Recordemos que estos datos se han obtenido de un artículo publicado por el profesor de economía Alexander J. Field en el año 2003 (Field 139).

Uno de los cambios más importantes de los años de posguerra fue el paso de la producción de bienes a la prestación de servicios como característica dominante de la economía estadounidense. Al mismo tiempo, conforme muchas empresas manufactureras tradicionales decrecían o crecían lentamente, surgieron nuevas compañías que crearon productos y servicios cibernéticos, aeroespaciales o bioquímicos de alta tecnología.

2.1.2. Los cambios socioeconómicos

El auge económico durante la guerra favoreció algunas tendencias sociales. Una de las más importantes fue la expansión del empleo, que se produjo en paralelo a la expansión de la producción industrial. En 1944, el desempleo cayó al 1,2% de toda la fuerza laboral civil, un mínimo en la historia económica del país y cercano al pleno empleo (Samuelson 758). La tabla 3 nos muestra las cifras globales de empleo y desempleo durante este periodo.

Ítem	1940	1941	1942	1943	1944	1945
Empleados	85.4%	90.1%	95.3%	98.1%	98.8%	98.1%
Desempleados	14.6%	9.9%	4.7%	1.9%	1.2%	1.9%

Tabla 3. **Nivel de empleo y desempleo de la Segunda Guerra Mundial. Bureau of Labor Statistics.** *Employment Status of the Civilian Population, 1940 to date.* US Government Printing Office, 2008.

Los que estaban en paro durante los años de depresión encontraron trabajo. También lo hicieron alrededor de 10,5 millones de estadounidenses que o bien no habían tenido trabajo hasta entonces (3,25 millones de jóvenes) o que hasta el momento no lo habían buscado (3,65 millones de mujeres). En 1945, el porcentaje de negros que tenía algún trabajo relacionado con la guerra ascendió al 10% (Kennedy, *Freedom from Fear* 775).

Casi diecinueve millones de mujeres estadounidenses trabajaban fuera del hogar en 1945. Aunque la mayoría continuaron manteniendo ocupaciones femeninas tradicionales, como trabajo de oficina y de servicios, dos millones de mujeres trabajaban en las industrias de guerra según los datos ofrecidos por la historiadora Karen Anderson (Anderson 88).

La emigración fue otra importante tendencia socioeconómica. Los dieciséis millones de estadounidenses que se enrolaron en el ejército se trasladaron a diferentes bases militares, de los que 11,25 millones terminaron en el extranjero. Continuando con los movimientos migratorios de la época de la Depresión, unos quince millones de estadounidenses cambiaron de estado de residencia.

La población afroamericana también emigró: unos 700.000 abandonaron el sur y 120.000 llegaron a Los Ángeles solo durante el año de 1943. La emigración fue especialmente importante desde el mundo rural al urbano, sobre todo a los centros de producción de material de guerra y del este al oeste (Kryder 165). La tabla 4 nos muestra cómo se incrementa en un tercio la población de tres estados de la costa del Pacífico.

Estado	1940	1941	1942	1943	1944	1945	Incremento
Washington	1.7	1.8	1.9	2.1	2.1	2.3	35.3%
Oregón	1.1	1.1	1.1	1.2	1.3	1.3	18.2%
California	7.0	7.4	8.0	8.5	9.0	9.5	35.7%

Tabla 4. Crecimiento de población en Estados del Pacífico. Gerald D. Nash. *The American West Transformed: The Impact of the Second World War.* University of Nebraska Press, 1985.

Una tercera tendencia socioeconómica fue el rápido incremento en los ingresos de muchos estadounidenses. Impulsado por la capacidad del gobierno federal para evitar la inflación de precios y para subsidiar los altos salarios a través de la producción de guerra y por el aumento en el tamaño y el poder de los sindicatos de trabajadores, los salarios subieron prácticamente para todos los estadounidenses: blancos y negros, hombres y mujeres, cualificados y no cualificados (Janeway 85).

Estos ingresos crecientes formaban parte de una gran contención de salarios en tiempos de guerra que igualaron la distribución de los ingresos entre toda la población estadounidense (Goldin 31). A pesar de estar centrada en la producción para usos militares en general y en el impacto del racionamiento en particular, el gasto en muchos sectores civiles de la economía aumentó incluso cuando la guerra consumió miles de millones de dólares.

La industria cinematográfica, y Hollywood en particular, floreció puesto que los trabajadores compraban entradas para el cine en lugar de la escasa ropa existente o de los pocos coches disponibles. Incluso las ventas de los grandes almacenes en noviembre de 1944 fueron mayores que en cualquier otro mes de cualquier otro año, según los datos aportados por el historiador John M. Blum (84).

2.1.3. Los avances científicos y tecnológicos

Durante la guerra, las innovaciones científicas y tecnológicas fueron un tema clave y un factor económico importante en la victoria de los Aliados. Aunque los principales beligerantes fueron capaces de aprovechar sus recursos científicos y tecnológicos para el desarrollo de armas y otras herramientas bélicas, la experiencia estadounidense fue extraordinaria y el cambio científico y tecnológico afectó positivamente a todos los aspectos de la economía de guerra.

Las innovaciones técnicas y científicas estadounidenses eran mayores en los sectores de alta tecnología que a menudo eran secretas debido al conflicto bélico. Por ejemplo, el Proyecto Manhattan (*The Manhattan Project*), cuya finalidad era crear una bomba atómica, fue el resultado de un impresionante avance científico: la creación de una reacción nuclear en cadena controlada por un equipo de científicos de la universidad de Chicago en diciembre de 1942.

Bajo la dirección del ejército y de varios contratistas privados, científicos e ingenieros construyeron un complejo de laboratorios y plantas para la fabricación de bombas atómicas. Este hecho se vio refrendado por una carta remitida por el científico Albert Einstein (1879 – 1955) al presidente Franklin D. Roosevelt en los siguientes términos: "En el transcurso de los últimos cuatro meses se ha hecho posible que se pueda establecer una reacción en cadena nuclear en una enorme masa de uranio por medio de la cual se generarían ingentes cantidades de poder y energía. Ahora casi parece seguro que esto se pueda conseguir en el futuro cercano" (Carlin).

El Proyecto Manhattan culminó en agosto de 1945 cuando los Estados Unidos lanzaron dos bombas atómicas sobre las ciudades japonesas de Hiroshima y Nagasaki. Estos ataques atómicos aceleraron la decisión de los líderes japoneses de firmar la paz con los Estados Unidos. Para entonces, el Proyecto Manhattan requería un esfuerzo económico colosal con un costo aproximado, según las estimaciones ofrecidas por el historiador británico Richard Overy, de dos mil millones de dólares (Overy 98).

La innovación tecnológica y científica también transformó sectores menos sofisticados, pero aun así complejos como la industria aeroespacial o la construcción naval. Como escribió el historiador estadounidense David Kennedy: "Los Estados Unidos se mostraron capaces, en última instancia, de realizar algunos avances científicos y técnicos en su época, pero innovó de una forma más característica y reveladora en el diseño de industrias, la organización de la producción, la economía de escala y la ingeniería de procesos" (Kennedy, *Freedom from Fear* 648).

La industria aeroespacial estadounidense hizo un tremendo esfuerzo durante el conflicto bélico. Los bombarderos estadounidenses, llamados Superfortalezas Volantes B – 29 (*B – 29 Superfortress*), tenían armas muy sofisticadas que podrían no haber existido y mucho menos contribuido a la guerra aérea en Alemania y Japón sin innovaciones como los visores de bombardeo, el radar o los motores de alto rendimiento. Además, dieron trabajo a cientos de miles de trabajadores en grandes fábricas y con tres mil millones de dólares en gasto del gobierno federal, el proyecto B – 29 requirió una capacidad organizativa casi sin precedentes por parte del Ejército del Aire y de grandes contratistas privados (Vander 7).

La producción global de aviones fue el sector que más creció en la economía de guerra, costando 45 billones de dólares, empleando la asombrosa cifra de dos millones de trabajadores, y produciendo más de 125.000 aviones. La tabla 5 nos lo describe con más detalle.

Aviones militares	Cantidad
Bombarderos	49.123
Cazas	63.933
Aviones de transporte	14.710
TOTAL	**127.766**

Tabla 5. Producción de aviones militares (1941-1945). Air Force History
Support Office. "Army Air Forces Aircraft: A Definitive Moment".
US Air Force, Washington, 1993, p. 61.

La construcción naval ofrece un tercer ejemplo de la importancia en la innovación para la economía de guerra. La estrategia de los Aliados en la Segunda Guerra Mundial dependía totalmente del movimiento de material de guerra producido en los Estados Unidos a los frentes de lucha en África, Europa y Asia. Entre 1939 y 1945, los cien astilleros comerciales supervisados por la Comisión Marítima de los Estados Unidos (*United States Maritime Commission*, USMC) produjeron 5.777 buques con un costo estimado de trece mil millones de dólares (Lame 34).

Hay cuatro innovaciones clave que facilitaron esta enorme producción en tiempos de guerra. En primer lugar, la propia Comisión le permitió al gobierno federal dirigir la industria de la construcción naval. En segundo lugar, la Comisión financió a empresarios que nunca habían construido naves y que estaban dispuestos a utilizar métodos de producción en cadena en los astilleros.

Estos métodos, que incluían la sustitución de la soldadura para remachar y la incorporación de cientos de miles de mujeres y de las diferentes minorías a la fuerza de trabajo de los astilleros, fueron la tercera innovación. Por último, la Comisión facilitó la producción en cadena al optar por la construcción de barcos estandarizados. Mediante la adaptación de las técnicas de fabricación conocidas y haciendo hincapié en las naves hechas con menos dificultad, la construcción de buques mercantes se convirtió en un ejemplo de escasa innovación frente a la utilizada de la bomba atómica.

La reconversión desde la producción militar a la civil ya constituía un problema en 1944 cuando el presidente de la Junta de Producción de Guerra trató de reducir una producción de guerra a favor de una producción civil renovada. La planificación de la reconversión se propuso en 1944 y el proceso comenzó a principios de 1945, acelerado por el final de la guerra.

El efecto más claro de la reconversión fue el abandono de la producción militar para volver a la civil. En la tabla 6 se muestra este cambio, el descenso en el gasto federal en general y en el gasto militar, que fue importante pero no causó la depresión de posguerra que muchos estadounidenses temían.

Año	PIB	Gasto Federal	Gasto Defensa
1945	223.10	41.90%	89.50%
1946	222.30	24.80%	77.30%
1947	244.20	14.80%	37.10%
1948	269.20	11.60%	30.60%
1949	267.30	14.30%	33.90%
1950	293.80	15.60%	32.20%

Tabla 6: Gasto federal y military desdpués de la Segunda Guerra Mundial. Louis Johnston & Samuel H. Williamson. "The Annual Real and Nominal GDP for the United States, 1789 – Present". *Economic History Services*, marzo de 2004, p. 94.

El PIB estadounidense siguió creciendo después de la guerra, aunque no tan rápido como lo había hecho durante la misma. El alto nivel de los gastos de defensa, por su parte, contribuyó a la creación de un complejo de industria militar, la red de empresas privadas, organizaciones no gubernamentales y agencias federales que, de forma colectiva, dieron forma a la política de defensa nacional.

La reconversión provocó la segunda gran reestructuración del trabajo en Estados Unidos en cinco años. Conforme los militares volvían a casa incrementaban la fuerza de trabajo disponible y muchos de los que trabajaron durante la guerra dejaron sus puestos de forma voluntaria o involuntaria.

Un gran número de mujeres abandonó el trabajo a partir de 1944. Así, en 1947 alrededor de una cuarta parte de todas las mujeres estadounidenses trabajaban fuera del hogar, muy lejos de la cifra en tiempo de guerra, que ascendió al 36% en 1944 (Kennedy, *Freedom from Fear* 779). En resumen, como escribe el historiador económico Alan Milward:

> "Los Estados Unidos surgieron en 1945 con una posición incomparablemente más fuerte económicamente que en 1941 puesto que se habían asegurado las bases de la dominación económica del país durante el próximo cuarto de siglo. Esta fue, sin duda, la consecuencia más importante de la Segunda Guerra Mundial en el mundo de la posguerra" (Milward 63).

2.1.4. Las relaciones laborales

La segunda mitad de los años cuarenta (1945 – 1950) fue una época tumultuosa, a la par que de crecimiento, tanto en número como en fuerza, para los sindicatos en los Estados Unidos. En esos años la afiliación sindical pasó de 14.621.000 a 17.000.000, y se habían afiliado casi el 57% de los trabajadores susceptibles de pertenecer a alguna organización (Lichtenstein 94). Además, se habían establecido firmemente en todos los principales ámbitos de la industria manufacturera, la minería, el transporte o la construcción.

Estas estadísticas demuestran que los sindicatos finalmente habían conseguido un poder negociador con las empresas en los años de posguerra. Hacia finales de la década hubo numerosos indicios de que los sindicatos y las empresas habían dejado atrás la guerra industrial y se encontraban en una fase de cooperación y apoyo mutuo.

Al final de la guerra surgieron unos líderes sindicales resentidos porque había un programa de estabilización que pensaban que privaba a los trabajadores de una merecida subida salarial, temerosos de la inflación, del desempleo de larga duración y de la depresión que se podía registrar en el periodo de reconversión. El conflicto laboral fue inevitable y quedó demostrado por el fracaso de la Conferencia Nacional de Gestión Sindical (*National Labor Management Conference*) que se reunió en Washington a petición del propio presidente Truman del 5 al 30 de noviembre de 1945 con el fin de elaborar un detallado programa que evitara las huelgas.

Tanto la Oficina de Movilización de la Guerra como el propio presidente estuvieron de acuerdo, en el mes de octubre, que las empresas podían garantizar un 24% de incremento salarial sin poner en peligro ni los beneficios ni el programa de control de precios nacional. La oleada de huelgas comenzó después de la rendición japonesa, pero su etapa crucial fue entre noviembre de 1945 y enero de 1946 cuando 180.000 trabajadores de la automoción de la planta de General Motors, cerca de 200.000 trabajadores de la electricidad y 750.000 trabajadores del acero lucharon por un aumento salarial del 30%.

A diferencia de las ruidosas huelgas de mediados de los años treinta, las de la posguerra fueron más tranquilas porque tanto los empresarios como los sindicatos rehusaron la violencia y solicitaron el apoyo de la opinión pública. Por ejemplo, el joven líder de los trabajadores de la automoción, Walter P. Reuther (1907 – 1970) declaró que su sindicato no le exigiría a General Motors más de lo que pudieran ofrecerles y pedía que la corporación hiciese pública su contabilidad.

A finales del invierno de 1946 se estableció una paz inestable en la industria conforme nuevas y violentas manifestaciones brotaron en las industrias del carbón y del ferrocarril. Determinado a no dejarse sobrepasar por sus rivales, John L. Lewis (1880 – 1969), presidente del sindicato Trabajadores Unidos de la Minería (*United Mine Workers*, UMW), no solo exigía un incremento de 18,5 céntimos a la hora sino también otros beneficios. Cuando los empresarios lo rechazaron, los mineros de todo el país abandonaron sus puestos de trabajo el 1 de abril de 1946 y el gobierno mandó al ejército.

Durante las siguientes negociaciones, Lewis obtuvo de la patronal la mayoría de sus demandas y consiguió firmar un contrato con el secretario de Interior (*Secretary of the Interior*), Julius A. Krug (1907 – 1970), el 29 de mayo de 1946. Sin embargo, en el mes de octubre, Lewis exigió un nuevo aumento de salario y de beneficios sociales y amenazó con convocar una segunda huelga si el gobierno no accedía antes del 20 de noviembre. Tras un periodo de negociaciones, finalmente en el mes de junio consiguió un nuevo contrato que les concedía todas sus demandas.

Mientras tanto, el país se había visto salpicado por una huelga de ferrocarril a nivel nacional y otros hechos similares. Cuando fracasaron las negociaciones sobre los salarios y las reglas de trabajo, el Sindicato de Ingenieros y Maquinistas (*Engineers and Trainmen Union*) convocó una huelga y el presidente Truman se ocupó personalmente ofreciendo un principio de compromiso que dieciocho sindicatos aceptaron de inmediato.

No obstante, ni ingenieros ni maquinistas cedieron y dejaron sus puestos el 23 de mayo. Por vez primera en su historia el país estaba amenazado por una paralización casi total del transporte nacional. Después de que los manifestantes ignoraran su petición de volver al trabajo, el 25 de mayo el presidente le pidió al Congreso que tomara medidas drásticas, casi dictatoriales, para salvar al país del caos.

En otoño de 1946 se produjo un segundo enfrentamiento entre los líderes sindicales y los directivos, inducido en gran medida por el aumento de los precios que redujo las ganancias del año anterior. Aunque hubo numerosas huelgas, no hubo ninguna huelga masiva importante porque los sindicatos utilizaron más la persuasión y la movilización de la opinión pública que la acción directa.

El punto de ruptura llegó a mediados de abril de 1947 cuando los sectores del automóvil y del acero concedieron un aumento de 15% a la hora, estableciendo un nuevo modelo para equilibrar la industria. Estos acuerdos salariales en la primavera de 1947 marcaron un punto clave en las relaciones laborales durante la posguerra.

A estos acuerdos le siguieron sucesivas subidas salariales, pero las empresas manifestaron una buena disposición a incrementar los salarios ya que dichos aumentos se podrían transmitir a los consumidores en unos precios más altos. Así, el número de trabajadores que participaron en las huelgas, que en su zénit en el año 1946 ascendió a 4.600.000, disminuyó a 2.170.000 en 947 y a 1.960.000 en 1948 (Rockoff 381).

Con el retorno de la paz llegó un nuevo espíritu de entendimiento e innovaciones históricas en los contratos de las negociaciones colectivas. En 1950, más de 8.500.000 trabajadores estaban acogidos a planes de pensiones y muchos disfrutaron también de los beneficios del seguro médico y de vida ofrecidos por los empresarios.

2.2. Contexto sociocultural

Como miles de jóvenes estadounidenses habían pasado años lejos de sus parejas a causa de la Segunda Guerra Mundial, es normal que las tasas de matrimonio se dispararan en la era de posguerra. La guerra había terminado y con la idea de prosperidad en el horizonte, muchas parejas decidieron que era el momento ideal para fundar una familia con lo que inevitablemente se incrementó notablemente la tasa de nacimientos.

Una consecuencia directa del aumento de las nuevas familias fueron los barrios que surgieron alejados de la ciudad como un lugar para vivir. Estas casas prefabricadas situadas a las afueras de la ciudad se pusieron de moda. Uno de los ejemplos más famosos de un suburbio idealizado de la posguerra fue Levittown en la ciudad de Nueva York.

En muchos sentidos, la época de posguerra fue socialmente conservadora. Los roles de género de hombres y mujeres estaban claramente definidos. Cuando terminó la Segunda Guerra Mundial, muchas mujeres que habían trabajado en las fábricas durante la contienda regresaron a casa y a la vida doméstica tradicional.

El feminismo tan característico de la década de 1920 carecía totalmente de sentido a principios de 1940. Aunque lógicamente hubo notables excepciones, la familia nuclear tradicional fue la norma cultural dominante. Esta generalización de la vida familiar tradicional se vio tipificada en un popular programa de televisión titulado *Leave it to Beaver*.

2.2.1. Los aspectos sociales

La década de 1940 fue una época de crecimiento y cambio para los Estados Unidos, impulsado por la Segunda Guerra Mundial. Los intelectuales europeos huyeron de las zonas de conflicto, trayendo nuevas ideas que fructificaron después del conflicto bélico. La economía de tiempo de guerra sacó a los Estados Unidos de la depresión y cambió la estructura social del mercado laboral.

Con los hombres luchando en la guerra, las mujeres asumieron muchas funciones nuevas. Las fábricas necesitaban mucha mano de obra para producir los materiales necesarios para la contienda y, aunque era una idea general durante la Depresión que las mujeres debían quedarse en casa, fueron contratadas masivamente en tiempo de guerra.

Durante los años cuarenta, los roles y las expectativas de las mujeres en la sociedad cambiaron rápidamente. Anteriormente, tenían muy poca influencia en la sociedad y existía el estereotipo de la mujer que se quedaba en casa, tenía hijos y era una buena ama de casa. Pero en la década de 1940 fue diferente. La vida de la mujer se ampliaba, los hombres estaban en la guerra y alguien tenía que ocupar el lugar que habían dejado vacante. Pero no solo los hombres iban a la guerra ya que, por primera vez, y debido a la magnitud de la contienda, se estableció en 1942 el Cuerpo de Mujeres en el Ejército (*Women's Army Corps*, WAC) y poco después las Mujeres Aceptadas para los Servicios Voluntarios de Emergencia (*Women Accepted for Volunteer Emergency Services*, WAVES).

Casi cuatro millones de mujeres fueron contratadas para diferentes trabajos en oficinas y otros 2,5 millones fueron a trabajar en fábricas, astilleros y otras fábricas (Gluck 83). La mayoría regresaron a casa después de la guerra, pero dejaron una huella en la opinión pública sobre su productividad. Las mujeres trabajaban en fábricas, en trabajos de mano de obra intensiva y se convirtieron en el centro de atención de la sociedad y en la industria del entretenimiento. Incluso se fundó en 1943 la Liga de Beisbol Profesional de Chicas Americanas (*All-American Girls Professional Baseball League*). Y en 1945, la exprimera dama, Eleanor Roosevelt (1884 – 1962), se convirtió en delegada de los Estados Unidos en las Naciones Unidas, una organización de reciente creación. Esta fue una época muy prospera en la historia de las mujeres estadounidenses.

Las mujeres jugaron un papel muy importante en el racionamiento que se estableció en los Estados Unidos puesto que ellas fueron las responsables de la compra y lo que adquirían afectaba a los suministros de los soldados durante la guerra. El azúcar, el café y la carne eran alimentos muy racionados. Debido a que la carne estaba muy restringida, muchas personas comenzaron a comer carne de caballo. La ropa también fue racionada, así muchas mujeres dejaron de usar medias de seda, ya que era necesario para hacer paracaídas. En su lugar, pintaban las costuras en las piernas.

El racionamiento de caucho también fue muy importante. Se redujo el límite de velocidad máxima permitida por lo que el caucho de los neumáticos se podría conservar mejor. Se redujo la conducción porque la gasolina era vital para la guerra. A la mayoría de los ciudadanos no se les permitía comprar más de cinco galones a la semana. Aunque el racionamiento era un gran sacrificio, la mayoría de las mujeres estaban dispuestas a ayudar, viéndolo como un deber patriótico.

2.2.2. *Los aspectos culturales*

La guerra terminó en 1945, lo que significa que no toda la década de 1940 se pasó luchando y con racionamiento. Aún hubo tiempo para el ocio y la diversión. La industria del cine todavía estaba en auge a lo largo de esta década. La televisión no era demasiado popular como lo haría en la década posterior, por lo que ir al cine era una forma barata de relajarse durante el tiempo libre. Las películas de dibujos animados de Disney tuvieron un gran éxito entre los niños en esta década, siendo *Bambi y Dumbo* algunas de sus favoritas.

Para la industria cinematográfica, la década de los años cuarenta se inició con una auténtica bomba creativa, la película *Ciudadano Kane* (1940), dirigida por un recién llegado llamado Orson Welles. Welles rompió muchos esquemas desde el punto de vista visual y narrativo, una propuesta en la que tuvo un gran protagonismo el director de fotografía Gregg Toland.

Estos años estuvieron marcados por la producción de películas de cine negro con excepcionales aportaciones en obras como *El halcón maltés* (1941) de John Huston, *Casablanca* (1942) de Michael Curtiz, *Laura* (1944) de Otto Preminger, o Gilda (1946) de Charles Vidor. En estos años hubo una gran variedad temática y excepcionales interpretaciones. Se puede mencionar a Charles Chaplin, John Ford, Henry Fonda, William Wyler o George Cukov.

No obstante, el cine estadounidense de los años cuarenta se vio limitado en su producción por la entrada del país en la Segunda Guerra Mundial, que impulsó el cine de propaganda, el documental y el cine de ficción. Podemos incluir películas en las que el heroísmo del soldado estadounidense se destacaba como en *30 segundos sobre Tokio* (1944) u *Objetivo Birmania* (1945).

También se vio condicionado en su creación por las iniciativas del Comité de Actividades Antiamericanas (*House Un-American Activities Committee*). Directores, guionistas y actores sufrieron la persecución implacable de la comisión dirigida por el senador Joseph McCarthy (1908 – 1957). Fue la denominada caza de brujas, una batalla política con la que se pretendió limpiar Hollywood de comunistas.

Ver deportes seguía siendo un pasatiempo popular, especialmente el beisbol. Durante los años cuarenta, este deporte fue el pasatiempo favorito de los Estados Unidos. El fútbol americano se hizo más popular en el ámbito académico (colegios, institutos, universidades) de lo que fue en la población en general.

Musicalmente, el *swing* y el *jazz* se convirtieron en los géneros dominantes de los años 40. Los efectos de la guerra y la recesión económica que trajo consigo no tardaron en hacerse sentir en todos los sectores. Además, muchos músicos fueron llamados a filas, como tantos otros jóvenes. La mayoría de los grandes locales que habían sido el hogar del *swing* en la década anterior cerraron sus puertas y su lugar fue ocupado por pequeños clubs que daban cobijo a pequeñas formaciones que no tenían la fama y el reconocimiento de sus predecesores.

El barrio de Harlem en la ciudad de Nueva York fue a partir de entonces el epicentro de un nuevo sonido, *el bebop*, cuyos máximos exponentes serían Charlie Parker, Bud Powell, Thelonious Monk y Dizzy Gillespie. La improvisación era la protagonista, pero nunca llegó a las cotas de popularidad que alcanzó el *swing*. Y es que el *bebop* era impredecible, se creaba en el momento y no era habitual escuchar las mismas melodías una y otra vez.

El espacio que el *swing* había ocupado en la música popular había sido ocupado por los cantantes melódicos como Frank Sinatra o Bing Crosby. El nuevo sonido del jazz, por el contrario, empezaba a ser un reducto de vanguardia, más relacionado con la intelectualidad. Las estaciones de radio adoraban a los artistas de *swing*.

Así, Frank Sinatra se convirtió en un artista popular durante la década por su relación con la actriz Ava Gardner y su continua aparición en revistas y periódicos. Sin embargo, hubo también quienes cogieron la parte más creativa del *bebop*, incluyeron tonos más suaves y una sección rítmica más ligera, configurando así una nueva corriente: el *cool jazz*. Músicos como Stan Getz, Gerry Mulligan, Dave Brubeck o Chet Baker tuvieron un gran éxito, acercando de nuevo el jazz al público en general.

En un juego constante de acción-reacción, el *hard bop* surgió rápidamente como respuesta al *bebop* y al *cool jazz*, que eran considerados como géneros que usurpaban la esencia del jazz por muchos músicos de la costa este. A nivel armónico, el jazz sonaba ahora más cercano al *blues* y al góspel, buscando las raíces de la comunidad negra estadounidense en su herencia africana.

Aparte de la música, la radio también emitía espacios de entretenimiento junto con las noticias. Los anuncios y la publicidad comenzaron a abrirse camino en la radio durante este periodo. Y, por primera vez, el presidente de los Estados Unidos (Franklin D. Roosevelt) se dirigió a la nación en las primeras "charlas informales" (*fireside chats*) en la historia de la radio, llevando así la política a todos los hogares estadounidenses.

La Segunda Guerra Mundial también afectó a la industria de la moda. París fue el epicentro de la moda y diseñadores británicos y estadounidenses se vieron muy influenciados por ellos. Pero con la guerra, tejidos como la seda no estaban disponibles para los diseñadores. Los sombreros se convirtieron en una forma de estar a la moda. Se podían decorar sombreros con adornos como plumas o flores ya que estos artículos no fueron racionados, tendencia de moda que se extendió por todo el país.

Por otro lado, los pantalones para las mujeres comenzaron a reemplazar a las faldas. La tendencia de dibujarse la raya en las medias se inició en Gran Bretaña y con la seda tan escasa en todas partes se extendió rápidamente. Desde la Revolución Industrial, los estadounidenses se habían animado a consumir para desarrollar la economía. Sin embargo, esto cambió durante la Segunda Guerra Mundial. El gobierno animó a que se conservara la ropa y la clase media comenzó a remendarla en lugar de comprarla nueva.

Las revistas de moda incluso marcaron una tendencia, en cuanto a la conservación de la ropa, al proporcionar información sobre cómo hacer que ropa antigua pareciera más moderna. Así, las telas a rayas se utilizaban en los trajes durante la década de los años cuarenta, por lo que no era nada raro que una novia llevara uno de esos trajes en su boda. Era muy difícil y costoso obtener el material necesario para hacer un vestido de novia.

Para los hombres, el traje *zoot* se convirtió en una tendencia popular, que consistía en pantalones de cinturas altas y grandes, espaciosas chaquetas. Y después del racionamiento de la guerra en la ropa, esto se hizo mucho más evidente. Las camisas de playa de colores brillantes se convirtieron en un artículo de moda y los hombres a menudo llevaban lazos pintados a mano.

En los años cuarenta, jóvenes blancos comenzaron a frecuentar comunidades afroamericanas por su música y su baile debido a sus nuevas filosofías de diversidad racial, exploración sexual y drogas. El autor Marty Jezer (1940 – 2005) definió así al *hipster* de la década de 1940: "El mundo del *hipster* en que Kerouac y Ginsberg navegaron a mediados de los cuarenta fue un movimiento amorfo sin ideología, era más una pose que una actitud. Una forma de ser sin tratar de explicar por qué. Su rechazo a lo ordinario fue tan completo que apenas podían soportar la realidad" (Jezer 82).

En el ámbito de la literatura, los escritores más conocidos de los Estados Unidos se concentraron en la zona sur del país, representando una corriente literaria denominada *Southern Gothic*. Entre ellos podemos destacar a los siguientes: William Faulkner y Tennessee Williams de Mississippi, Carson McCullers y Flannery O'Connor de Georgia, Truman Capote de Luisiana o Harper Lee de Alabama.

Otro gran escritor estadounidense fue John Steinbeck, aunque en su caso no procediese del sur sino del oeste (California). Sus obras son referentes literarios y por ello recibió el Premio Nobel de Literatura en 1962. Otro autor californiano, James Ellroy, ambientó sus novelas en Los Ángeles de los años cuarenta. Sus obras hablan de policías, detectives, ladrones, criminales y sobre la situación social de la ciudad en aquella época.

Finalmente, debemos hacer mención también al arte. El espectáculo de la Gran Depresión había estimulado a muchos artistas jóvenes a adoptar los principios de izquierdas. Establecido como parte del *New Deal*, el Proyecto Federal de Arte (*Federal Art Project*, FAP) proporcionaba trabajo a muchos artistas, impulsando así la producción de murales públicos.

En los años cuarenta, varios pintores emergieron como figuras importantes de la vanguardia de la época, como el caso de Jackson Pollock, Mark Rothko y Arshile Gorky, quienes a su vez se beneficiaron de la atmósfera liberal de un proyecto que permitía a los artistas experimentar.

Un factor que contribuyó a su pesimismo fue la entrada de los Estados Unidos en la Segunda Guerra Mundial en 1942. La base irracional de las acciones de la humanidad parecía irrefutable para ellos. Los estadounidenses descubrieron que el compromiso del surrealismo con el inconsciente y el mito les permitía instaurar un contenido más pesado a sus cada vez más complejas abstracciones.

Tales preocupaciones unieron a un grupo amplio de artistas, incluyendo a figuras como Arshile Gorky, Mark Rothko, William de Kooning, Barret Newman, Robert Motherwell, Clyfford Still o Adolph Gottlieb. Aunque pronto iban a ser catalogados como expresionistas abstractos, nunca se organizaron en una formación coherente de vanguardia.

2.2.3. La televisión como nuevo medio de comunicación

El número de televisiones que funcionaba en América se incrementó en más del 2000% en 1947, de acuerdo con Harry Castleman y Walter J. Podrazik. Sin embargo, no fue hasta 1948 cuando se realizaron serios esfuerzos por proporcionar a los americanos programas significativos. Según estos autores, las cadenas de televisión tuvieron que enfrentarse a ciertos problemas en 1947 tales como la dificultad de adaptar un programa a una audiencia que vería dicho programa en pantalla pequeña.

Sin embargo, en 1948 se tomaron ideas de la programación de la radio, incluyendo programas de ingenio, comedia o acontecimientos deportivos. Nuevas secciones como *Puppet Television Theater*, dentro del programa de animación infantil de Howdy Doody fueron convirtiéndose en un compañero cada tarde a la salida del colegio. Programaciones relacionadas con convenciones políticas añadieron una nueva dimensión a la política del país, pero la forma de programación con más éxito fue *Texaco Star Theater*, un *show* de variedad presentado por el famoso presentador de comedia Milton Berlo.

Aunque fue en 1926 cuando la Corporación de Radio de América (*Radio Corporation of America*, RCA) anunció el nacimiento de la Empresa de Televisión Nacional (*National Broadcasting Company*, NBC) y el comienzo de una nueva emisora de radio, no fue hasta enero de 1948 cuando NBC empezó a operar como canal de televisión.

Las cadenas lanzaron nuevos formatos de televisión y la calidad de su programación mejoró considerablemente. En octubre de 1948, la cadena *DuMont* presentó al cronista de sociedad Jack Eigen en un programa de noche, ambientado con chicas glamurosas. Durante quince minutos habló sobre los últimos rumores del mundo del espectáculo y presentaba a cualquier celebridad que tuviera ocasión. Frank Sinatra y Fred Allen participaron en su programa por teléfono.

En noviembre, la NBC llevó a la televisión el popular programa de entrevistas de radio *Meet the Press*, después de convencer a su patrocinador, el general Mills, de que el programa no era demasiado comprometido para emitirlo por televisión. Fred contó con la ayuda de dos organizaciones de Broadway, The Theater Guild y The American National Theater Academy (ANTA), para su programa de los domingos por la noche sobre presentaciones teatrales.

Asimismo, un hecho que despertó el interés por la televisión en 1947 fue la retransmisión, por primera vez, de un acontecimiento deportivo anual de beisbol. Los ocho canales de televisión de la Costa Este acercaron a la población los partidos entre los *Brooklyn Dodgers* y los *New York Yankees*. Con Gillette y la compañía Ford como patrocinadores, el Sistema de Retransmisión Televisiva de Columbia (*Columbia Broadcasting System*, CBS), NBC y DuMont organizaron un sistema de cobertura por el que las tres cadenas se ocupaban de los partidos, pero organizando turnos en la retransmisión del juego.

La respuesta del espectador a *The World Series* fue incluso mayor que la reacción a la lucha de Louis-Billy Conn y de Joe el año anterior. Se estima que la audiencia televisiva llegó a alcanzar al menos 3,8 millones de espectadores, aumentando asimismo el número de ventas de televisores. Las cadenas de TV creaban series semanales para afianzar su liderazgo en la programación. Buscaban material, impacientes porque el mismo concepto de televisión en directo suponía una competencia desde la costa oeste.

El hecho es que la televisión llegó a la mayor parte de los hogares. Poco a poco, nuevas series se fueron introduciendo en las programaciones de los canales y se hacía evidente una necesidad de mayor variedad de programas. En menos de un mes desde el estreno del programa de radio *Original Amateur Hour*, su cadena ya estaba batiendo el primer índice de audiencia televisiva en la ciudad de Nueva York.

Los periódicos empezaron a aceptar a la televisión como parte de la vida del país e incluso publicaban las programaciones de forma gratuita, como ya venían haciendo con la radio. Las cadenas intentaban mantener su índice de audiencia incluyendo música en directo. Como consecuencia, pronto aparecieron programas musicales. La CBS o incluso la NBC fueron de las primeras en lanzar este tipo de innovaciones.

La Compañía de Transmisión Televisiva Americana (*American Broadcasting Company*, ABC) lanzó un programa llamado *Hollywood Screen Test* desde Filadelfia, originariamente, y que combinaba una antología dramática y un programa de ingenio. No destacó solo por su carácter innovador sino porque no utilizó escenarios lujosos. Duró unos cinco años y fue el veterano Neil Hamilton el encargado de presentar el programa durante sus primeros meses.

Asimismo, la televisión se convirtió en una excelente oportunidad para proporcionar un espacio a la política. CBS, por ejemplo, ofrecía espacios de unos treinta minutos dentro del programa *Presidential Timber* que permitían a los dos partidos mayoritarios dar a conocer las diferentes candidaturas presidenciales.

Una parte indispensable de la vida cultural de los americanos fue el fenómeno cultural de la televisión y su función social. *Howdy Doody,* por ejemplo, se convirtió en uno de los programas favoritos de la televisión. Las familias eran fieles a sus personajes. Las madres se sentían relajadas porque cuando sus niños se sentaban frente al televisor para ver Howdy Doody, disponían de tiempo para ellas. En una era de posguerra caracterizada por un baby-boom, la televisión llegó a tener una función verdaderamente práctica: se convirtió en una excelente niñera.

CAPÍTULO III
La situación de los veteranos en los Estados Unidos

CAPÍTULO III   LA SITUACIÓN DE LOS VETERANOS EN LOS ESTADOS UNIDOS

El Congreso de los Estados Unidos aprobó un proyecto de ley que ayudaba al incremento, evaluación, atención y prevención de suicidios entre los veteranos de guerra, así como mejoras en la salud mental de los mismos. Esta decisión llegó tras la lucha de las organizaciones de veteranos desde la Segunda Guerra Mundial.

La ley llevó el nombre de Clay Hunt (*Clay Hunt Suicide Prevention for American's Veterans Act*), un militar que después de luchar en Irak y Afganistán se quitó la vida en el año 2011. Aunque el caso del soldado Hunt acaparó la atención de los medios de comunicación, no es ni mucho menos el único. Un documento realizado por Margaret C. Harrel y Nancy Berglass, titulado Perdiendo la batalla: el desafío del suicidio entre militares afirma con rotundidad lo siguiente: "Aunque solo el 1% de la población estadounidense sirve en las fuerzas armadas, un 20% de los suicidios en los Estados Unidos ocurre entre exsoldados o veteranos" (Harrel y Berglass).

Con todo, este no es un problema exclusivo del actual gobierno, sino que se remonta ya a la finalización de la Primera Guerra Mundial, cuando los soldados que regresaban a sus hogares tenían que enfrentarse a dificultades económicas y sociales y, principalmente, a un estado que no respondía a sus necesidades básicas para poder llevar una vida digna. Entre estas dificultades estaban el desempleo y la falta de vivienda. Además de todos estos agravantes, se suman los trastornos psicológicos, siendo el más habitual el estrés postraumático.

Hay un total de 23,6 millones de veteranos militares según las últimas cifras de la Oficina Federal del Censo de los Estados Unidos (*US Census Federal Office*). De estos, casi 2 millones son mujeres, 1,1 millones hispanos, 278.000 asiáticos y 165.000 indígenas estadounidenses.

En la actualidad, un total de más de setenta y cinco mil veteranos de guerra viven en la calle, un problema que crece a medida que vuelven los soldados destinados en Irak y Afganistán, según un estudio gubernamental publicado en el prestigioso diario *USA Today*. A esto se añade el hecho de que los excombatientes representan el 10% de los adultos del país y el 16% de las personas sin hogar según los datos ofrecidos por el Departamento de Vivienda y Desarrollo Urbano (*Housing and Urban Development*, HUD).

La mayoría de estos veteranos confiesa haber permanecido sin hogar entre 3,9 y 5,7 años. Además, se suman unos 900.000 veteranos que esperan indemnizaciones por discapacidad. Recordemos que muchos de estos veteranos sin hogar presentan discapacidades, incluyendo el trastorno de estrés postraumático y lesiones cerebrales traumáticas, el 45% sufre enfermedades mentales y la mitad consumen drogas de forma habitual.

Denis McDonoguh, secretario de la Asociación de Veteranos (*Veterans' Association*, VA) informó de un dato que presenta el drama de la situación que viven los veteranos en la sociedad estadounidense. Los veteranos se suicidan con una proporción de uno cada ochenta minutos, con lo que se registran al año más de 6.500 suicidios de veteranos, lo que supone más que el número total de soldados muertos en Afganistán e Irak. En contraste, un soldado estadounidense muere cada día y medio de promedio en ambos lugares de conflicto. Este es un drama que la sociedad estadounidense ve con preocupación porque en este país los veteranos de guerra representan la encarnación de los valores e ideales más admirados y respetados. Sin embargo, nada o casi nada se hace para resolverlo.

Por su parte, Hill Sautner, un terapeuta militar encargado del control de los excombatientes ha argumentado sobre este tema lo siguiente: "La tragedia de los veteranos reside en la imposibilidad de elaborar, compartiendo con el resto de la gente, la experiencia del horror concentrado en una guerra de muy corto tiempo. Perseguidos por estos recuerdos, los veteranos de las sucesivas guerras e intervenciones estadounidenses que, en su momento fueron recibidos como héroes, son hoy muertos sociales" (*Times News Weekly*).

A tenor de estas alarmantes cifras, el entonces presidente Barack Obama (1961-) se marcó el objetivo de poner freno al problema de los veteranos sin techo para el año 2015 según los datos recogidos en una agencia de noticias (Kelly). De hecho, anunció un programa especial para el entrenamiento masivo de veteranos con el fin de proporcionales un trabajo en la industria solar. Los estados de California, Texas, Florida y Nueva York son los que aglutinan más de la mitad de los excombatientes que viven en las calles.

Los soldados se enfrentan al odio de millones de habitantes de pueblos invadidos o agraviados por el poderío militar y económico de los Estados Unidos que en los cinco continentes han visto en su ejército, desde mediados del siglo XIX, a los mensajeros de la muerte, la destrucción y la dominación.

Hombres y mujeres, la mayoría pertenecientes a minorías étnicas y provenientes de los sectores más pobres del país, han lidiado con la muerte en todas sus formas a miles de kilómetros de sus hogares. Pero lo que ninguno de ellos esperaba es que la suerte que les aguardaría al regresar a su país sería el olvido y la miseria.

Para muchos podría significar el precio de constituirse en la primera potencia militar del planeta, representando 2/5 partes del gasto militar mundial, para un país que a lo largo de sus 235 años de historia ha librado dieciséis guerras (una cada catorce años de promedio) y ha protagonizado intervenciones militares en varios países de los cinco continentes. Sin embargo, la realidad para ellos es que el alto costo humano del ánimo bélico de su gobierno lo que les ha traído representa dolor y tragedia, millones de muertos y heridos.

Esa injusticia histórica con la que han sido tratados por los políticos ha hecho que se consideren parte del 99% de estadounidenses marginados de la enfermiza opulencia de la que goza el 1% de la población de los Estados Unidos, y que se hayan unido a la lucha contra la voracidad de los banqueros y de Wall Street.

Los jóvenes veteranos no solo protestan por el latrocinio de los grandes capitalistas sino contra las guerras absurdas a las que impulsan los políticos que dirigen al país, el horror que vivieron en el frente y la indolencia con que son tratados al regresar a su país. Pero además la indignación se alienta en el hecho de que la actual recesión económica mundial, junto con la dificultad de reintegrarse en la sociedad, ha hecho que las tasas de desempleo sean especialmente altas para los veteranos.

La misión del Centro de Veteranos Estadounidenses (*American Veterans Center*, AVC) es proteger el legado y honrar los sacrificios de todos los veteranos americanos. A través de la preservación de la historia oral, programas educativos y eventos cívicos, transmiten sus historias a las nuevas generaciones para que nunca las olviden.

3.1. Historia del Día de los Veteranos en los Estados Unidos

Conocida como "la guerra para terminar todas las guerras", la Primera Guerra Mundial está considerada hoy en día como el hecho que ha tenido mayor impacto social y político en los anales de la historia humana. Se estima que participaron más de 61,5 millones de soldados de todas las naciones, de los cuales murieron 8,5 millones, 12,5 millones sufrieron lesiones recuperables y otros siete millones fueron heridos de forma permanente.

Los Estados Unidos, que entraron en la guerra tarde, sufrieron una menor cantidad de pérdidas, aproximadamente 116.000 bajas. Sin embargo, el impacto que la guerra tuvo sobre los estadounidenses fue muy grande. El presidente Woodrow Wilson (1856 – 1924), quien se jactó de que mantendría al país fuera de la guerra, conmocionó a toda la nación con su solicitud de intervenir en la misma.

El 11 de noviembre de 1918 marcó el final oficial de la guerra y un año más tarde el presidente Wilson fue el primero en proclamar el 11 de diciembre de 1919 como el Día del Armisticio tras firmar con Alemania el tratado que puso fin a la guerra. Al proclamar este día festivo afirmó: "Para nosotros en América, las reflexiones del Día del Armisticio se llenarán de orgullo solemne en el heroísmo de los que murieron en el servicio del país y de gratitud por la victoria, tanto por aquello de lo que nos han liberado como por la oportunidad que le han dado a América de mostrar su solidaridad con la paz y con la justicia" (U.S. Army Center of Military History).

El 11 de noviembre de 1921, los Estados Unidos enterraron a un soldado desconocido y el presidente Warren Harding (1865 – 1923) solicitó que todas las banderas ondearan a media asta. Aunque este hecho conmemorativo se había realizado un año antes en Inglaterra y Francia, tuvo un mayor efecto entre los estadounidenses. Ese soldado desconocido no solo simbolizaba las pérdidas de los Estados Unidos, sino cada pérdida y sacrificio estadounidense en la guerra en la primera conmemoración nacional de la guerra.

En los años siguientes, veintisiete estados habían respondido a este emotivo acto mediante la adopción de leyes que declaraban el 11 de noviembre como día festivo. El Congreso de los Estados Unidos promulgó una Resolución Conjunta (*Joint Resolution*) el 4 de junio de 1926 pidiendo al presidente Calvin Coolidge (1872 – 1933) que emitiera una proclamación para que la bandera de la nación ondeara en todos los edificios públicos el 11 de noviembre. En la Resolución, se le nombró oficialmente como el Día del Armisticio. El 13 de mayo de 1938, el Congreso aprobó una nueva ley que hizo de ese día un motivo de fiesta nacional: "un día para dedicarse a la causa de la paz mundial y para ser posteriormente celebrado y conocido como el Día del Armisticio" (U.S. Army Center of Military History).

En 1939, un año después de que el Día del Armisticio se convirtiera en fiesta nacional, estalló la Segunda Guerra Mundial. El inicio de esta guerra puso fin a las esperanzas de que la Primera Guerra Mundial hubiera sido una guerra para terminar con las guerras. Más de 400.000 soldados estadounidenses perecieron durante esta contienda bélica.

En 1947, solo dos años después del final de la Segunda Guerra Mundial, un veterano llamado Raymond Weeks organizó un desfile conmemorando el Día de los Veteranos en Birmingham (Alabama) para celebrar un día en honor a todos los veteranos en los Estados Unidos, no solo aquellos de la Primera Guerra Mundial. Weeks encabezó una delegación que visitó al entonces general Dwight D. Eisenhower, quien apoyó la idea fervorosamente.

Después de la Guerra de Corea (1950 – 1953), durante la cual murieron más de 36.000 soldados estadounidenses, el Congreso consideró hacer del Día del Armisticio un día para conmemorar a los veteranos de todas las guerras, no solo a los que sirvieron durante la Primera Guerra Mundial.

En 1954, el representante por el estado de Kansas, Edwin K. Rees, introdujo un proyecto de ley que cambiaría el propósito inicial del Día del Armisticio para honrar a los veteranos de todas las guerras. El 1 de junio de 1954, el presidente Dwight D. Eisenhower (1890 – 1969) firmó el proyecto de ley cambiando oficialmente el nombre del Día del Armisticio por el de Día de los Veteranos.

Más tarde en ese mismo año, el 8 de octubre concretamente, Eisenhower emitió una Proclamación que creaba un nuevo Comité Nacional del Día de los Veteranos (*Veterans Day National Committee*) y nombraba al administrador del Departamento de Asuntos de los Veteranos (*Administrator of the Department of Veterans' Affairs*) como su coordinador. Este nombramiento se puede corroborar en las siguientes líneas extraídas de la carta que el propio presidente Eisenhower le envió al señor Harvey V. Higley (1892 – 1986):

> Hoy he firmado una Proclamación llamando a todos nuestros ciudadanos para que celebren el jueves 11 de noviembre de 1954 como el Día de los Veteranos. Sugiero entonces la formación de un Comité Nacional para el Día de los Veteranos y en vista tanto de su gran interés personal como de su responsabilidad oficial, le he designado para que sirva en el mismo como su Presidente. Podrá asimismo designar a cuantos asistentes necesite para tan digna tarea (Carta de Dwight D. Eisenhower a Harvey V. Hingley).

Tan solo unos días después, el 12 de octubre, el presidente Eisenhower proclamó el 11 de noviembre como el Día de los Veteranos mediante la Proclamación 3071, y del cual podemos extraer las siguientes líneas:

> Por lo tanto, yo, Dwight D. Eisenhower, Presidente de los Estados Unidos de América, llamo a todos los ciudadanos del país a que celebren el jueves 11 de noviembre de 1954 como el "Día de los Veteranos". En ese día, recordaremos solemnemente el sacrificio de todos aquellos que lucharon tan valientemente para preservar nuestra herencia de libertad. Consagrémonos a la tarea de promocionar la paz duradera para que sus esfuerzos no hayan sido en vano (Carta de Dwight D. Eisenhower a Harvey V. Hingley).

El Premio Nacional de Veteranos (*National Veterans Award*) fue creado en 1954, también en la población de Birmingham. El congresista Raymond Rees de Kansas fue honrado en Alabama como el primer galardonado con el premio por su apoyo a la legislación que convertía al Día de los Veteranos en un día de fiesta nacional.

Así, en el año 1968 se aprobó una ley para cambiar la fecha del Día de los Veteranos al cuarto lunes del mes de octubre. Esto se hizo para dar a los estadounidenses un fin de semana de tres días, proporcionándoles así tiempo para visitar los cementerios, participar en las ceremonias y visitar los monumentos conmemorativos de los veteranos.

Sin embargo, muchos ciudadanos sintieron que el 11 de noviembre fue un día demasiado importante para olvidar, así en muchos estados continuaron celebrando la fecha del 11 de noviembre, hasta que, en 1978, el presidente Gerald Ford (1913 – 2006) convirtió en ley un proyecto de ley que restauraría el 11 de noviembre como el Día de los Veteranos.

Debido a que es un día de fiesta, muchos trabajadores y estudiantes tienen el día libre. En ese día, se ofrecen comidas gratuitas para los veteranos en cadenas de restaurantes. En su discurso del Día del Armisticio, el presidente Woodrow Wilson fue sensible a los años de guerra: "El hambre no alimenta la reforma, sino que engendra la locura" (Smith 290).

Desde que Weeks lideró la primera celebración nacional en 1947, continuó haciéndolo hasta su fallecimiento en 1985. El presidente Ronald Reagan (1911 – 2004) lo honró en la Casa Blanca con la Medalla Presidencial de la Ciudadanía (Presidential Citizenship Medal) por haber sido la fuerza motriz de la festividad. Elizabeth Dole, quien preparó el informe para el presidente, determinó que Weeks era el padre del Día de los Veteranos (Carter 8).

En la actualidad, el Comité Nacional de Veteranos coordina todas las ceremonias federales oficiales relacionadas con el Día de los Veteranos. Cada 11 de noviembre se celebra una ceremonia en el Cementerio Nacional de Arlington en la tumba del soldado desconocido (*Tomb of the Unknown Soldier*). El presidente asiste al acto colocando una ofrenda floral en la tumba.

El Comité también coordina ceremonias similares por todo el país. El Comité prepara asimismo un kit escolar que describe cómo deben celebrar las escuelas el Día de los Veteranos. Desde 1978, el Comité ha sido el organizador de un concurso de carteles por el que se anima a los estudiantes de secundaria a crear un cartel que conmemore dicho día. Se selecciona al cartel ganador por cada estado y, de ese grupo, uno es seleccionado como el ganador a nivel nacional.

3.2. Las asociaciones de veteranos

Si en el apartado anterior hemos visto la situación de los veteranos en los Estados Unidos, en este segundo apartado nos centraremos en analizar el papel desempeñado por las diferentes asociaciones de veteranos, o al menos algunas de las más relevantes debido a su gran número.

Del amplio listado de cuarenta y cinco asociaciones de veteranos, podemos extraer algunos datos significativos. Por ejemplo, que la primera asociación fue reconocida en el año 1879, la Asociación de Ayuda Mutua de la Marina (*Navy Mutual*

Aid Association), mientras que la última fue la Asociación de Sargentos de las Fuerzas Aéreas (*Air Force Sergeant Association*), en 1997.

No obstante, debemos realizar un par de puntualizaciones al respecto. En primer lugar, es un error muy común confundir la fecha de creación con la fecha en la que es reconocida oficialmente. Mientras la fecha de creación es cuando se constituye la asociación, la segunda se refiere al año en el que dicha asociación es reconocida oficialmente por el Congreso, confiriéndole una escritura oficial de constitución. Y, en segundo lugar, se ha optado por mantener los títulos originales en inglés junto a la traducción al español para poder conservar mejor la idiosincrasia y referencia propia de cada asociación.

Otro dato relevante que se puede extraer del listado de las asociaciones de veteranos es que son susceptibles de poder ser agrupadas según su pertenencia o temática. Así, un primer grupo son cuatro asociaciones exclusivas de la Marina: Navy Mutual Aid Association, Marine Corps League, Navy Club of the United States of America, Fleet Reserve Association. Por parte de la fuerza aérea contamos con una única asociación: Air Force Sergeant Association.

Un segundo grupo, además quizás el más numeroso, es el de las asociaciones de veteranos de carácter nacional, con un total de diez organizaciones: The American Red Cross, The American Legion, American Veterans Committee, American Veterans, Legion of Valor of the USA, National Veterans Legal Services Program, National Association of County Veterans Service Officers, The Retired Enlisted Association, American G.I. Forum, Military Order of the Purple Heart, American Ex-Prisoners of War.

Y un tercer grupo estaría conformado por las diferentes asociaciones de veteranos de carácter más específico, según el conjunto al que hacían referencia. El primero de estos grupos fue el que representaba a los veteranos con algún tipo de discapacidad, en el que podemos incluir a las siguientes organizaciones: National Amputation Foundation, Disabled American Veterans, Blinded Veterans Association, Paralyzed Veterans of America.

El segundo es otro grupo específico constituido por asociaciones de mujeres. Recordemos que fue en esta década de los años cuarenta cuando las mujeres consiguieron finalmente entrar en las fuerzas armadas estadounidenses. Dentro de este grupo podemos mencionar: American War Mothers, Blue Star Mothers of America, Gold-Star Wives of America, Women's Army Corps Veterans Association, American Gold Star Mothers.

El tercer grupo específico es el relacionado con aquellos veteranos de alguna guerra en particular. Cabe incluir aquí, por ejemplo, a las siguientes organizaciones: Veterans of Foreign Wars, United Spanish War Veterans, American Defenders of

Bataan, and Corregidor, Veterans of World War I, Veterans of the Vietnam War, Italian American War Veterans, Pearl Harbor Survivors, Vietnam Veterans of America, Military Order of the World Wars.

Finalmente, un cuarto y último grupo de carácter específico estaría constituido por aquellas asociaciones de veteranos relativas a alguna minoría concreta de la población. Entre estas se pueden destacar las siguientes: National Association for Black Veterans, Polish Legion of America, Catholic War Veterans, Jewish War Veterans.

Una vez escrutado el listado completo de las diferentes asociaciones de veteranos según su representatividad, nos centraremos ahora en analizar de una forma más detallada el papel desempeñado por estas asociaciones, al menos las más representativas o relevantes del país.

Así pues, dentro del primer grupo de asociaciones de veteranos, que recordemos son las relativas a organizaciones pertenecientes a la Marina, podemos detenernos en la Asociación de Ayuda Mutua de la Marina (*Navy Mutual Aid Association*), que fue reconocida oficialmente el 28 de julio de 1879. Desde entonces ha cumplido su deber de apoyar a las familias de los militares proporcionando seguros de vida y rentas vitalicias generosas. La finalidad de esta asociación es la de servir como firmes defensores de los intereses de los miembros de la Marina para asegurarse de que reciban los beneficios y la seguridad financiera que merecen. La misión de esta organización es la de proporcionar a sus miembros un seguro de vida acorde al coste neto de la vida, asegurar todos los beneficios del gobierno a los que tengan derecho legalmente y educar a los miembros y a sus familias en temas de seguridad financiera.

Otra asociación de veteranos relacionada con la Marina es el Club Naval de los Estados Unidos de América (*Navy Club of the United States of America*, NCUSA), que fue reconocida oficialmente el 6 de junio de 1940. Esta es una organización nacional integrada por ciudadanos de los Estados Unidos que han servido, o aún sirven, en la Marina, el Cuerpo de Marines o en la Guardia Costera. Desde su fundación, la NCUSA, a pesar de su pequeño tamaño lleva a cabo muchos programas y proyectos, lo que sin duda le ha permitido continuar con vida y aumentar el número de miembros. Tal vez, el evento más destacado de la asociación tuvo lugar en el año 1955 cuando ocho de sus miembros dedicaron el primer monumento realizado por veteranos en honor de todos los soldados muertos en Pearl Harbor en 1941.

Alton G. Meyer fue el presidente de la comisión establecida por la NCUSA para erigir el monumento. En dicho acto, el señor Meyer afirmó lo siguiente: "No olvidaremos nunca este día y lo que esta celebración significa. Debemos mantener la fe en aquellos que lucharon y murieron para mantenerlo, que se sacrificaron por ello" (US Code Chapter 32).

Pero, evidentemente, las asociaciones de carácter general, que recordemos conformaban el segundo grupo, fueron las más numerosas, más de una docena. Entre ellas, la más antigua fue la Cruz Roja Americana (*The American Red Cross*), constituida oficialmente el 5 de enero de 1905 y cuya finalidad principal es la de prevenir y aliviar el sufrimiento humano movilizando el poder de los voluntarios y la generosidad de los donantes.

La Cruz Roja Americana, a través de una sólida red de voluntarios, donantes y socios, siempre está ahí en tiempos de necesidad. Como una de las organizaciones humanitarias más grandes de todo el país, la Cruz Roja Americana se dedica a ayudar a las personas necesitadas en todos los Estados Unidos, dependiendo para ello de muchas contribuciones generosas de tiempo y dinero para apoyar sus servicios y programas que salvan las vidas de muchos ciudadanos estadounidenses.

Clara Barton y un círculo de conocidos fundaron la Cruz Roja Americana en Washington, DC el 21 de mayo de 1881. Barton oyó hablar sobre la Cruz Roja fundada en Suiza durante su visita a Europa tras la Guerra Civil. Al regresar a casa, hizo campaña en favor de una Cruz Roja Americana y la Convención de Ginebra para proteger a los heridos de guerra, que Estados Unidos ratificó en el año 1882 (Dulles 37). Barton dirigió la Cruz Roja Americana durante veintitrés años, a lo largo de ese tiempo llevó a cabo la ayuda junto con el ejército durante la guerra hispano-estadounidense (*Spanish-American War*) e hizo campaña con éxito para la inclusión de la labor de socorro en tiempos de paz.

La Cruz Roja Americana recibió la primera carta fundacional del Congreso en el año 1900 y la segunda y definitiva en 1905, el año después de que Barton renunciara a su dirección. La versión más reciente de la carta, que fue adoptada en mayo de 2007, reafirmó los fines tradicionales de la organización, que incluyen dar alivio y ser medio de comunicación entre los miembros de las fuerzas armadas estadounidenses y sus familias (Gilba 93).

Con el estallido de la Primera Guerra Mundial, la organización experimentó un gran crecimiento. El número de oficinas locales pasó de 107 en 1914 a 3.864 en 1918 y la afiliación creció de 17.000 miembros a más de 20 millones. La ciudadanía contribuyó con cuatrocientos millones de dólares en fondos y material para apoyar los programas de la Cruz Roja Americana, incluidos los de las fuerzas armadas estadounidenses.

Después de la guerra, la Cruz Roja Americana se centró en el servicio a los veteranos, mejorando los programas de capacitación en seguridad, prevención de accidentes, atención domiciliaria a los enfermos y la educación nutricional. También brindó asistencia a las víctimas de catástrofes importantes como las inundaciones del río Mississippi en 1927 o la severa sequía y la Depresión durante la década de 1920.

En la actualidad, los simpatizantes, voluntarios y empleados de la Cruz Roja Americana proporcionan cuidados en cinco áreas críticas: personas afectadas por los desastres en América, el apoyo a los miembros de las fuerzas armadas y sus familias, la recogida, procesamiento y distribución de sangre, la salud, la educación y formación en seguridad y la ayuda, y el desarrollo internacional (Hurd 167).

Otra organización importante de carácter general fue la Legión Americana (*The American Legion*), aprobada oficialmente por el Congreso el 16 de septiembre de 1919 como una organización de veteranos patriótica dedicada a la ayuda mutua. Es la organización de servicios para los veteranos de guerra más grande del país, comprometida con la tutela de jóvenes y con el patrocinio de programas saludables que abogan por el patriotismo y el honor, la promoción de una fuerte seguridad nacional y por la devoción a los miembros de las fuerzas armadas y de los veteranos.

La Legión Americana apoya cientos de programas y actividades en toda la nación, con programas deportivos para educar a los jóvenes sobre la importancia de la deportividad, la ciudadanía y el *fitness*. El programa Operación Confort de los Guerreros (*Operation Comfort Warriors*) apoya la recuperación de soldados heridos y sus familias, proporcionándoles artículos para su mayor confort y, sobre todo, el tipo de apoyo que hace que se sientan en el hospital como en casa.

La Legión Americana recauda también millones de dólares en donaciones en los niveles locales, estatales y nacionales para ayudar a los veteranos y a sus familias que lo necesiten y proporciona becas universitarias. Esta es una organización no partidista, sin ánimo de lucro, con una gran influencia política perpetuada por su participación popular en el proceso legislativo desde los distritos locales a Capitol Hill.

El éxito de la Legión Americana depende enteramente de sus afiliados, la participación y el voluntariado. La organización pertenece a la gente que sirve en las fuerzas armadas y a las comunidades en las que se desarrolla. Centrándose en el servicio a los veteranos y a los miembros de las fuerzas armadas, la Legión Americana surgió a partir de un grupo de veteranos de la Primera Guerra Mundial hasta ser uno de los grupos más influyentes de los Estados Unidos.

Su afiliación creció rápidamente hasta más de un millón y medio, y las oficinas locales surgieron por todo el país. En la actualidad, la afiliación se sitúa en más de 2,4 millones en casi 14.000 oficinas locales repartidas por todo el mundo y organizadas en 55 departamentos: uno para cada estado junto con el Distrito de Columbia, Puerto Rico, Francia, México y las Filipinas.

Con los años, la Legión Americana ha influido considerablemente en el cambio social en los Estados Unidos, ganando cientos de beneficios para los veteranos y produciendo muchos programas importantes para niños y jóvenes. Pasaremos ahora a referir algunas fechas importantes de la organización.

Del 15 al 17 de marzo de 1919, los miembros de la Fuerza Expedicionaria Americana (*American Expeditionary Force*, AEF) se reunieron en París para organizar la primera reunión de la Legión Americana, adoptando el nombre oficial de la organización en el mes de mayo. Finalmente, el 4 de junio, el Comité Ejecutivo Nacional (*National Executive Committee*) adoptó el emblema de la Legión Americana, recibiendo la escritura de constitución por parte del Congreso el 16 de septiembre y celebrando su primera convención anual en Minneapolis en el mes de noviembre.

Otro año importante fue 1921, más concretamente el 9 de agosto, cuando los esfuerzos de la Legión Americana dieron como resultado la creación de la Oficina de Veteranos de los Estados Unidos (*U.S. Veterans Bureau*), precursora de la Administración de Veteranos (VA). Esta oficina luchó por una financiación adecuada para cubrir la atención médica, la discapacidad y la educación junto a otros beneficios para los veteranos.

En el mes de septiembre de 1942, la Legión Americana cambió el Preámbulo de su Constitución por primera y única vez en su historia desde que se redactó en el año 1919. La palabra "guerra" se cambió por la de "guerras". Pero más importante aún fue la fecha del 22 de junio de 1944 cuando el presidente Franklin D. Roosevelt (1882 – 1945) convirtió en ley el proyecto original conocido como *G.I. Bill* o Ley de Reajuste del Servicio (*Servicemen's Readjustment Act*), marcando el comienzo de unos cambios significativos en la sociedad estadounidense. Esta ley, como más adelante se analizará detenidamente, democratizó la educación superior en los Estados Unidos, favoreciendo que ocho millones de veteranos volvieran a las aulas, posibilitándoles además obtener mejores empleos, comprar casas y formar sus propias familias.

El año de 1954 fue muy importante para la Legión Americana puesto que el 9 de julio se formó la Fundación por el Bienestar Infantil (*Child Welfare Foundation*). En la actualidad, se destinan más de once millones de dólares a organizaciones juveniles y proyectos destinados a ayudar a los niños en los Estados Unidos.

Ya a finales de los años sesenta, el 24 de agosto de 1969, el Comité Nacional Ejecutivo de la Legión Americana estableció el Fondo de Emergencia Nacional (*National Emergency Fund*, NEF) como resultado de los efectos del huracán *Camille*. Otro año clave para la Legión Americana fue 1989. El 1 de enero, la Administración de Veteranos es elevada a la categoría de nivel de gabinete como el Departamento de Asuntos de los Veteranos (*Department of Veterans' Affairs*, VA). La Legión Americana luchó a favor de este cambio, argumentando que los veteranos merecían tener representación en los más altos niveles del gobierno.

Y en el mes de octubre se logra el objetivo largamente perseguido por parte de la Legión Americana de mejorar los procedimientos de adjudicación de las reclamaciones de los veteranos cuando entra en funcionamiento la Corte de

Apelaciones de Veteranos de los Estados Unidos (*U.S. Court of Veterans' Appeals*). La mayor parte de las disposiciones contenidas en la ley de creación del tribunal fueron escritas por la Legión Americana y presentadas al Congreso en 1988.

Igualmente, relevante fue el año 2001 cuando en el mes de octubre, la Legión Americana creó el Fondo de Becas de Herencia Americana (*American Legacy Scholarship Fund*), destinada a los hijos de militares fallecidos en servicio activo a partir del 11 de septiembre de 2001.

Posteriormente, el 30 de junio de 2008, el entonces presidente George W. Bush (1946-) convirtió en ley la Ley de Asistencia Educativa a Veteranos después del 11 de septiembre (*Post-9/11 Veterans Educational Assistance Act*), la siguiente generación de medidas del *G.I. Bill* que fue apoyada firmemente por la Legión Americana. Esta nueva ley renovó el compromiso del gobierno federal con los veteranos, proporcionándoles sustanciales mejoras en los beneficios educativos. Esta medida entró en vigor el 1 de agosto de 2009 y envió a un número sin precedentes de veteranos a la universidad.

Al año siguiente, el 22 de octubre de 2009, el entonces presidente Barack Obama (1961 –) firmó la Ley de Reforma del Presupuesto de Atención Médica a los Veteranos (*Veterans Health Care Budget Reform Act*) que garantizaba la financiación anticipada de los créditos, una fórmula que la Legión Americana ha apoyado firmemente durante años.

Una tercera asociación general importante fue la de los Veteranos Estadounidenses (*American Veterans*, AMVETS), que recibió del Congreso la carta de constitución el 23 de julio de 1947. Como una de las organizaciones de servicio a los veteranos líder de los Estados Unidos con más de 250.000 miembros, los AMVETS tienen una orgullosa historia de ayuda a los veteranos con el patrocinio de numerosos programas que sirven al país y a sus ciudadanos.

La participación en la organización está abierta a cualquier persona que esté sirviendo en la actualidad o que haya servido en las fuerzas armadas desde la Segunda Guerra Mundial. La asociación otorga becas para todos aquellos que quieren terminar su educación por un total de 40.000 dólares al año para quienes estén en el último curso de secundaria o en educación superior. Los miembros de AMVETS promueven y apoyan la mejora de la calidad de vida y los programas de servicio comunitario en más de 1.400 oficinas en todo el país.

Con los años, AMVETS ha estado a la vanguardia de las políticas públicas relacionadas con la defensa nacional, los servicios a los veteranos sin hogar, la financiación adecuada para el Departamento de Asuntos de los Veteranos, la recepción simultánea de pago de jubilación e indemnización por discapacidad para los militares retirados discapacitados, el empleo de veteranos y la formación. El compromiso de

AMVETS con el servicio tiene sus raíces en el año 1948, cuando los voluntarios veteranos comenzaron a ayudar a los veteranos de la Segunda Guerra Mundial a que obtuvieran los beneficios que les prometió el gobierno federal. Como el número de veteranos que regresaban aumentaba por millones, era evidente que se necesitaría algún tipo de asistencia organizada a nivel nacional para ellos. Y los establecidos grupos nacionales más antiguos no lo harían.

Con esto en mente, se reunieron dieciocho en Kansas City (Missouri) y fundaron los Veteranos Estadounidenses de la Segunda Guerra Mundial (*The American Veterans of World War II*) el 10 de diciembre de 1944. Menos de tres años después, el 23 de julio de 1947, el presidente Harry S. Truman (1884 – 1972) firmó la Ley Pública 216 (*Public Law 80 –216*) convirtiendo a la AMVETS en la primera organización de la Segunda Guerra Mundial en ser reconocida por el Congreso estadounidense.

Desde entonces, la carta original se ha modificado en varias ocasiones para admitir como miembros a los que sirven en diferentes épocas o guerras. Hoy en día, la pertenencia a la asociación está abierta a cualquier persona que esté sirviendo en la actualidad o haya servido en las fuerzas armadas desde la Segunda Guerra Mundial hasta el presente.

La siguiente asociación que vamos a analizar es la Legión del Valor de los Estados Unidos (*Legion of Valor of the USA*), reconocida oficialmente por el Congreso el 4 de julio de 1955. La Legión del Valor de los Estados Unidos se organizó el 23 de abril de 1890 en Washington, DC por un grupo de veteranos de la Guerra Civil y de la campaña de las Guerra Indias que fueron galardonados con la Medalla de Honor. En su inicio, el nombre era el de Medalla de Honor de la Legión (*Medal of Honor Legion*).

El número de miembros aumentó a raíz de la campaña contra España de 1898 tras la insurrección de Filipinas. La afiliación no era grande y con el paso de los años y la posterior desaparición de los miembros, el 25 de noviembre de 1918, los beneficiarios de la Cruz de Servicio Distinguido del Ejército fueron admitidos como miembros de pleno derecho. En 1933, los miembros de la Marina y del Cuerpo de Marines, que eran los destinatarios originales de la Cruz de la Marina, fueron asimismo invitados a unirse a la asociación y su nombre fue progresivamente cambiando a la de Legión del Valor del Ejército y de la Marina.

El 4 de agosto de 1955, la Ley Pública 224 (*Public Law 84 – 224*) incorporó a la Legión del Valor del Ejército y de la Marina a su listado de organizaciones reconocidas por el Congreso. Con la creación de la Medalla del Honor de la Fuerza Aérea, el número de miembros invitados a convertirse en afiliados aumentó y el 21 de junio de 1961, la Ley Pública 56 (*Public Law 87 – 56*) convirtió oficialmente el nombre de esta organización de élite en Legión del Valor de los Estados Unidos.

Los principales objetivos de esta asociación eran recordar las valientes hazañas de los merecedores de las medallas, incrementar el interés de los miembros de las fuerzas armadas con el fin de mejorar su prestigio, extender toda la ayuda posible a los miembros necesitados, sus viudas e hijos, estimular el patriotismo en las mentes de los jóvenes y generar un orgullo nacional e interés por las fuerzas armadas.

Nos centraremos ahora en aquellas asociaciones de carácter más específico. Uno de estos grupos estuvo conformado por las asociaciones relativas a veteranos con alguna discapacidad. Entre ellas, la más antigua fue la Fundación Nacional de Amputados (*National Amputation Foundation*, NAF), que fue reconocida por el Congreso oficialmente en el año 1919.

Esta asociación fue fundada en 1919 por un grupo de veteranos que habían sufrido diversas amputaciones, la pérdida de una extremidad o extremidades al servicio del país en la Primera Guerra Mundial. Desde su creación, la NAF estaba al tanto de las necesidades de los veteranos con miembros amputados y, por lo tanto, dedicó todos sus esfuerzos a ayudarlos. Desde entonces, la NAF ha ampliado sus instalaciones para incluir amputados civiles también. La NAF lleva ya más de cincuenta años ofreciendo una valiosa ayuda a los veteranos de la Primera y Segunda Guerra Mundial, la guerra de Corea, la guerra de Vietnam, la operación Tormenta del Desierto y la operación para liberar Irak.

Otra asociación de veteranos discapacitados importante es la de los Veteranos Americanos Discapacitados (*Disabled American Veterans*, DAV), que fue oficialmente reconocida por el Congreso el 17 de junio de 1932. Esta es una de las más antiguas para la defensa de los veteranos y nunca ha vacilado en su misión central de cumplir las promesas hechas por el país a los hombres y mujeres que sirvieron en sus fuerzas armadas.

El propósito inicial de la DAV es el de procurar que los veteranos lleven una buena calidad de vida, con respeto y dignidad. Lo logran al asegurar que los veteranos y sus familias puedan acceder a los beneficios que hay a su disposición y educando al público sobre los grandes sacrificios y necesidades que hacen los veteranos en su transición a la vida civil.

Así, entre sus objetivos podemos resaltar el de proporcionar asistencia profesional gratuita a los veteranos y a sus familias en la obtención de beneficios y servicios conseguidos a través del servicio militar y proporcionados por la VA y otras agencias del gobierno. También representan los intereses de los veteranos discapacitados, sus familias, sus cónyuges viudos y sus huérfanos ante el Congreso y el poder judicial.

Una tercera asociación de este tipo es la Asociación de Veteranos Ciegos (*Blinded Veterans Association*, BVA), reconocida de forma oficial el 27 de agosto de 1958 por el Congreso y cuya misión es la de promover el bienestar de los veteranos ciegos de manera que, a pesar de su discapacidad, puedan ocupar el lugar que les corresponde en la comunidad y la de mantener y ampliar la institución de la libertad estadounidense fomentando la lealtad a la Constitución, las leyes del país y de los estados en los que residen.

La BVA se remonta a finales de la Segunda Guerra Mundial. Sus fundadores, unos cien jóvenes de unos veinte años, habían perdido recientemente la vista en la guerra y se recuperaban de sus lesiones en el hospital de convalecientes del ejército de Avon Old Farms (Avon, Connecticut).

El 28 de marzo de 1945, el grupo llevó a cabo una reunión en las instalaciones con el propósito expreso de formar una organización para ayudar a compañeros veteranos ciegos. Unos trece años más tarde, la BVA fue reconocida por el Congreso de los Estados Unidos para defender a los veteranos ciegos en los asuntos legislativos nacionales. Desde entonces, funcionarios y personal de la BVA han trabajado incansablemente para cumplir con la misión de la asociación y defender los ideales expresados en su carta fundacional.

Una última asociación de este tipo es la de los Veteranos Paralíticos de América (*Paralyzed Veterans of America*, PVA), reconocida por el Congreso oficialmente el 11 de agosto de 1971. En esta asociación se lucha por conseguir una mejor atención médica para aquellos veteranos que, después de servir al país, sufren lesiones graves que no deben impedirles vivir la vida que merecen.

El compromiso de la PVA es el de formar a médicos en la lesión de la médula espinal a la vez que invierte en el futuro con el fin de encontrar una cura para la parálisis. Durante más de sesenta y ocho años, la PVA ha pretendido cambiar la vida de los veteranos construyendo un futuro mejor para ellos, para lo que necesitan potenciar las cosas por las que luchan: la libertad y la independencia.

La organización fue fundada por un grupo de miembros de las fuerzas armadas que volvieron a casa de la Segunda Guerra Mundial con una lesión en la médula espinal. Regresaron a una nación agradecida, pero también a un mundo con pocas soluciones para los retos a los que se enfrentaban.

Tomaron entonces una decisión no solo para vivir, sino también para vivir con dignidad como contribuyentes a la sociedad. Así, crearon la PVA, una organización dedicada al servicio de los veteranos, la investigación médica y los derechos civiles de las personas con discapacidad.

Hoy en día, el trabajo continúa para crear una América donde todos los veteranos y las personas con discapacidad y sus familias tengan todo lo que necesitan para vivir una vida plena y productiva. Las treinta y cuatro oficinas locales de la PVA representan a miles de veteranos en todos los estados del país, el Distrito de Columbia y Puerto Rico.

La PVA ha desarrollado una experiencia única en una amplia variedad de temas relacionados con las necesidades especiales de sus miembros, veteranos de las fuerzas armadas que han sufrido lesiones de médula espinal. La PVA utiliza dicha experiencia para ser el principal impulsor de la atención médica de sus miembros, la investigación y la educación frente a la lesión de la médula espinal como resultado del servicio militar.

Un segundo grupo de asociaciones de veteranos de carácter específico fue el constituido por asociaciones de mujeres. De estas podemos destacar las Madres de la Estrella Azul de América (*Blue Star Mothers of America*), organización que fue reconocida oficialmente por el Congreso en junio de 1960.

Esta es una organización no partidista, apolítica, no sectaria que no apoya a ningún candidato político ni a ninguna organización religiosa. Esta asociación está compuesta por madres, madrastras, abuelas, madres adoptivas y tutoras legales que tienen hijos que sirven en las fuerzas armadas o hijos que son veteranos de guerra. Los componentes de esta asociación se apoyan mutuamente y a sus hijos mientras promueven el patriotismo, centrándose en la misión de no renunciar nunca a las tropas, a los veteranos, o a las familias de los héroes caídos. En la actualidad, cuenta con más de seis mil miembros y doscientas oficinas locales.

Otra asociación es la de las Esposas de la Estrella Dorada de América (*Gold Star Wives of America*), reconocida mediante una carta del Congreso el cuatro de diciembre de 1980. Sus miembros son viudas cuyos cónyuges murieron durante su servicio en las fuerzas armadas, las madres de los niños cuyos padres dieron su vida al servicio del país y las viudas del personal de servicio de todos los rangos, credos o razas de todos los conflictos armados.

Los miembros de esta asociación aparecen ante diversos comités del Congreso sobre cuestiones relativas a indemnizaciones, beneficios educativos, atención médica y otros programas relacionados con el bienestar de los militares supervivientes. Las oficinas locales llevan los programas de servicio a sus miembros y las comunidades son su columna vertebral.

El trabajo y la política de la organización funcionan a nivel local. La organización divide al país en ocho regiones encabezadas por los respectivos oficiales elegidos por los miembros de cada región. Las resoluciones y las recomendaciones adoptadas en las conferencias anuales de primavera se presentan a la Convención Nacional Anual que se celebra, normalmente, en el mes de julio.

La tercera asociación importante fue la Asociación de Mujeres Veteranas del Ejército (*Women's Army Corps Veterans Association*, WACVA), que fue reconocida el 30 de octubre de 1984 por el Congreso. Esta fue fundada por algunas de las mujeres que sirvieron en el Cuerpo Auxiliar de Mujeres del Ejército (*Women's Auxiliary Army*

Corps, WAAC) durante la Segunda Guerra Mundial, que más tarde se convirtieron en el Cuerpo de Mujeres del Ejército (*Women's Army Corps*, WAC).

Los miembros activos del WAC y las Veteranas del Cuerpo en la zona de Chicago se reunieron en enero de 1946 para discutir las posibilidades de organizar la WACVA. Los pasos definitivos se dieron en los meses siguientes y el 14 de mayo de 1946 se aprobaron y elaboraron los estatutos de la asociación. La organización fue constituida como una corporación sin ánimo de lucro en el estado de Illinois el 26 de julio de 1946.

La primera reunión nacional de la WACVA se celebró en Chicago con el propósito de establecer una organización nacional. La constitución nacional y los estatutos se redactaron y aprobaron, y la primera elección nacional de oficiales de la organización se celebró con representantes de las oficinas de Chicago, Pittsburg, Columbia, Milwaukee y Cleveland.

Esta es una organización sin ánimo de lucro, no partidista. Ninguna persona que sea elegible para ser miembro de la organización será vetada por razones de raza, credo, color o creencia política, a menos que dicha creencia sea contraria a los principios de la Constitución y al gobierno de los Estados Unidos. Las que han servido en el WAAC o WAC, o las que están sirviendo en el ejército de los Estados Unidos, son elegibles para ser socios de la WACVA. El número de miembros ha ido creciendo año tras año, con lo que siempre que es posible se crean nuevas oficinas locales.

En 1984, el Congreso aprobó el proyecto de ley que concedía a la WACVA la carta de escritura federal. Entonces, el presidente Ronald Reagan (1911 – 2004) proclamó la primera Semana de Reconocimiento de las Mujeres Veteranas Nacionales (*National Women Veterans Recognition Week*) a partir del 11 de noviembre de 1984.

Un tercer grupo de asociaciones de veteranos de un carácter específico estuvo constituido por aquellas asociaciones dedicadas a un grupo concreto de veteranos, entre las que podemos destacar a los Veteranos de Guerra Católicos (*Catholic War Veterans*, CWV) y los Veteranos de Guerra Judíos (*Jewish War Veterans*, JWV), reconocidas ambas por el Congreso en el año 1984.

La organización de los Veteranos de Guerra Católicos (*Catholic War Veterans*, CWV) fue la primera en ser reconocida oficialmente por el Congreso el 17 de agosto de 1984, habiendo participado activamente en el apoyo a los veteranos militares de la nación promoviendo su bienestar durante más de setenta y cinco años.

En la actualidad continúan en primera línea de defensa del americanismo y de los valores culturales tradicionales contra los otros "ismos" que tratan de socavar y dañar la república constitucionalmente definida. Esta organización está activa principalmente en las comunidades para ayudar a los veteranos y a los hombres y mujeres en servicio activo, visitando y entreteniendo a los veteranos heridos en los hospitales, en las escuelas trabajando con niños en edad escolar, o en iglesias ayudando en varios ministros de la iglesia católica. La afiliación a esta organización está abierta a hombres y mujeres católicos bautizados que sirvan hoy en día en las fuerzas armadas, o a un veterano, o a hombres católicos bautizados y mujeres casadas o relacionadas con un veterano.

A principios de 1935, monseñor Edward J. Higgins, con permiso del obispo de la diócesis de Brooklyn, el reverendo Thomas E. Molloy, reunió a unos feligreses de su parroquia, la Iglesia de la Inmaculada Concepción de Nueva York, que habían servido en la Primera Guerra Mundial y organizó la primera oficina de la CWV. En julio de 1940, la CWV fue oficialmente reconocida como una organización de veteranos por la VA. Hasta que finalmente, el 17 de agosto de 1984, el presidente Reagan firmó la legislación que le otorgaba a la CWV una carta fundacional del Congreso, siendo el 59º grupo en recibir dicha carta por su compromiso de servir a Dios y a los Estados Unidos.

Otra asociación reconocida fue la de los Veteranos de Guerra Judíos (*Jewish War Veterans*, JWV), concretamente el 21 de agosto de 1984. Los ciudadanos de los Estados Unidos, de fe judía, que sirvieron en las diferentes guerras se asociaron en esta organización para poder dar un mayor servicio al país. El propósito era mantener la lealtad a los Estados Unidos, fomentar y perpetuar el verdadero americanismo, combatir lo que tiende a deteriorar la eficiencia y permanencia de las instituciones libres, defender el buen nombre de los judíos y luchar por ellos siempre que sean atacados injustamente, animar la doctrina de la libertad universal, la igualdad de derechos y la justicia para todos los hombres y mujeres por igual.

Otros intereses de la JWV han sido tradicionalmente los de preservar la camadería por medio de la ayuda mutua a los compañeros y a sus familias, los de cooperar y ayudar a las instituciones educativas existentes, fomentar la educación de exmilitares y exmujeres militares en los ideales y principios del americanismo, inculcar el amor a la patria y la bandera y honrar la memoria del servicio patriótico que desempeñan los hombres y mujeres de la fe judía preservando su recuerdo.

El Museo Nacional de Historia Americana Militar Judía (*National Museum of American Jewish Military History*), bajo los auspicios de la JWV, documenta y preserva las contribuciones de los judíos estadounidenses a la paz y la libertad de los Estados Unidos, educa al público en general sobre el valor, el heroísmo y los sacrificios hechos por judíos estadounidenses que sirvieron en las fuerzas armadas y trabaja por combatir el antisemitismo.

Finalmente, el cuarto y último tipo de asociaciones de veteranos de naturaleza específica hace referencia a los veteranos de alguna guerra en particular, como los Veteranos de las Guerras Extranjeras (*Veterans of Foreign Wars*, VFW), reconocida oficialmente por el Congreso el 28 de mayo de 1936.

La organización VFW tiene sus raíces en 1899 cuando los veteranos de la guerra hispano-estadounidense (1898) y la Insurrección de Filipinas (1899 – 1902) fundaron organizaciones locales para asegurar los derechos y beneficios por su servicio. Muchos llegaron a casa heridos o enfermos. No recibieron atención médica o pensiones de veteranos para ellos y se quedaron en casa para cuidarse.

En su miseria, algunos de estos veteranos se unieron y formaron organizaciones que posteriormente se conocerían con el nombre de VFW. Después de las oficinas abiertas en Ohio, Colorado o Pennsylvania, el movimiento ganó impulso rápidamente. Así, en 1915, la afiliación creció hasta cinco mil personas y en 1936 ya eran casi doscientas mil.

Desde entonces, la voz de la VFW ha sido fundamental en el establecimiento de la VA, la creación de la *G.I. Bill*, el desarrollo del sistema de cementerios nacionales y la lucha por obtener compensaciones para los veteranos. En el año 2008, la VFW obtuvo una victoria largamente disputada con la aprobación de una nueva ley de *G.I. Bill* para el siglo XXI, dando y ampliando los beneficios educativos a los miembros en servicio activo de los Estados Unidos. También ha luchado por mejorar los servicios existentes en los centros médicos dependientes de la VA para las mujeres veteranas.

Otro ejemplo destacado de este tipo de organización de veteranos lo encontramos en los Veteranos de la Guerra de Vietnam (*Veterans of the Vietnam War*, VVnW), reconocida oficialmente por el Congreso el 5 de mayo de 1980. Esta organización, fundada en 1978, nació de la necesidad de tener el servicio y las necesidades especiales de los veteranos de la guerra de Vietnam reconocidas ya que las organizaciones tradicionales de veteranos no estaban dispuestas a aceptar el servicio de la VVnW.

Hoy en día, la VVnW se compone de noventa oficinas repartidas por todo el mundo que mantienen la misión de la organización. La VVnW continúa esforzándose a través de sus numerosos programas para mantener, mejorar, preservar y defender la calidad de vida de todos los veteranos y de sus familias. Esta organización da la bienvenida a los miembros de todas las ramas del servicio activo (Marina – Cuerpo de Marines – Ejército – Fuerza Aérea – Guardia Costera) de todas las épocas, guerras y conflictos y sus servicios están disponibles para todos los veteranos y militares.

La VA reconoció al VVnW el 17 de abril de 1995. Durante casi treinta y cinco años, el VVnW ha proporcionado asistencia a los veteranos en el área de apoyo psicológico y derivación. Sus miembros educan al público acerca de los efectos debilitantes del trastorno de estrés postraumático y del síndrome de la guerra del Golfo. La VVnW mantiene un programa para veteranos encarcelados para ayudarles en su reintegración en la sociedad.

3.3. El Departamento de Asuntos de los Veteranos

Una vez analizada la situación de los veteranos en los Estados Unidos, así como sus principales asociaciones, llega el turno de comprobar su representatividad y representación en los diferentes órganos del gobierno federal. Así, en este tercer apartado, abordaremos el estudio del Departamento de Asuntos de los Veteranos de los Estados Unidos (*US Department of Veterans' Affairs*).

Este Departamento, conocido por sus siglas en inglés VA, funciona a nivel de gabinete dirigido por el gobierno federal que se encarga de gestionar el sistema de beneficios a los veteranos en los Estados Unidos. En la actualidad, es el segundo más grande del país, siendo solamente superado por el Departamento de Defensa (*Department of Defense*, DoD) y se encarga de los temas que conciernen a los veteranos entre los que podemos mencionar los siguientes: los servicios médicos, los clínicos y la administración de sus beneficios. También ellos son los responsables de distribuir las ayudas de los veteranos a sus familias y a otros dependientes directos.

Recordemos que los diferentes beneficios a los veteranos a los que hemos hecho alusión incluyen la compensación por discapacidad, las pensiones, la educación, los préstamos hipotecarios, los seguros de vida, la rehabilitación profesional, los seguros de vida, las ayudas médicas y los beneficios por entierro. Este Departamento es administrado por el secretario de los Asuntos de los Veteranos (*Secretary*, US VA).

El Departamento fue fundado el 21 de julio de 1930 y consiguió el nivel ministerial el 15 de marzo de 1989. Hoy en día cuenta con casi trescientos mil empleados y un presupuesto anual de casi noventa mil millones de dólares, siendo su actual secretario el señor Denis McDonough (1969 –).

Los Estados Unidos tienen el sistema más amplio de asistencia a los veteranos y tiene sus raíces en 1636 cuando los peregrinos de la colonia de Plymouth luchaban contra los indios Pequot. Los peregrinos aprobaron entonces una ley que establecía que los soldados discapacitados serían ayudados por la colonia.

El Primer Congreso Continental de 1776 alentó los alistamientos durante la guerra de la Independencia (*American Revolutionary War*), proporcionando pensiones para los soldados que se quedaron discapacitados. La asistencia médica y hospitalaria directa dada a los veteranos en los primeros días de la República fue proporcionada directamente por los estados y los municipios.

En 1811 se autorizó la primera instalación domiciliaria y médica para los veteranos por parte del gobierno federal, aunque esta no llegó a abrirse hasta 1834 finalmente. Ya en el siglo XIX, el programa de asistencia a los veteranos de la nación se amplió notablemente para incluir prestaciones y pensiones no solo para los veteranos, sino también a sus viudas y dependientes.

Después de la Guerra Civil (*Civil War*) se establecieron muchas residencias estatales para los veteranos. Puesto que la atención domiciliaria estaba disponible en todas las residencias de los veteranos del estado, se proporcionó tratamiento médico y hospitalario para todas las lesiones y enfermedades, fuesen o no por causa del servicio. Los veteranos indigentes y los discapacitados, así como los miembros del ejército regular dados de alta en las fuerzas armadas fueron atendidos en estas casas.

Posteriormente, el Congreso estableció un nuevo sistema de beneficios a los veteranos cuando los Estados Unidos entraron en la Primera Guerra Mundial en 1917. Se incluyeron entonces programas de compensación por discapacidad, seguros médicos para las personas en servicio y veteranos, y la readaptación profesional de los minusválidos.

En la década de 1920, los diversos beneficios fueron administrados por tres agencias federales, que se encargaron de consolidar por primera vez los programas federales de veteranos: la Oficina de Veteranos (*Veterans' Bureau*), la Oficina de Pensiones del Ministerio del Interior (*Bureau of Pensions of the Interior Department*) y la Casa Nacional de Soldados Voluntarios Discapacitados (*National Home for Disabled Volunteer Soldiers*).

En 1924, los beneficios a los veteranos se liberalizaron para cubrir incapacidades que no estaban relacionadas con el servicio. En 1928, el ingreso en las residencias nacionales repartidas por todo el país se extendió a las mujeres, a la Guardia Nacional y a los veteranos de la milicia.

El establecimiento de la administración de veteranos se produjo en 1930 cuando el Congreso autorizó al presidente para que consolidara y coordinara las actividades del gobierno que afectaban a los veteranos de guerra (Kammener, *The Veterans' Administration* 104). Las tres agencias se convirtieron en oficinas dentro de la Administración de Veteranos. El general de brigada, Frank T. Hines (1879 – 1960), quien la dirigió durante siete años, fue nombrado primer administrador de Asuntos de los Veteranos (*Administrator of Veterans' Affairs*), puesto que ocupó hasta 1945.

La segunda consolidación de los programas federales de veteranos se llevó a cabo el 21 de julio de 1930 cuando el presidente Herbert Hoover (1874 – 1964) firmó la Orden Ejecutiva 5398 (*Executive Order* 5398) y elevó la Oficina de Veteranos a la categoría de federal, creando la *VA* para consolidar y coordinar las actividades del gobierno que concernían a los veteranos, con las siguientes palabras: "En virtud de la autoridad depositada en mí por la ley, la Oficina de Veteranos, la Oficina de Pensiones y la Casa Nacional para Soldados Voluntarios Discapacitados por la presente serán consolidadas y coordinadas en una única organización que se conocerá con el nombre de Administración de Veteranos" (Peters y Wolley).

El final de la Segunda Guerra Mundial dio lugar a un gran aumento en la población de veteranos y a nuevos beneficios promulgados por el Congreso para los veteranos de guerra. Además, durante la década de 1940, la VA abordó el tema del envejecimiento de los veteranos de la Primera Guerra Mundial. Durante este tiempo, los veteranos aumentaron casi cinco veces llegando a quince millones después de la Segunda Guerra Mundial, junto a los aproximadamente cuatro millones de la Primera.

El Departamento de Asuntos de los Veteranos se estableció a nivel de gabinete el 15 de marzo de 1989. El entonces presidente, George W. Bush (1946 –) elogió la creación del nuevo departamento con las siguientes palabras: "Solo hay un lugar para los veteranos de los Estados Unidos, en la sala del Gabinete, en la mesa con el Presidente" (Rawl 87).

Antes de la Segunda Guerra Mundial, en respuesta a los escándalos en la Oficina de Veteranos, los programas de los veteranos se centralizaron todos en Washington, DC, causando retrasos conforme la agencia atendía a los veteranos de la Segunda Guerra Mundial. Como resultado, la VA pasó por un proceso de descentralización, otorgando así más autoridad a las oficinas locales. Finalmente, por ejemplo, el llamado *G.I. Bill of Rights,* que se aprobó el 22 de junio de 1944, ha tenido un mayor impacto en el estilo de vida americano que cualquier otra ley desde el *Homestead Act* de 1862.

El sistema de salud de la VA ha crecido hasta pasar de contar con cincuenta y cuatro hospitales en el año 1930 a incluir ciento setenta y un centros médicos en la actualidad, más de setecientas clínicas de consulta externa y comunitaria, ciento veintiséis unidades de cuidados para la infancia y treinta y cinco unidades de cuidados domiciliarios. Los centros de salud proporcionan una amplia gama de servicios médicos, quirúrgicos y de rehabilitación. La responsabilidad y los beneficios de los programas dirigidos por la VA han crecido enormemente durante las últimas décadas.

En el año 1945, el general Omar Bradley (1893 – 1981) tomó las riendas de la VA y dirigió su moderna transformación. En 1946, la Ley Pública 293 (*Public Law 293*) estableció el Departamento de Medicina y Cirugía de la VA (Department of Medicine and Surgery), junto a otros programas como el Servicio Voluntario de la VA (VA *Voluntary Service*). Esta ley permitía que la VA reclutara y retuviera al mejor personal médico mediante la modificación del sistema de servicio civil. Así, cuando el general Bradley se marchó en 1948, había ya ciento veinticinco hospitales dependientes de la VA.

Nuevas leyes de asistencia educativa para los veteranos de la guerra de Corea (*Korean War*) y de la guerra de Vietnam (*Vietnam War*), así como la introducción de una fuerza de voluntarios se aprobaron en la década de los años setenta tras el fin del servicio militar obligatorio en los Estados Unidos en el año 1973.

La Ley Pública 527 aprobada en 1977 (*Public Law 100–527*) del Departamento de Asuntos de los Veteranos cambió la antigua VA, una agencia gubernamental independiente establecida en 1930 para atender las necesidades de los veteranos de la Primera Guerra Mundial, en un departamento a nivel de gabinete, denominado finalmente Departamento de Asuntos de los Veteranos. Fue convertida en ley por el presidente Ronald Reagan (1911 – 2004) el 25 de octubre de 1988, aunque no entró en vigor hasta el 15 de marzo de 1989.

El Departamento de Asuntos de los Veteranos se creó debido a la existencia de casi un tercio de población que accedería a los beneficios destinados a los veteranos. Sus defensores argumentaron que, debido al gran número de estadounidenses afectados por la VA, se necesitaba un administrador que tuviera acceso directo al presidente.

En su principal periodo de reforma de 1995 a 2000, la Administración de Salud de los Veteranos (*Veterans Health Administration*, VHA) implementó la atención primaria universal, cerró el 55% de sus camas hospitalarias, incrementó el porcentaje de pacientes tratados a un 24%, tuvo un aumento del 48% en las visitas de atención ambulatoria y disminuyó la dotación de personal en un 12%.

Para el año 2000, la VHA tenía ya diez mil empleados menos que en 1995 y un aumento de pacientes tratados desde 1995 de un 104%. Mientras, se había logrado mantener el mismo coste por paciente y día a pesar de que los gastos de todas las demás instalaciones habían aumentado entre el 30% y el 40% durante el mismo periodo.

En el año 2009, el entonces presidente Barack Obama nombró secretario del Departamento a Eric K. Shinseki (1942 –) con el fin de llevar a cabo una transformación masiva del departamento y convertirlo en una organización del siglo XXI que pudiera servir mejor a los veteranos.

En mayo de 2014, surgió un escándalo relativo a la VHA cuando se hicieron públicos los principales problemas relativos al acceso a la atención médica. En ese mismo mes, al menos cuarenta veteranos de las fuerzas armadas murieron a la espera de atención en las instalaciones de la VHA en Phoenix, Arizona (Bronstein 2014). Por consiguiente, se llevó a cabo una investigación en los retrasos en el tratamiento de todo el sistema de la VHA por parte del inspector general de la VA (*Veterans Affairs Inspector General*) (Griffin 2014).

Así, el 30 de mayo de 2014, el entonces secretario del Departamento, el señor Eric K. Shinseki, renunció a su cargo debido al escándalo. En este sentido, el señor Shinseki afirmó que no podía explicar los problemas en las instalaciones de los centros de salud dependientes de la VA. Al presentar su dimisión, el señor Shinseki manifestó lo siguiente:

Esa violación de la integridad no solo es irresponsable, sino que es indefendible y es inaceptable para mí. Cuando esta situación comenzó meses atrás, afirmé que pensaba que era un problema limitado y porque lo creía firmemente. Pero ahora ya no lo creo. Es un problema sistémico. Confiaba demasiado en algunas personas y acepté informes que ahora sé que han sido engañosos en relación con los tiempos de espera de los pacientes ("US President accepts with regret Veterans Affairs Chief's Ressignation", 11).

Una de las principales funciones de la VA es la de apoyar a los veteranos después del servicio activo, proporcionándoles beneficios y apoyo. Una iniciativa actual del Departamento es la de prevenir y poner fin a la falta de vivienda de los veteranos. En ese aspecto, la VA trabaja con el Consejo Interinstitucional de los Estados Unidos sobre las Personas sin Hogar (*United States Interagency Council on Homelessness*) con el fin de abordar estas cuestiones. El Secretario se sienta en el Consejo y se comprometió a poner fin a la falta de vivienda de los veteranos para finales del año 2015.

El Departamento de Asuntos de los Veteranos está encabezado por el secretario de Asuntos de los Veteranos (*Secretary*, VA), nombrado directamente por el propio presidente con el consejo y consentimiento del Senado y ayudado por el vicesecretario del Departamento (*Deputy Secretary*). El tercero por orden de jerarquía en el Departamento es el jefe de personal (*Chief of Staff*).

Desde la renuncia el 30 de mayo de 2014 por el escándalo de los veteranos fallecidos del hasta entonces Secretario, Eric Shinseki, el actual secretario es el señor Denis McDonough (1969 –). Además de este puesto clave, la VA tiene otros puestos en su organigrama que requieren un nombramiento presidencial y la aprobación del Senado. Estos nominados presidenciales aprobados por el Senado dentro de la VA incluyen los siguientes puestos: director financiero (*Chief Financial Officer*), presidente de la Junta de Apelaciones de los Veteranos (*Chair*, BVA), consejero general (*General Counsel*) e inspector general" (*Inspector General*).

El Departamento de Asuntos de los Veteranos tiene tres subdivisiones principales, conocidas como administraciones, encabezadas cada una de ellas por un subsecretario: la Administración de Salud de los Veteranos (*Veterans Health Administration*, VHA), la Administración de Beneficios de los Veteranos (*Veterans Benefits Administration*, VBA), y la Administración Nacional de Cementerios (*National Cemetery Administration*, NCA).

La VHA es la responsable de proporcionar la atención sanitaria en todas sus formas, así como la investigación biomédica en la Oficina de Investigación y Desarrollo (*Office of Research and Development*), ambulatorios de la comunidad (*Community Based Outpatient Clinics*, CBOCs) y los centros médicos regionales (*Regional Medical Centers*).

La VHA evolucionó a partir de las instalaciones de los primeros soldados federales establecidas para los veteranos de la Guerra Civil del ejército de la Unión (*Civil War Veterans of the Union Army*). El 3 de marzo de 1865, un mes antes de la finalización de la guerra, el presidente Abraham Lincoln (1809 – 1965) firmó una ley para establecer un asilo nacional para soldados y marineros.

Rebautizado como el Hogar Nacional para Soldados Voluntarios Discapacitados (*National Home for Disabled Volunteer Soldiers*) en 1873, fue la primera institución gubernamental creada específicamente para los soldados voluntarios.

Hoy en día, la VHA, la mayor de las tres administraciones que componen la VA, continúa satisfaciendo las cambiantes necesidades médicas, quirúrgicas y de calidad de vida de los veteranos. Los nuevos programas proporcionan tratamiento para lesiones traumáticas cerebrales, estrés postraumático o la prevención del suicidio. La VHA abrió consultas externas, estableció la telemedicina y otros servicios para dar cabida a una población diversa de veteranos y continúa realizando la investigación médica e innovación para mejorar la vida de los veteranos.

La VBA es la responsable del registro inicial de los veteranos, la determinación de la elegibilidad y de las cinco líneas principales de beneficios y prestaciones: Inicio de Garantía de Préstamos (*Home Loan Guarantee*), Seguros (*Insurance*), Readaptación Profesional y Empleo (*Vocational Rehabilitation and Employment*), Educación (*G.I. Bill*) y Compensación y Pensión (*Compensation and Pension*).

La VA, a través de la VBA, ofrece una gran variedad de servicios para los veteranos, incluyendo la compensación por discapacidad, pensiones, educación, préstamos para vivienda, seguros de vida, formación profesional, rehabilitación, préstamos para los supervivientes, el cuidado de la salud y la ayuda para el entierro.

El Programa de Garantía de Préstamos de la Administración de Veteranos (VA *Home Loan Guarantee Program*) es la única disposición de la *G.I. Bill* original que todavía está en vigor. Entre el final de la Segunda Guerra Mundial y 1966 una quinta parte de todas las residencias unifamiliares construidas fueron financiadas por esta ley, bien para veteranos de la contienda mundial, bien para veteranos de la guerra de Corea. Desde 1944 hasta diciembre de 1993, la VA garantizó casi catorce millones de préstamos hipotecarios por valor de más de cuatrocientos treinta y tres billones de dólares.

Este programa no tiene una fecha de terminación y puede ser utilizado por cualquier veterano que haya servido después del 16 de septiembre de 1940, así como por hombres y mujeres en servicio activo, los cónyuges supervivientes y los reservistas. Y con el fin de ayudar a los veteranos, esta ley también proporcionó prestaciones de desempleo de veinte dólares a la semana durante un máximo de cincuenta y dos semanas. La finalidad de esta asistencia era la de evitar una repetición de la desmovilización de la Primera Guerra Mundial cuando los veteranos desempleados se limitaron a depender de las organizaciones benéficas para su alimentación y vivienda.

La NCA es la responsable de proporcionar los beneficios funerarios, así como el mantenimiento de los cementerios dependientes de la VA. El 17 de julio de 1862, el Congreso aprobó una ley que autorizaba al presidente a comprar terrenos en los cementerios para ser utilizados como cementerios nacionales para los soldados que habían muerto en acto de servicio. Ese primer año se establecieron catorce cementerios y, en 1870, los restos de casi trescientos mil soldados de la Unión muertos habían sido enterrados en los setenta y tres cementerios nacionales.

La mayoría de los cementerios estaban ubicados en el sureste, cerca de los campos de batalla y de los campamentos de la Guerra Civil. Después de la guerra, el Ejército recorría el campo para localizar los restos de los soldados que habían muerto en la batalla y enterrarlos así con honor en los nuevos cementerios nacionales.

En la década de 1930, se establecieron nuevos cementerios nacionales para servir a los veteranos que vivían en las principales áreas metropolitanas como Nueva York, Baltimore, Minneapolis, San Diego, San Francisco y San Antonio. Algunos están estrechamente ligados a los campos de batalla, fueron trasladados al Servicio de Parques Nacionales (*National Park Service*, NPS) por la importancia histórica de las batallas.

En 1973, la Ley Pública 43 (*Public Law 93 – 43*) autorizó la transferencia de ochenta y dos cementerios nacionales del Departamento del Ejército a la VA, uniéndose a los veintiun cementerios de veteranos ubicados en los hospitales y residencias de ancianos. Después de la transferencia, la NCA quedó compuesta por un total de ciento tres cementerios.

Como es común en cualquier momento, ha habido un aumento en la demanda de camas de residencias, rehabilitación de lesiones y atención de salud mental. La VA categoriza a los veteranos en ocho grupos prioritarios y varios subgrupos adicionales, basada en factores como la discapacidad relacionada con el servicio o los ingresos del veterano.

Para aquellos veteranos con una discapacidad reconocida relacionada con el servicio del 50% o superior, que viene determinada por una clasificación oficial, se les proporciona atención médica integral y medicamentos gratis. Por el contrario, los veteranos con factores que superen un umbral de ingresos fijado tienen que hacer copagos para la atención de enfermedades no relacionadas con el servicio.

El presupuesto de la VA se ha elevado en los últimos años por la guerra contra el terrorismo. En diciembre de 2004, se informó ampliamente de que la crisis de financiación se había vuelto tan grave que ya no podía seguir proporcionando calificación de discapacidad a los veteranos (Reed 3). Esto supone un grave problema para el país porque hasta que los veteranos son transferidos totalmente del sistema de salud en servicio activo a la VA, están ampliamente desprotegidos y corren con todos los costes sanitarios por su cuenta (Camire 1).

No se requiere copago para los servicios de la VA para los veteranos con condiciones médicas relacionadas con los militares. Las discapacidades relacionadas con el servicio que están reconocidas por la VA incluyen problemas que comenzaron debido al servicio militar. Un dato bastante significativo es que el atraso de la VA de las reclamaciones de incapacidad pendientes de ser objeto de examen, un proceso conocido como adjudicación, alcanzó un máximo de 421.000 en el año 2001, tocó fondo en 2003 con 254.000 pero repuntó nuevamente en 2005 con hasta 340.000 solicitudes (Reiss 7).

El nuevo proyecto de *G.I. Bill* redactado por el senador demócrata Jim Webb (1946 –, Virginia) duplicó los beneficios universitarios a la vez que proporcionaba una extensión de trece semanas de beneficios de desempleo federal. El nuevo proyecto de ley duplicó el valor de los beneficios a cerca de 90.000 dólares frente a los 40.000 dólares anteriores.

En las universidades públicas estatales se proporcionan becas completas para los veteranos en el marco del nuevo programa educativo. Para los veteranos que sirvieron al menos tres años se agregó a la provisión un estipendio mensual para vivienda. Tras la aprobación de la ley, el presidente George W. Bush (1946 –) declaró: "Nuestra nación no tiene mayor responsabilidad que la de apoyar a nuestros hombres y mujeres de uniforme, sobre todo porque estamos en guerra. Este proyecto de ley muestra al pueblo estadounidense que incluso en un año electoral, republicanos y demócratas pueden unirse para apoyar a nuestras tropas y a sus familias" (Feller).

El Congreso y el presidente Barack Obama extendieron la nueva *G.I. Bill* en agosto de 2009 con un presupusto de setenta mil millones de dólares para la próxima década. Al apoyar la extensión de la ley, el presidente Obama manifestó su apoyo a las fuerzas armadas afirmando: "Durante los últimos 8 años han servido guerra tras guerra en lugares peligrosos y distantes. Han experimentado el combate extenuante, desde las calles de Faluya al difícil terreno de la provincia de Helmand. Se han adaptado a complejas insurgencias, han protegido a las poblaciones locales y han entrenado a las fuerzas de seguridad" (The Watson Institute for International Studies 19).

3.4. El Comité de Asuntos de los Veteranos en el Congreso

Finalmente, otro nivel de representatividad que los veteranos ostentan a nivel nacional reside en el Congreso de los Estados Unidos por medio de los respectivos Comités de

Asuntos de los Veteranos tanto en la Cámara de Representantes (*House Committee on Veterans' Affairs*) como en el Senado (*Senate Committee on Veterans' Affairs*).

Si en el anterior apartado vimos la representación de los veteranos a nivel ministerial en el gabinete de la nación por medio del Departamento de Asuntos de los Veteranos, en este último apartado nos centraremos en su representación legislativa en ambas Cámaras del Congreso de los Estados Unidos.

Comenzando con el Comité de Asuntos de los Veteranos de la Cámara de Representantes, fue autorizado por la promulgación de la Ley Pública 601 (*Public Law 79 – 601*) llamada Ley de Reorganización Legislativa de 1946 (*Legislative Reorganization Act of 1946*). La Sección 121a) de dicha ley establece la siguiente disposición: "Serán elegidos por la Cámara al comienzo de cada Congreso 19 Comités permanentes (…) El Comité de Asuntos de los Veteranos consistirá en 27 miembros" (*Public Law 601 – 14*).

No obstante, esta ley ha sido modificada y en la actualidad hay veintidós comités permanentes en la Cámara de Representantes. El número de congresistas autorizado para servir en cada comité ha cambiado, por lo que hoy en día hay veinticuatro miembros en dicho Comité. El Comité de Asuntos de los Veteranos de la Cámara de Representantes es el organismo autorizado por el Departamento de Veteranos para recomendar la legislación específica de cada momento, ampliando, reduciendo o ajustando las leyes existentes en materia de beneficios a los veteranos.

La legislación que habitualmente está bajo la jurisprudencia del Comité es la siguiente: medidas de los veteranos en general, pensiones de todas las guerras de los Estados Unidos, seguro de vida expedido por el gobierno a cuenta del servicio en las fuerzas armadas, compensación, rehabilitación profesional y tratamiento de los veteranos, ayuda civil a soldados y marineros, reajuste a la vida civil de los militares y los cementerios nacionales.

El Comité tiene la responsabilidad de supervisar la VA. Periódicamente, el Comité, junto a los diferentes subcomités, convoca audiencias que examinan estos temas: el cumplimiento de la VA de las disposiciones legales, la eficacia de la VA en la prestación de beneficios a tiempo y una atención a la salud de calidad, las prácticas de gestión y los gastos eficientes de los recursos.

Sin embargo, los veteranos y otras personas interesadas pueden sorprenderse al conocer que este Comité no tiene competencia legislativa sobre cuestiones diversas como el estado de los impuestos a los beneficios de los veteranos y las contribuciones a las Organizaciones de Servicio de los Veteranos (*Veterans Service Organizations*, VSO), cuestiones sobre militares jubilados, la preferencia de los veteranos en la contratación de la administración pública federal, las actas de constitución del Congreso a las organizaciones de veteranos, los asuntos de inmigración relacionados con los veteranos, o los problemas relacionados con los prisioneros de guerra (*Prisoners of War*, POWs) y miembros en servicio activo desaparecidos en acción (*Missing In Action*, MIAs).

Hasta el año 1908, muchos congresistas que querían contar con una oficina tenían que alquilarlas o pedir prestado unas salas de las Comisiones del Capitolio. La Ley de Apropiación Civil Diversa (*Sundry Civil Appropriation Act*) de marzo de 1901 autorizó al arquitecto del Capitolio a diseñar un edificio a prueba de fuego junto a los jardines del Capitolio que se utilizaría para sus oficinas y como almacén.

Una comisión, integrada por tres representantes designados por el presidente de la Cámara, se estableció para supervisar la tarea de construcción. Fueron nombrados los representantes Joseph G. Cannon (1836 – 1926), William P. Hepburn (1833 – 1916) y James D. Richardson (1843 – 1914). Sujeto a la aprobación de la Comisión, el arquitecto del Capitolio Elliot Woods (1865 – 1923), era el responsable de la adjudicación de contratos y de la construcción del edificio.

La Comisión contrató a una prominente firma de arquitectos de Nueva York, Carrere & Hastings. Uno de los socios, el señor Thomas Hastings (1860 – 1929) se hizo cargo del proyecto de construcción del edificio de Cannon House Office Building, mientras que el otro socio, el señor John Carrere (1858 – 1911) supervisó la construcción de un edificio de oficinas similar para el Senado. Los diseños proporcionaron un contexto apropiado para el funcionamiento del Capitolio.

El edificio fue diseñado en forma de un cuadrado hueco para dejar entrar la luz a las oficinas interiores. En cada planta las oficinas estaban a ambos lados de un pasillo ancho de doce pies (3.65 metros). Había trescientas noventa y siete oficinas, una para cada representante del 61º Congreso. Además, había catorce salas para comités.

Un edificio moderno para su época, que contaba con instalaciones como un sistema de ventilación de aire, calefacción, servicios individuales con agua caliente y fría, teléfonos y electricidad. Fue ocupado el 12 de diciembre de 1907 y la Cámara pidió al presidente nombrar un comité selecto de cinco miembros para organizar su distribución. En 1913 se añadieron cincuenta y una salas adicionales a la estructura original, construyendo así un quinto piso.

Con la creciente necesidad de espacio, se decidió en 1924 la construcción de un nuevo edificio, al que pusieron de nombre Longworth, y la renovación del antiguo. Esta remodelación terminada a finales de 1932 añadió ciento setenta y una salas dobles, catorce salas triples, diez salas individuales y veintitrés salas para comités.

El 21 de mayo de 1962, la Ley Pública 453 (*Public Law 87 – 453*) se aprobó con la finalidad de cambiar el nombre de los tres edificios de oficinas de la Cámara de Representantes. El nuevo tomó el nombre del representante Joseph Gurney Cannon

(1836 – 1926) que había servido como presidente de la Cámara de Representantes (1925 – 1931) cuando el edificio fue finalmente autorizado.

El Comité de Asuntos de los Veteranos de la Cámara está en la actualidad presidido por el republicano Mike Bost (1960 –) y con el representante demócrata Mark Takano (1960 –) como líder del partido minoritario. En la tabla 7 podemos apreciar la composición completa de todos los congresistas que integran este Comité:

Congresista	Partido	Estado
Mike Bost (Presidente)	Republicano	Ilinois
Amata C. Radewagen	Republicano	Samoa Americana
Jack Bergman	Republicano	Michigan
Nancy Mace	Republicano	Carolina del Sur
Matt Rosendale	Republicano	Montana
Mariannette Miller-Meeks	Republicano	Iowa
Greg Murphy	Republicano	Carolina del Norte
Scott Franklin	Republicano	Florida
Derrick Van Orden	Republicano	Wisconsin
Morgan Luttrell	Republicano	Texas
Juan Ciscomani	Republicano	Arizona
Eli Crane	Republicano	Arizona
Keith Self	Republicano	Texas
Jen Kiggans	Republicano	Vermount
Mark Takano (Líder minoría)	Demócrata	Tennessee
Julia Brownley	Demócrata	California
Mike Levin	Demócrata	California
Chris Pappas	Demócrata	New Hampshire
Frank Mrvan	Demócrata	Indiana
Sheila Cherfilus-McCormicj	Demócrata	Florida
Chris Deluzio	Demócrata	Pennsylvania
Morgan McGarvey	Demócrata	Kentucky
Delia Ramirez	Demócrata	Illinois
Greg Landsman	Demócrata	Ohio
Nikki Budzinski	Demócrata	Illinois

Tabla 7. Composición del Comité de Asuntos de los Veteranos de la Cámara de Representantes. Elaboración propia con los datos obtenidos de la página oficial de la *House Committee on Veterans' Affairs*.

El legado histórico del Comité de Asuntos de los Veteranos de la Cámara se encuentra en las salas de audiencias en el edificio Cannon House Building, concretamente en las Salas 334 y 340. A pesar de que el nombre del Comité ha cambiado con los años, su misión se ha mantenido constante, la de representar a los veteranos y a sus familias. El Comité está organizado en cinco subcomités con sus respectivos presidentes.

Uno de estos subcomités es el Subcomité de Asistencia a la Discapacidad y los Asuntos Conmemorativos (*Subcommittee on Disability Assistance and Memorial Affairs*, DAMA), que en la actualidad está presidido por el congresista republicano Morgan Luttrell (1975 –), del estado de Texas. Este subcomité es el encargado de los asuntos legislativos, de la supervisión y de la investigación sobre la compensación a los veteranos, además de las pensiones generales y especiales de todas las guerras de los Estados Unidos.

El segundo subcomité por orden de jerarquía en su organigrama es el Subcomité para las Oportunidades Económicas (*Subcommittee on Economic Opportunity*, EO), que se encuentra presidido hoy por el congresista republicano Derrick Van Orden (1969 –), representante del estado de Wisconsin. Este se encarga de los aspectos legislativos, la supervisión y la jurisdicción de investigaciones sobre la educación, el empleo y la formación de los veteranos, la rehabilitación profesional, sus programas de vivienda, y el reajuste de los miembros de las fuerzas armadas y de los equipos de rescate a la vida civil.

El tercer subcomité es el Subcomité de Salud (*Subcommittee on Health*), que en la actualidad se encuentra presidido por la congresista republicana Mariannete Miller-Seeks (1955 –), representante del estado de Iowa. Este tiene jurisdicción legislativa, supervisando e investigando la VHA, incluyendo los servicios médicos, el apoyo y el cumplimiento del protocolo médico, las instalaciones sanitarias, la investigación médica y protésica, y la construcción de obras.

El cuarto subcomité dentro del organigrama es el Subcomité de Supervisión e Investigación (*Subcommittee on Oversight and Investigation*, O & I), presidido por la congresista republicana Jen Kiggans (1971 –), del estado de Vermount. Este subcomité supervisa las investigaciones sobre asuntos de veteranos en general y otras cuestiones que puedan ser encargadas al subcomité por el presidente del Comité.

Este subcomité supervisa los programas y las operaciones del Departamento de Asuntos de los Veteranos, así como los de los otros organismos federales que pertenecen a los veteranos o que trabajan con ellos. En el desempeño de sus responsabilidades, el subcomité lleva a cabo audiencias periódicas, visitas a diversas instalaciones e investigaciones a nivel nacional.

Por fin, el quinto y último subcomité es el Subcomité de Modernización Tecnológica (*Subcommittee on Technology Modernization*), presidido por el congresista republicano Matt Rosendale (1960 –) del estado de Montana. Este subcomité tiene jurisdicción de supervisión e investigación sobre los principales proyectos tecnológicos y de modernización del Departamento de Asuntos de los Veteranos. También supervisa la seguridad cibernética, la privacidad y la gestión de datos en la VA.

La legislación que afecta a los veteranos ha cambiado con los años. Para los miembros de las fuerzas armadas y sus familias en las primeras guerras que afrontó el país – la guerra de Independencia, la guerra de 1812, la guerra con México, la guerra Civil, la guerra hispano-estadounidense –, la respuesta del gobierno federal había sido de carácter financiero.

Durante la Primera Guerra Mundial, la naturaleza de la respuesta del Congreso a las necesidades de los veteranos cambió hacia unos programas más diversificados. Un programa de seguros de riesgo en tiempo de guerra, que fue remitido al Comité de Finanzas del Senado, cambió los beneficios de los veteranos en el Senado. Este Comité fue el responsable de los programas de veteranos entre 1917 y 1946. Después de la Segunda Guerra Mundial, el Comité desarrolló la Ley de Reajuste del Servicio de 1944 (*G.I. Bill of Rights*), que se extendió tanto a los militares como a sus familias, como analizaremos con detenimiento en un capítulo posterior.

Esta ley proporcionó una serie de beneficios que incluían la asistencia por desempleo, la educación, la formación profesional, la vivienda y la garantía de préstamos para emprender negocios, así como los beneficios médicos y de pensiones de épocas anteriores.

El Comité de Asuntos de los Veteranos del Senado tuvo nueve miembros en su Congreso inicial, el 92º Congreso (1971 – 1973) hasta llegar al actual, el 118º Congreso (2023 – 2025), con un total de veinticinco miembros. De 1947 a 1970, los asuntos relacionados con la indemnización a los veteranos en general eran remitidos al Comité de Finanzas (*Committee on Finance*), mientras que las cuestiones relativas a la readaptación profesional, la educación, la asistencia médica, y el reajuste a la vida civil eran remitidos al Comité de Trabajo y Bienestar Público (*Committee on Labor and Public Welfare*).

El actual presidente del Comité del Senado es el senador demócrata John Tester (1956 –), representante del estado de Montana, mientras que el líder del partido minoritario, el Partido Republicano, es el senador Jerry Moran (1954 –), representante del estado de Kansas. En la siguiente tabla podemos comprobar la composición actual del Comité de Asuntos de los Veteranos del Senado:

Senador	Partido	Estado
John Tester (presidente)	Demócrata	Montana
Patty Murray	Demócrata	Washington
Bernie Sanders	Demócrata	Vermont
Sherrod Brown	Demócrata	Ohio
Richard Blumenthal	Demócrata	Connecticut
Mazie Hirono	Demócrata	Hawai
Joe Manchin	Demócrata	Virginia Occidental
Kyrsten Sinema	Demócrata	Arizona
Angus King	Demócrata	Maine
Maggie Hassan	Demócrata	New Hampshire
Jerry Moran (Líder minoria)	Republicano	Kansas
John Boozman	Republicano	Arkansas
Bill Cassidy	Republicano	Luisiana
Mike Rounds	Republicano	Dakota del Sur
Thom Tillis	Republicano	Carolina del Norte
Dan Sulivan	Republicano	Alaska
Marsha Blackburn	Republicano	Tennessee
Kevin Cramer	Republicano	Dakota del Norte
Tommy Tuberville	Republicano	Alabama

Tabla 8. Composición del Comité de Asuntos de los Veteranos del Senado.
Elaboración propia con los datos obtenidos de la página oficial de la
Senate Committee on Veterans' Affairs.

CAPÍTULO IV
Legislación sobre veteranos en los años 40 (Parte I)

CAPÍTULO IV   LEGISLACIÓN SOBRE VETERANOS EN LOS AÑOS 40 (PARTE I)

En la introducción hemos presentado la temática objeto del presente estudio y la metodología de trabajo a seguir. Una vez efectuada tanto la correspondiente contextualización de la época en la que nos hemos centrado, esto es, la sociedad estadounidense en los años cuarenta desde diversas perspectivas y contextos, como la presentación de los veteranos en los Estados Unidos por medio de los tres primeros capítulos, pasamos a la segunda parte de esta investigación, que constituye el apartado propiamente empírico de la misma.

En estos siguientes capítulos nos centraremos en analizar aquellas medidas legislativas que se iniciaron en el Congreso de los Estados Unidos durante la década de los años cuarenta y que afectaron especialmente al grupo de los veteranos. Medidas que, como iremos viendo, cambiaron la situación de este grupo de población con la inserción de una serie de beneficios y/o compensaciones hasta la fecha desconocidos. Algunos están aún vigentes en el país en la actualidad.

Por lo tanto, en este cuarto capítulo, el primero de una serie de dos consecutivos, analizaremos aquellas medidas legislativas que se originaron en el Congreso estadounidense en los dos primeros Congresos de los años cuarenta. Debido a la magnitud de estas y a su abundante número, se ha decidido revisar toda esta legislación de forma separada, dividiendo la década en varias partes. En este capítulo nos centraremos entonces en dos Congresos que tuvieron lugar en la primera parte de los años cuarenta, es decir el 76º Congreso (1939-1941) y el 77º Congreso (1941–1942). En el próximo capítulo entonces analizaremos y compararemos aquellos del resto de la década.

4.1. Aspectos generales del Congreso

Debemos recordar que un mandato (*term*) del Congreso se divide normalmente en dos sesiones, una cada año, aunque de vez en cuando haya alguna sesión extraordinaria por algún asunto especial. Esto explicaría la razón por la que algunos Congresos duran dos años naturales (el 77º Congreso duró de 1941 a 1942) mientras otros abarcaron tres años (el 76º Congreso duró de 1939 a 1941). Una sesión comienza el 3 de enero de cada año, inaugurando un nuevo Congreso y la Constitución exige que el Congreso se reúna al menos una vez al año y prohíbe a cualquiera de ambas que se reúna frente al Capitolio sin el consentimiento de la otra o fuera del Capitolio.

Una sesión conjunta de ambas Cámaras del Congreso solo se produce en ocasiones especiales cuando se requiere una resolución concurrente de ambas. Estas sesiones conjuntas son presididas por el presidente de la Cámara (*Speaker of the House*) excepto cuando se cuentan votos electorales presidenciales que entonces la preside el vicepresidente de la nación.

Sería conveniente matizar las cuatro opciones diferentes que existen a la hora de introducir una medida en el Congreso: medidas públicas (*public bills*), medidas privadas (*private bills*), propuesta (*motion*), o enmienda (*amendment*). La mayoría de las medidas públicas son aprobadas por el Congreso y se aplican en la relación existente entre un individuo y el gobierno y en cuestiones nacionales o internacionales.

Por lo que a la segunda medida respecta, las medidas privadas afectan a un individuo, familia o grupo reducido de personas y son promulgadas para ayudar a los ciudadanos que se sienten desamparados por los programas del gobierno o que están apelando a alguna decisión ejecutiva de una agencia federal.

La tercera medida se refiere a aquellas medidas legislativas tal y como se presentan en el orden del día para tratar un tema que suele ser controvertido. Es una petición para adoptar una decisión particular sobre alguna medida que requiere el pronunciamiento de la Cámara.

Por fin, las enmiendas son propuestas de modificación de alguna medida introducida en la Cámara. En su conjunto, los miembros de la Cámara de Representantes y del Senado proponen alrededor de doscientas enmiendas cada periodo de dos años del Congreso. Sin embargo, la mayoría de ellas nunca sale de los comités en los que son propuestas.

Las sesiones conjuntas del Congreso de los Estados Unidos se producen en ocasiones especiales que requieren una resolución concurrente bien de la Cámara bien del Senado. Incluyen el recuento de votos electorales tras las elecciones presidenciales y el discurso del Estado de la Unión del presidente. Este discurso, que se realiza por mandato constitucional, se ofrece anualmente y se inspira en el discurso de la reina de Gran Bretaña. Estas sesiones conjuntas son presididas por el presidente de la Cámara, excepto cuando es el vicepresidente.

Una sesión extraordinaria de Congreso es una sesión extra además de las dos regulares. La razón más común para convocar una sesión extraordinaria ha sido la proclamación del presidente en el ejercicio de su poder en virtud del Artículo II,

Sección 3 de la Constitución. Después de la introducción de la XX Enmienda, se ha convocado una sesión extraordinaria en solo dos ocasiones y por el presidente Franklin D. Roosevelt.

En cuanto a su organigrama, el Congreso de los Estados Unidos está compuesto de dos órganos legislativos, el Senado y la Cámara de Representantes que se reúnen en Cámaras separadas en dos alas diferentes del Capitolio (English 94). En este lugar, los legisladores presentan y votan los proyectos de ley, las resoluciones, los nombramientos y los tratados.

La elaboración de una ley comienza como una propuesta presentada por un miembro del Congreso. Cuando ambas Cámaras debaten una propuesta, esta recibe el nombre de proyecto de ley. Y si el presidente firma un proyecto de ley, este se convierte en una ley federal. Las elecciones generales se celebran en años bisiestos en el primer martes después del primer lunes de noviembre. Cuando se producen vacantes se celebran elecciones especiales y, en el caso del Senado, el gobernador propone a un senador.

Al contrario que en el Senado, en la Cámara de Representantes, los estados con poblaciones mayores tienen más representantes y, por lo tanto, más poder. Desde 1912 la Cámara de Representantes ha estado constituida por 435 miembros electos. Pero desde entonces, la distribución entre los estados de estos 435 miembros ha cambiado. Esto se debe, principalmente, a que el número de representantes asignados a cada estado se vuelve a calcular cada diez años según el censo de población. Pero cada estado tiene derecho, por lo menos, a un representante.

4.2. Tipología de actuaciones presentadas en el Congreso

En este apartado del capítulo nos centraremos en analizar la tipología de las medidas legislativas que se pueden introducir en un Congreso. Creemos conveniente recordar, llegado este punto, los tres tipos diferentes de acciones que puede realizar el Congreso de los Estados Unidos y que son las siguientes: Resoluciones Conjuntas (*Joint Resolutions*), Resoluciones Concurrentes (*Concurrent Resolutions*) y Resoluciones Simples (*Simple Resolutions*).

Las Resoluciones Conjuntas se pueden originar en la Cámara de Representantes o en el Senado. Al aprobarse una Resolución Conjunta por dos tercios de la Cámara y el Senado se envía al administrador de los Servicios Generales (*Administrator of General Services*) para su presentación a los diferentes estados para su ratificación. Una Resolución Conjunta que se origina en la Cámara se designa como *H.J. Res.* seguida de un número (H.J. Res. 1).

Las Resoluciones Concurrentes son las que tratan temas que afectan a las tareas de la Cámara de Representantes y del Senado. Una Resolución Concurrente que se origina en la Cámara se designa como *H. Con. Res.* seguida de un número (H. Con. Res. 1). Tras su aprobación por la Cámara y el Senado son firmados por el secretario de la Cámara (*Clerk of the House*) y por el secretario del Senado (*Secretary of the Senate*).

Las Resoluciones Simples son las que abordan las cuestiones relacionadas con el funcionamiento de cualquier medida en la Cámara de Representantes o en el Senado. Una Resolución Simple que afecta a la Cámara se designa como *H. Res.* seguida de un número (II. Res. 1). Finalmente, aquellas medidas que se originan en el Senado, que normalmente son Resoluciones Simples, se designan como *S.* seguida del número correspondiente. Por ejemplo, una medida presentada en el Senado se denominaría S. 15.

4.3. Medidas presentadas en el 76º Congreso (1939 – 1941)

El 76º Congreso se celebró entre 1939 y 1941, dividiéndose en tres sesiones. La primera comprendió el periodo entre el 3 de enero y el 5 de agosto de 1939. La segunda sesión, con carácter extraordinario, se celebró entre el 21 de septiembre de 1939 y el 3 de noviembre de 1939. La tercera y última sesión tuvo lugar entre el 3 de enero de 1940 y el 2 de enero de 1941. Un total de 8.254 leyes y resoluciones se introdujeron en la Cámara durante la Primera Sesión del 76º Congreso, lo que denota la frenética actividad de este.

Pasado el primer mes de la Primera Sesión, el presidente del Senado, el señor Alven W. Barkley, se vio obligado a pedir que se agilizara el proceso de proponer leyes pues no había llegado ninguna medida: "Sugiero que todos los comités que tengan ante ellos legislación importante actúen lo antes posible informando de esas medidas para programar el calendario, de manera que el Senado no se vea obligado a aplazarlas porque no haya nada que tratar" (76th Congress, 1st Session 1501).

En cuanto a la actividad legislativa realizada en este Congreso, encontramos leyes aprobadas en la Cámara, en el Senado, leyes vetadas y, finalmente, medidas que no llegaron a convertirse en leyes. Durante la primera sesión, fueron aprobadas 719 leyes entre públicas y privadas, de las cuales 447 se originaron en la Cámara y 272 en el Senado.

Si acotamos dicha actividad a nuestro objeto de investigación, esto es, los veteranos, encontramos leyes aprobadas en la Cámara, en el Senado, vetadas y medidas no convertidas en leyes. Para analizar las medidas referentes a los veteranos que no fueron convertidas en leyes nos centraremos en unas medidas introducidas por la congresista Edith N. Rogers.

4.3.1. Primera y Segunda Sesión del 76º Congreso

De las iniciadas en la Cámara durante la Primera Sesión del Congreso, encontramos ocho leyes públicas y una ley privada. Por su parte, en el Senado se originaron tres propuestas convertidas en leyes públicas. Además de esto, tres leyes fueron vetadas y trece medidas propuestas no llegaron a convertirse en leyes.

Vamos a establecer como primer punto de estudio las medidas introducidas por la Cámara de Representantes y convertidas en leyes. A continuación, seguiremos el orden establecido en el párrafo anterior, esto es, medidas propuestas por el Senado, vetadas y otras no derivadas en leyes públicas. Para iniciar cada punto de investigación, incluiremos una tabla específica que nos ayude a centrarnos en nuestro objetivo. La tabla 9, que se expone a continuación, muestra aquellas resoluciones de la Cámara de Representantes que, durante la primera sesión, se convirtieron en leyes, tanto públicas como privadas:

Leyes Públicas		Leyes Privadas	
Nº Resolución	Nº Ley Pública	Nº Resolución	Nº Ley Privada
805	146	2073	198
2296	196		
2310	166		
2320	62		
2875	279		
3946	39		
4647	198		
5452	250		

Tabla 9: 76º Congreso -Resoluciones de la Cámara (1ª Sesión).
Elaboración propia.

Las leyes públicas originadas en la Cámara fueron aprobadas también por el Senado. La Ley Pública 146 (*Public Law 76 – 146*) fue aprobada el 21 de junio de 1939 y originada en la Cámara bajo la numeración 805 (*House Resolution 805*). Con esta ley se nacionalizaba a aquellos veteranos extranjeros y se autorizaban los mismos privilegios para determinados veteranos de los países aliados con los Estados Unidos durante la Segunda Guerra Mundial, como se desprende de la siguiente información, equiparándolos en derechos: "Ampliar el plazo de nacionalización de los veteranos extranjeros de la Guerra Mundial de acuerdo con el acta aprobada el 25 de mayo de 1932 (*47 Stat. 165*) para otorgar de los mismos privilegios a determinados veteranos de países aliados con los Estados Unidos durante la Guerra Mundial (…)" (*House Resolution 805*).

La Resolución de la Cámara 2296 (*House Resolution 2296*) originó la aprobación de la Ley Pública 196 (*Public Law 76 – 196*) el 19 de julio de 1939. Esta ley restauró los beneficios a aquellos veteranos de guerra que sufrían algún tipo de discapacidad como ceguera o parálisis, pudiéndose leer lo siguiente en su redacción: "Restaurar ciertos beneficios a los veteranos de Guerra Mundial que sufren parálisis, paresia o ceguera, o aquellos que están desvalidos o postrados en cama, y para otros propósitos" (*House Resolution 2296*).

La Ley Pública 62 (*Public Law 76 – 62*), aprobada el 3 de mayo de 1939 e iniciada en la Cámara con la Resolución 2320 (*House Resolution 2320*), permitió obtener ayuda médica domiciliaria y tratamiento médico necesario a los veteranos para cubrir los gastos de entierro y funeral.

Los veteranos que incluía esta medida correspondían a los de la guerra entre América y España, la insurrección filipina o el levantamiento de los Bóxers. A tal fin se estableció el siguiente tratamiento en su redacción: "Proporcionar ayuda domiciliaria, tratamiento médico y hospitalario, y beneficios de entierro a determinados veteranos de la Guerra entre América y España, la Insurrección Filipina y el Levantamiento de los Bóxers" (*House Resolution 2320*).

La Resolución 2875 (*House Resolution 2875*) se convirtió en la Ley Pública 279 (*Public Law 76 – 279*) el 5 de agosto de 1939. Permitió el pago de pensiones a viudas y huérfanos de veteranos fallecidos en la guerra hispano-estadounidense, efectivo desde la fecha de deceso del veterano si la solicitud se cursaba dentro del año posterior al fallecimiento. El texto legal se redactó de la siguiente forma: "Estipular que el pago de las pensiones a pagar a viudas y huérfanos de veteranos fallecidos en la Guerra entre España y Estados Unidos, el Levantamiento de los Bóxers o la Insurrección Filipina, sea efectivo desde la fecha de fallecimiento del veterano, si la solicitud se ha cursado dentro del año posterior al deceso" (*House Resolution 2875*).

Gracias a la Ley Pública 39 (*Public* Law *76 – 39*), aprobada el 20 de abril de 1939 y originada en la Cámara con la numeración Resolución 3946 (*House Resolution 3946*) se autoriza la asistencia a la Banda Marina (*Marine Band*) en la reunión celebrada por la Asociación de Veteranos Confederados (*United Confederate Veterans*) en Trinidad durante cuatro días en el mes de agosto de 1939. El texto se expone a continuación: "Autorizar asistencia a la Asociación Marina en la reunión celebrada en

Trinidad, Colo., por la Confederación de Veteranos Unidos en 1939, los días 22, 23, 24 y 25 de agosto de 1939, y para otros propósitos" (*House Resolution 3946*).

La Ley Pública 198 (*Public Law 76 – 198*) iniciada con la Resolución 5452 (*House Resolution 5452*) fue aprobada el 19 de julio de 1939. Permitió la aprobación de ciertos beneficios a veteranos de la guerra mundial y a las personas a su cargo. El texto original especifica: "Proporcionar ciertos beneficios a veteranos de la Guerra Mundial y a aquellas personas a su cargo, y para otros propósitos" (*House Resolution 5452*).

La Resolución 2073 (*House Resolution 2073*) se convirtió en la única Ley Privada aprobada en la primera sesión del Congreso sobre asuntos de veteranos. Esta ley nº 33 (*Private Law 76 – 33*) permitió el crédito en cuentas de antiguos militares responsables de pago en la administración de veteranos. La redacción de esta ley es la siguiente: "Permitir crédito en las cuentas de determinados antiguos militares con responsabilidad de pago en la Administración de Veteranos, y para otros propósitos" (*House Resolution 2073*).

Pasamos ahora a abordar el Senado y sus propuestas. De entre las leyes iniciadas en el Senado referentes a los veteranos, encontramos tres leyes públicas. La tabla 10 a continuación nos sitúa en nuestro estudio:

Leyes Públicas		Leyes Privadas	
Nº Resolución	Nº Ley Pública	Nº Resolución	Nº Ley Privada
522	257	-	-
1243	123	-	-
2454	324	-	-

Tabla 10. 76º Congreso -Resoluciones del Senado (1ª Sesión).
Elaboración propia

Con respecto a las leyes públicas iniciadas en el Senado, la Ley Pública 257 (*Public Law 76 – 257*) se inició en el Senado bajo la numeración *S522* y se aprobó el 4 de agosto de 1939. Permitió el pago de pensiones a miembros de la asociación del Ejército Regular (*Regular Army*) o de la Marina (*Navy*), entre otros, que quedaron incapacitados en acto de servicio. La paga era equiparable al 75% de la abonada a los veteranos en las mismas condiciones. La ley original presenta esta redacción: "Proporcionar pensiones a los miembros del Ejército Regular, la Armada, Cuerpo de Marines y la Guardia Costera, que quedaron incapacitados en acto de servicio, equivalente al 75% de la compensación a pagar a los veteranos de guerra por incapacidad similar ocurrida en acto de servicio" (*Senate 522*).

La propuesta del Senado *S1243* se convirtió en la Ley Pública 123 (*Public Law 76 – 123*) el 13 de junio de 1939. Autorizaba el uso de equipo del Departamento de Guerra (War Department) a la asociación de Veteranos Confederados (*Confederate Veterans*). En el texto original se desprende la información detallada a continuación: "Para autorizar el uso de equipo del Departamento de Guerra para la reunión de los Veteranos Confederados celebrada en Trinidad, Colo., los días 22, 23, 24 y 25 de agosto de 1939" (*Senate 1243*).

La Ley Pública 324 (*Public Law 324*) fue iniciada en el Senado como propuesta *S2454* y aprobada el 7 de agosto de 1939. Permitió liberar a los funcionarios que certificaban el pago de la administración de veteranos (VA) de la responsabilidad de pago cuando su recuperación quedara dispensada según las leyes existentes registradas en la administración de veteranos (VA). La redacción del texto nos aporta la información siguiente: "Liberar a los funcionarios responsables de pago y a los funcionarios que certificaban de la Administración de Veteranos de la responsabilidad de pago en aquellos casos en que la recuperación de tal pago quede dispensada según las leyes existentes registradas en la Administración de Veteranos" (*Senate 2454*).

Por lo que respecta a las medidas vetadas en esta primera sesión del Congreso, encontramos tres, de las que curiosamente dos fueron aprobadas previamente por la Cámara de Representantes y por el Senado. Procedemos a su análisis a continuación: "Veteranos, señalización, sepulturas. Informe de Asuntos Militares con fecha 20 de abril de 1939. Nº informe 441. Calendario Unión. Aprobada en la Cámara el 12 de julio de 1939" (*House Resolution 985*).

La Resolución 6898 (*House Resolution* 6898) versa sobre la concesión y el aumento de pensiones a algunos hijos de veteranos de la Guerra Civil. La información que se detalla en el texto es la siguiente: "Concesión de pensiones e incremento de pensiones a ciertos hijos desamparados y dependientes de veteranos de la Guerra Civil" (*House Resolution 6898*).

La Resolución 6899 (*House Resolution* 6899) hace referencia también a concesión de pensiones a algunos veteranos de la Guerra Civil. Fue vetada el 7 de agosto de 1939. La información que se desprende de la medida es la siguiente: "Concesión de pensiones a ciertos veteranos de la Guerra Civil" (*House Resolution 6899*). Estas dos últimas resoluciones fueron aprobadas tanto por la Cámara de Representantes como por el Senado.

Una vez analizadas las propuestas de la Cámara de Representantes, del Senado y aquellas medidas que fueron vetadas, vamos a continuar analizando una serie de propuestas de la primera sesión pero que no se convirtieron en leyes. La tabla 14 que a continuación se presenta contribuye a sintetizar nuestro estudio.

Nº Resolución		
Iniciadas en la Cámara		Iniciadas en el Senado
Generales	Introducidas por E. N. Rogers	
HR4167	HR2538	S473
HR5402	HR2650	S1949
	HR2897	S2227
	HR4639	S2288
	HR5622	S2365
		S2756

Tabla 11. 76º Congreso -Medidas no convertidas en Leyes (1ª Sesión).
Elaboración propia.

No se convirtieron en leyes las medidas que a continuación exponemos, propuestas por la Cámara. La Resolución 4167 (*House Resolution 4167*) estuvo relacionada con la nacionalización de veteranos extranjeros y la información que aporta la medida original es la siguiente: "Veteranos, extranjeros, ampliación del periodo para nacionalización. Reportado del Departamento de Inmigración y Nacionalización el 8 de marzo de 1939; Informe número 177. Calendario Unión" (*House Resolution 4167*).

La Resolución 5402 (*House Resolution 5402*) hace referencia también a la inmigración y la nacionalización de veteranos extranjeros. El texto original nos ofrece la siguiente información: "Inmigración y nacionalización, veteranos extranjeros. Reportado de Inmigración y Nacionalización el 18 de mayo de 1939; Informe Nº 661. Calendario" (*House Resolution 5402*).

La congresista Edith N. Rogers propuso cinco medidas en esta sesión del Congreso que contribuyeron a facilitar la inserción de los veteranos y las personas dependientes a su cargo. La primera de ellas es la Resolución 2538 (*House Resolution 2538*) y fue aprobada el 13 de enero de 1939. Permitió ampliar el pago de pensiones a hijos y viudas de veteranos de la Guerra Mundial. La información analizada fiel al texto se expone a continuación:

> Un proyecto de ley para aumentar las tarifas existentes de compensación por muerte pagaderas a viudas e hijos de veteranos de la Guerra Mundial. Habiendo sido promulgado por el Senado y por la Cámara de Representantes de los Estados Unidos de América en el Congreso celebrado, se solicita que sean efectivas desde el primer día del mes siguiente a la fecha de promulgación de este Decreto, las tarifas de compensación por muerte pagaderas de acuerdo con las provisiones de las leyes existentes o de las regulaciones de veteranos a una viuda que aún sobrevive, hijo o

hijos (…) de cualquier veterano de Guerra Mundial que murió como consecuencia de herida o enfermedad incurrida o agravada por participación activa en servicio militar o naval en la Guerra Mundial" (AESL-RIAS, 8, 132).

La segunda medida la constituye la Resolución 2650 (*House Resolution 2650*), aprobada el 16 de enero de 1939, que autorizó ayuda hospitalaria a los veteranos americanos residentes en países extranjeros, según se desprende del texto original:

> Un proyecto de ley para enmendar la Regulación n° 6 (a) de Veteranos, para autorizar la atención hospitalaria y el tratamiento para veteranos americanos que residen en países extranjeros, y para otros objetivos. Siendo promulgado por el Senado y por la Cámara de Representantes de los Estados Unidos de América en el Congreso designado, dicho párrafo IV, de la Regulación 6 (a) como se estipula (Código de los EE. UU., edición de 1934, título 38, capítulo 12, apéndice) por la presente se lee lo siguiente: IV, ninguna persona tendrá derecho a recibir atención hospitalaria médica o domiciliaria, incluyendo el tratamiento oportuno, que resida fuera de los límites continentales de los Estados Unidos o sus Territorios o posesiones, a no ser que tal persona sea un ciudadano de los Estados Unidos y sufra una discapacidad debido al servicio prestado en las fuerzas armadas de los Estados Unidos (AESL-RIAS, 8, 132).

La tercera medida corresponde a la Resolución 2897 (*House Resolution 2897*), aprobada el 19 de enero de 1939, que permitió equiparar el pago de pensiones a hijos de viudas de veteranos de la Primera Guerra Mundial fallecidos en acto de servicio, según su articulado:

> Un proyecto de ley para igualar las pensiones pagaderas a los dependientes de los veteranos del Establecimiento Regular con aquellos pagaderos a los dependientes de veteranos de la Guerra Mundial fallecidos en acto de servicio (…): La viuda que sobrevive, el niño o niños, de alguna persona que murió como consecuencia de herida o enfermedad incurrida en o agravada por el servicio activo militar (…) estará autorizado a recibir la pensión en los pagos mensuales establecidos en el párrafo 2 de la sección 3, Ley Pública 304, Congreso 75 (AESL-RIAS, 8, 132).

La cuarta medida corresponde a la Resolución 4639 (*House Resolution 4639*) aprobada el 1 de marzo de 1939 con la finalidad de proporcionar aparatos protésicos a determinados veteranos con discapacidad no relacionada con el acto de servicio. La medida original especifica lo siguiente: "Un proyecto de ley para proporcionar aparatos protésicos a determinados veteranos que padecen discapacidades no relacionadas con el servicio" (AESL-RIAS, 8, 132).

La quinta medida introducida en el Congreso por la congresista Rogers corresponde a la Resolución 5622 (*House Resolution 5622*). Concedía el estatuto a la

Asociación de Madres Americanas (American Gold Star Mothers). El texto original ofrece un listado de madres cuyos hijos fallecieron en acto de servicio para preservar sus recuerdos y perpetuar su memoria.

Un ejemplo del contenido de las propuestas iniciadas en el Senado y no convertidas en ley es la medida *S2365* que hace referencia a las medallas y a la organización de veteranos. La redacción original es la que a continuación se detalla: "Organización de Veteranos. Medallas. Reportado en el Senado el 24 de julio de 1939; Judicial; Informe Nº 906" (*Senate 2365*).

Con este análisis finalizamos las medidas propuestas en la primera sesión del Congreso. La Segunda Sesión del 76º Congreso tuvo carácter extraordinario y comprendió el periodo entre el 21 de septiembre y el 3 de noviembre de 1939. Las leyes aprobadas en esta sesión no hacen referencia a veteranos por lo que no vamos a proceder su análisis. Eso sí, hay que mencionar que abarcaron temas de defensa nacional, la elección de la Guardia Nacional (*National Guard*), el interés de la mujer por la aviación o los campos de entrenamiento militar.

4.3.2. Tercera Sesión del 76º Congreso

La Tercera Sesión del Congreso comenzó el 3 de enero de 1940 y finalizó el 2 de enero de 1941. De las medidas introducidas por la Cámara, ocho trataban asuntos de veteranos y fueron convertidas en Leyes Públicas, siete fueron aprobadas tanto por la Cámara como por el Senado como se recoge en la tabla 12:

Leyes Públicas		
Nº Resolución	Nº Ley Pública	Aprobada por la Cámara y el Senado
5982	663	
7660	491	-
7731	796	
7733	553	
8238	473	
8930	866	
9989	797	
10267	799	

Tabla 12. 76º Congreso -Resoluciones de la Cámara (3ª Sesión).
Elaboración propia.

La Resolución 5982 (*House Resolution 5982*) se convirtió en la Ley Pública 663 (*Public Law 76 – 663*) el 25 de junio de 1940. Con ella se consiguió la protección contra el uso ilegal de los emblemas de las organizaciones de veteranos. El texto original nos enriquece con la información de su redacción que a continuación se expone: "Para la protección contra el uso ilegal de distintivos, medallas, emblemas o cualquier otra insignia de las organizaciones de veteranos, incorporadas por el presente decreto al Congreso, y estipulando las sanciones oportunas por la violación de estas" (*House Resolution 5982*).

La Ley Pública 491 (*Public Law 76 – 491*) nació de la Resolución 7660 (*House Resolution 7660*) y fue aprobada el 30 de abril de 1940. Modificó una sección del Código Criminal prohibiendo la adquisición de provisiones expedidas a veteranos: "Para modificar la sección 35B del Código Criminal de los Estados Unidos y prohibir la adquisición o recibo en promesa de ropa y otras provisiones expedidas a veteranos sostenidos en el centro de Administración de Veteranos" (*House Resolution 7660*).

La Resolución 7731 (*House Resolution 7731*) fue aprobada el 5 de octubre de 1940 y convertida en la Ley Pública 796 (*Public Law 76 – 796*). Proporcionó los gastos de deceso a veteranos fallecidos en acto de servicio, tal y como la ley original expone: "Asegurar los gastos de entierro y funeral de veteranos fallecidos pertenecientes al Cuerpo Regular del Ejército que fueron eximidos del servicio por invalidez incurrida en la línea del deber" (*House Resolution 7731*).

La Ley Pública 553 (*Public Law 76 – 553*) se aprobó el 6 de junio de 1940 a partir de la Resolución 7733 (*House Resolution 7733*). Gracias a ella fue posible otorgar mayor pensión a los veteranos del Ejército Regular (Regular Establishment) por invalidez con servicio anterior al 21 de abril de 1898, como recoge el texto original: "Proporcionar incremento en las pensiones a veteranos del Ejército Regular con incapacidad relacionada con el servicio incurrida o agravada por servicio prestado anterior al 21 de abril de 1898" (*House Resolution 7733*).

La Resolución 8238 (*House Resolution 8238*) se convirtió en la Ley Pública 473 (*Public Law 76 – 473*) el 22 de abril de 1940 y en ella se trataba la incorporación de veteranos de la guerra entre España y Estados Unidos, como se lee en el texto original: "Contemplando la incorporación de Veteranos a la Guerra entre Estados Unidos y España" (*House Resolution 8238*).

La Ley Pública 866 (*Public Law 76 – 866*), nació de la propuesta 8930 (*House Resolution 8930*), y modificó la ley de veteranos de la Primera Guerra Mundial como se interpreta del texto: "Para modificar la sección 202 (3), de la Ley sobre los Veteranos de la Guerra Mundial, y corregido, proporcionar provisiones administrativas más adecuadas y uniformes en las leyes de los veteranos" (*House Resolution 8930*).

La Resolución 9989 (*House Resolution 9989*), convertida en la Ley Pública 797 (*Public Law 76 – 797*), tras ser aprobada el 5 de octubre de 1940 autorizó al administrador de la asociación de asuntos de veteranos (VA) a conceder el derecho de servidumbre en una parcela: "Se autoriza al Administración de Asuntos de Veteranos a ceder el derecho de servidumbre en una determinada parcela de la ciudad de Memphis, Tenn., por ensanchamiento de la calle" (*House Resolution 9989*).

La Ley Pública 799 (*Public Law 76 – 799*) fue aprobada el 5 de octubre de 1940 a partir de la propuesta 10267 (*House Resolution 10267*). Esta ley concedió el derecho de servidumbre en una parcela específica como informa el texto: "Autorizar al administrador de asuntos de veteranos ceder una parcela de tierra del Centro de Administración de Veteranos en Los Ángeles, California, al condado de Los Ángeles, California, por construcción de acera" (*House Resolution 10267*).

Una vez analizadas las medidas propuestas por la Cámara de Representantes y convertidas en leyes, pasamos ahora a examinar cuáles fueron las medidas propuestas por el Senado. Investigando en la documentación sobre las mismas, esclarecemos que fueron cuatro las medidas iniciadas en el Senado y convertidas en leyes públicas y únicamente dos propuestas adicionales, convertidas en leyes privadas, como se recoge en la tabla 13:

Leyes Públicas		Leyes Privadas	
Nº Resolución	Nº Ley Pública	Nº Resolución	Nº Ley Privada
1088	435	3707	504
2328	614	3749	485
2866	432	-	-
2867	418	-	-

Tabla 13. 76º Congreso -Resoluciones del Senado (3ª Sesión).
Elaboración propia.

La propuesta del Senado *S1088* fue aprobada el 15 de marzo de 1940. Se convirtió en la Ley Pública 435 (*Public Law 76 – 435*) y permitió autorizar al administrador de asuntos de veteranos el intercambio de una propiedad como nos presenta la redacción oficial de dicha ley: "Autorizar al administrador de asuntos de los veteranos a intercambiar cierta propiedad sita en el Centro de la Administración de Veteranos, en Tuskegee, Ala., propiedad que es conferida a los Estados Unidos, por cierta propiedad en el Instituto Industrial de Tuskegee" (*Senate 1088*).

La propuesta *S2328* fue convertida en la Ley Pública 614 (*Public Law 76 – 614*) tras su aprobación el 13 de junio de 1940. El texto original es el siguiente:

"Veteranos, de la Guerra Mundial, funcionarios retirados. Elevado al Senado el 5 de abril de 1940, Asuntos Militares; Informe nº 1378. Aprobado por el Senado el 10 de abril de 1940 (…) Calendario Unión. Aprobado por la Cámara el 3 de junio de 1940" (*Senate 2328*).

La Ley Pública 432 (*Public Law 76 – 432*) nació de la propuesta del Senado *S2866* y fue aprobada el 14 de marzo de 1940. Su finalidad era proporcionar subsidios como recoge el texto original: "Proporcionar subsidio por gastos incurridos por los beneficiarios de la administración de veteranos y sus ayudantes en viaje autorizado para examen y tratamiento" (*Senate 2866*).

La propuesta del Senado *S2867*, aprobada el 2 de marzo de 1940, originó la Ley Pública 418 (*Public Law 76 – 418*), que autorizaba el traspaso de finiquito de una parcela, tal y como el texto original afirma: "Autorizar al administrador de asuntos de los veteranos transferir por medio de escritura de cesión de finiquito a la empresa de ferrocarril Pensilvannia Railroad Co., por derecho de paso, una pequeña franja de tierra del Centro de Administración de Veteranos, Coatesville, Pa." (*Senate 2867*).

De entre las medidas propuestas por el Senado, encontramos dos leyes privadas como hemos mencionado anteriormente. La propuesta *S3707*, convertida en Ley Privada 504 (*Private Law 76 – 504*) el 12 de julio de 1940, hace referencia al servicio indio, como se lee en el texto original: "Eximir a ciertos agentes responsables de pago y funcionarios certificadores del servicio indio, de la administración de veteranos de los Estados Unidos, y del Departamento del Tesoro" (*Senate 370*).

La propuesta *S3749* fue aprobada como Ley Privada 485 (*Private Law 76 – 485*) el 11 de julio de 1940. Eximió a determinados empleados de la administración de veteranos (VA) de responsabilidad financiera, como se puede interpretar de la ley original: "Eximir a ciertos empleados de la administración de veteranos de responsabilidad financiera por exceso de pago y permitir ciertos créditos en caso necesario en las cuentas de determinados funcionarios pagadores, y con otros propósitos" (*Senate 3749*).

Finalizado el análisis de medidas propuestas por el Senado y convertidas en leyes, bien sea públicas o bien privadas, debemos señalar que en esta tercera sesión solo existe una medida vetada. La Resolución 6901 (*House Resolution 6901*) pretendía aumentar las pensiones de viudedad y fue vetada el 25 de abril de 1940. El texto original es el siguiente: "Subvención para incrementar las pensiones a ciertas viudas de veteranos de la Guerra Civil" (*House Resolution 6901*).

A continuación, y para finalizar con la investigación de este Congreso, pasamos a estudiar algunas de las ocho medidas propuestas y no convertidas en leyes durante la tercera sesión, como presenta la tabla 14:

Nº Resolución		
Iniciadas en la Cámara		Iniciadas en el Senado
H.R. 444	H.R. 9875	S. 2679
H.R. 5180	H.R. 10541	
H.R. 6450		
H.R. 8243		
H.R. 9000		

Tabla 14: 76º Congreso -Medidas no convertidas en Leyes (3ª Sesión).
Elaboración propia.

La Resolución 444 (*House Resolution 444*) hace referencia al Reglamento del Comité de Veteranos, como se detalla en el texto original: "Veteranos de la Guerra Mundial, moción sobre el desempeño del Reglamento del Comité. Petición número 29. Registrada el 15 de abril de 1940. Inscrita el 18 de abril de 1940. Baja en Calendario nº 2" (*House Resolution 444*).

La Resolución 5180 (*House Resolution 5180*) hace referencia a los veteranos de la guerra con España y a sus pensiones. No obstante, en este caso concreto, no es muy esclarecedora la información que podemos extraer del texto original: "Veteranos de la guerra con España. Informe de pensiones el 8 de abril de 1940. Informe número 1935. Calendario de la Unión" (*House Resolution 5180*).

La Resolución 6450 (*House Resolution 6450*) hace referencia a veteranos en combate. Esta es la información que podemos extraer de la ley original: "Veteranos, combate. Se informa de la Legislación de Veteranos de la Guerra Mundial el 25 de septiembre de 1940; Informe número 2982. Calendario de la Unión" (*House Resolution 6450*).

La Resolución 8243 (*House Resolution 8243*) hace referencia a las pensiones de los veteranos pertenecientes al ejército regular, como se lee: "Veteranos del Ejército Regular. Pensiones, incremento. Informe de Pensión de Invalidez el 8 de mayo de 1940. Informe número 2110. Calendario de la Unión" (*House Resolution 8243*).

La medida 9000 (*House Resolution 9000*) está relacionada con los veteranos de la guerra mundial y las personas a su cargo, como expone el texto original: "Veteranos, Guerra Mundial, ciertos dependientes a su cargo. Informe de la Legislación de Veteranos de la Guerra Mundial el 25 de marzo de 1940; Informe nº 1829. Calendario de la Unión" (*House Resolution 9000*).

4.4. Medidas presentadas en el 77º Congreso (1941 – 1942)

El siguiente Congreso que vamos a analizar es el nº 77, que se divide en dos sesiones; la primera sesión se inició el 3 de enero de 1941 y finalizó el 2 de enero de 1942 mientras que la segunda se inició el 5 de enero de 1942 y terminó el 16 de diciembre de 1942. Para agilizar nuestra investigación, subdividimos este apartado según cada una de sus sesiones.

4.4.1. Primera Sesión del 77º Congreso

Durante la Primera Sesión, la Cámara de Representantes presentó un total de nueve propuestas, todas ellas convertidas en leyes públicas. En el Senado, por su parte, fueron tres las propuestas y aprobadas. Ninguna de las dos Cámaras aprobó ninguna ley privada ni ninguna fue vetada, como recoge la tabla 15:

CÁMARA DE REPRESENTANTES		SENADO	
Leyes Públicas		Leyes Públicas	
Nº Resolución	Nº Ley Pública	Nº Resolución	Nº Ley Pública
196	249	1420	122
1094	182	1421	123
2855	193	1916	334
3261	232		
4692	382		
4853	365		
4905	361		
5305	357		
5339	242		

Tabla 15. 77º Congreso -Resoluciones de la Cámara y del Senado (1ª Sesión).
Elaboración propia

La medida 196 (*House Joint Resolution 196*) corresponde a una Resolución conjunta de las Cámaras y se convirtió en la Ley Pública 249 (*Public Law 77 – 249*) el 18 de septiembre de 1941. Esta ley autorizó la impresión de procedimientos de campamentos nacionales de varias organizaciones de veteranos en los Estados Unidos. El texto original nos brinda la siguiente información: "Autorizar la impresión, con ilustraciones, de los procedimientos de los campamentos nacionales de varias organizaciones de veteranos en los Estados Unidos independiente a los documentos de la Cámara" (*House Joint Resolution 196*).

La Resolución 1094 (*House Resolution 1094*), aprobada el 18 de julio de 1941, dio lugar a la Ley Pública 182 (*Public Law 77 – 182*). Esta ley hacía referencia a las pensiones de los veteranos de la Guardia Costera (*Coast Guard*), como se lee en el texto original: "Veteranos, Guardia Costera, pensiones. Informe de Pensiones de Invalidez el 18 de abril de 1941; Informe número 397. Calendario de la Unión. Aprobado por la Cámara el 29 de mayo de 1941. Informe al Senado el 3 de julio de 1941; pensiones, informe número 502" (*House Resolution 1094*).

La Ley Pública 193 (*Public Law 77 – 193*) fue aprobada el 30 de julio de 1941. Nació de la Resolución 2855 (*House Resolution 2855*) y hacía referencia las pensiones de padres dependientes. La redacción original es la siguiente: "Veteranos, padres dependientes, pensiones. Informe de Departamento de Pensiones de Invalidez el 19 de mayo de 1941. Informe Número 590. Calendario de la Unión. Aprobado por la Cámara el 29 de mayo de 1941. Informe al Senado el 10 de julio de 1941; Pensiones; Informe nº 539. Aprobado por el Senado el 21 de julio de 1941" (*House Resolution 2855*).

La Resolución 3261 (*House Resolution 3261*) fue aprobada el 21 de agosto de 1941, convirtiéndose en la Ley Pública 232 (*Public Law 77 – 232*). Autorizó a la División Arco Iris de Veteranos (*Rainbow Division*) a construir un monumento conmemorativo, como se detalla en el texto original: "Autorizar a la División Arco Iris de Veteranos a construir un monumento digno a la División de Arco Iris nº 42, de las Fuerzas Expedicionarias Americanas" (*House Resolution 3261*).

La Ley Pública 382 (*Public Law 77 – 382*) fue aprobada el 26 de diciembre de 1941 a partir de la Resolución 4692 (*House Resolution 4692*). Referida a los bienes inmuebles, como informa la ley original: "Relativa a la disposición de los bienes inmuebles de ciertos pacientes o miembros fallecidos pertenecientes a las instalaciones de la Administración de Veteranos de los Estados Unidos" (*House Resolution 4692*).

La Resolución 4853 (*House Resolution 4853*) fue aprobada el 22 de diciembre de 1941 y desembocó en la Ley Pública 365 (*Public Law 77 – 365*), que modificaba la Ley Pública 198 (*Public Law 76 – 198*) del Congreso anterior referente a la hospitalización de los veteranos. En el texto original se detalla lo siguiente: "Modificar la sección 4 de la Ley Pública 198, del 76º Congreso, aprobada el 19 de julio de 1939, para autorizar la hospitalización de funcionarios retirados y hombres reclutados que son veteranos de guerra en igualdad con otros veteranos de guerra" (*House Resolution 4853*).

La Resolución 4905 (*House Resolution 4905*) fue aprobada el 20 diciembre de 1941 y convertida en la Ley Pública 361 (*Public Law 77 – 361*). Relacionada con diagnostico enfermedades de veteranos, como se desprende de la ley original: "Heridas y enfermedades de veteranos. Determinación. Informe de la Legislación de Veteranos de la Guerra Mundial el 12 de agosto de 1941. Informe número 1157. Calendario de la Unión (…)" (*House Resolution 4905*).

La Ley Pública 357 (*Public Law 77 – 357*) fue aprobada el 19 de diciembre de 1941 a partir de la Resolución 5305 (*House Resolution 5305*) y hace referencia unos terrenos en Bedford. El texto original nos ofrece el desarrollo del proceso hasta que la Resolución fue convertida en ley: "Veteranos, Massachusetts, terrenos en Bedford, cesión paso de servidumbre. Informe de la Legislación de Veteranos de la Guerra Mundial el 12 de agosto de 1941; Informe número 1159. Calendario de la Unión. Aprobado por la Cámara el 6 de octubre de 1941. Informe al Senado el 12 de diciembre de 1941; Finanzas; Informe número 903" (*House Resolution 5305*).

La Resolución 5339 (*House Resolution 5339*) fue aprobada el 21 de agosto de 1941 y convertida así en la Ley Pública 242 (*Public Law 77 – 242*). Hace referencia al incremento de las pensiones de las viudas. Tuvo que pasar dos veces por el Senado hasta ser introducido en el Calendario de la Unión: "Veteranos, pensiones, incremento, ciertas viudas. Informe de Pensiones el 17 de julio de 1941; Informe número 968. Calendario de la Unión. Aprobado por la Cámara el 4 de agosto de 1941. Pasado dos veces al Senado e introducido en el calendario el 5 de agosto de 1941" (*House Resolution 5339*).

Una vez analizadas las medidas introducidas por la Cámara de Representantes y convertidas en leyes públicas, pasamos a estudiar las propuestas introducidas por el Senado y convertidas también en leyes públicas. En ninguna de estas dos Cámaras se aprobó ninguna ley privada. De las tres propuestas del Senado, todas fueron aprobadas como leyes públicas.

La propuesta S1420 fue convertida en la Ley Pública 122 (*Public Law 77 – 122*) el 21 de junio de 1941, que autorizaba al administrador de Asuntos de Veteranos a transferir ciertos terrenos de la Administración de Veteranos (VA), como se puede interpretar de su articulado: "Autorizar al Administrador de Asuntos de Veteranos a transferir por escritura de finiquito el título de ciertos terrenos del Centro de Administración de Veteranos en Dayton, Ohio, al condado de Montgomery, Estado de Ohio, por motivos de ampliación de la calle" (*Senate 1420*).

La propuesta *S1421* fue convertida en la Ley Pública 123 (*Public Law 77 – 123*) al ser aprobada el 21 de junio de 1941. Esta ley autorizaba al administrador de Asuntos de Veteranos a transferir por escritura de finiquito, a una empresa de ferrocarril, una parcela de tierra de la Administración de Veteranos, como se recoge: "Autorizar al Administrador de Asuntos de Veteranos transferir por medio de escritura de derecho de servidumbre a la empresa de ferrocarril Norfolk & Western Railway Co. una pequeña parcela de terreno en el Centro de Administración de Veteranos" (*Senate 1421*).

La Ley Pública 334 (*Public Law 77 – 334*) nació a partir de la propuesta *S1916* y fue aprobada el 12 de diciembre de 1941. Esta ley permitió autorizar el traslado del edificio de la estación de Guardia Costera (*Coast Guard Station*), como expone el texto original: "Autorizar el traslado del edificio de la antigua Estación de

Guardia Costera en Two Rivers, Wis., a the Eleven Gold Star Post Nº 1248, Veteranos de Guerras extranjeras, Two Rivers, Wis." (*Senate 1916*).

Una vez estudiadas las medidas propuestas por ambas Cámaras y que fueron convertidas en leyes públicas, pasamos a analizar aquellas que no lo consiguieron. La tabla 16 nos presenta las medidas relacionadas con los veteranos que se abordaron en el Congreso en esta sesión:

Nº Resolución	
H.R. 143	**Medidas introducidas por la congresista**
H.R. 238	**E. N. Rogers**
H.R. 333	H.R. 632
H.R. 590	H.R. 633
S. 876	H.R. 634
H.R. 1091	H.R. 1006
H.R. 1095	H.R. 1008
H.R. 1782	H.R. 1009
H.R. 2096	H.R. 4787
H.R. 2310	H.R. 6122
H.R. 4256	H.R. 6123
H.R. 5367	H.R. 6124
H.R. 5798	H.R. 6241

Tabla 16. 77º Congreso - Medidas no convertidas en Leyes (1ª Sesión).
Elaboración propia

Hay una serie de veinticuatro medidas propuestas que no fueron convertidas en leyes. Vamos a analizar, en primer lugar, trece de esas medidas generales del Congreso y, en segundo lugar, las once propuestas restantes que fueron propuestas de forma particular por la congresista Edith Nourse Rogers. Estas medidas, muy sensibilizadas con el bienestar de los veteranos, hacen referencia también a la hospitalización y cuidados médicos, a la nacionalización de estos o a trámites de sus pensiones.

La propuesta 143 (*House Resolution 143*) hace referencia a la hospitalización de determinados veteranos de la guerra con España. El texto original es el siguiente: "Veteranos, Guerra con España, hospitalización, determinadas personas. Reportado de la Legislación de Veteranos de la Guerra Mundial el 12 de agosto de 1941; Informe número 1154. Calendario de la Unión" (*House Resolution 143*).

La propuesta 238 (*House Resolution 238*) se refiere a los gastos que conlleva la recopilación de impresiones sobre los veteranos. Se desprende del texto original lo siguiente: "Cámara de Representantes, impresiones, compilación, monetario, veteranos. Informe de Impresiones el 30 de junio de 1941. Informe número 893" (*House Resolution 238*). La medida 333 (*House Resolution 333*) también hace referencia a las impresiones mencionadas en la anterior propuesta. El texto de dicha medida es el siguiente: "Impresiones, de Veteranos, S. Doc. 96, adicional" (*House Resolution 333*).

Cambiando la temática de las propuestas, la Resolución 590 (*House Resolution 590*) hace referencia a la nacionalización e inmigración de veteranos extranjeros. La redacción de la propuesta es la que exponemos a continuación: "Inmigración y nacionalización, de veteranos extranjeros. Informe sobre Inmigración y Nacionalización el 5 de febrero de 1941. Informe nº 29. Calendario de la Unión" (*House Resolution 590*).

A continuación, estudiamos en conjunto las nueve propuestas restantes generales del Congreso pues todas hacen referencia a las pensiones de veteranos o dependientes de veteranos. Las dos propuestas siguientes que analizamos están relacionadas con pensiones a viudas de veteranos. La Resolución del Senado *S876* se refire al incremento de pensiones de viudas de veteranos. El texto original es el siguiente: "Pensión de veteranos, incremento a ciertas viudas. Informe del Senado el 10 de julio de 1941; Pensiones; Informe nº 542" (*Senate 876*).

La propuesta 1091 (*House Resolution 1091*) también se refiere a pensiones de viudas de veteranos de la Guerra Civil. La redacción original del texto la presentamos a continuación: "Veteranos, Guerra Civil, Viudas. Informe de Pensiones de Invalidez el 19 de abril de 1941; Informe número 396. Calendario de la Unión. Aprobado por la Cámara el 29 de mayo de 1941. Informe al Senado el 17 de septiembre de 1941; Pensiones; Informe número 678" (*House Resolution 1091*).

La Resolución 1095 (*House Resolution 1095*) hace referencia a pensiones de veteranos de la guerra india, como se especifica a continuación: "Veteranos, Guerras Indias. Informe de Pensiones de Invalidez el 18 de abril de 1941; Informe número 398. Calendario de la Unión. Aprobado por la Cámara el 29 de mayo de 1941. Informe al Senado el 17 de septiembre de 1941; Pensiones; Informe número 679" (*House Resolution 1095*).

Las Resoluciones 1782 (*House Resolution 1782*), 2096 (*House Resolution 2096*), 2310 (*House Resolution 2310*) y 4256 (*House Resolution 4256*) se refieren a pensiones de veteranos de la guerra entre España y América. La Resolución 1782 se refiere a las pensiones a veteranos de la guerra entre España y América: "Veteranos, Guerra España-América, Pensiones. Informe de Pensiones el 17 de julio de 1941. Informe número 969. Calendario de la Unión. Aprobada por la Cámara el 4 de agosto de 1941.

Informe al Senado el 29 de septiembre de 1941, Pensiones; Informe nº 685" (*House Resolution 1782*).

La Resolución 2096 (*House Resolution 2096*) está relacionada con las pensiones a personas dependientes de los veteranos de la guerra entre España y América: "Veteranos, Guerra España-América, dependientes, pensiones. Informe de Pensiones el 17 de junio de 1941; Informe número 971. Calendario de la Unión" (*House Resolution 2096*).

La propuesta 2310 (*House Resolution 2310*) también está relacionada con las pensiones a dependientes de la guerra entre España y América. El texto original es el siguiente: "Veteranos, Guerra con España, dependientes, modificación sec. 2. Informe de Pensiones el 17 de julio de 1941; Informe nº 970. Calendario de la Unión. Aprobada por la Cámara el 4 de agosto de 1941. Informe al Senado el 29 de septiembre de 1941; Pensiones; Informe nº 686" (*House Resolution 2310*).

Las últimas tres resoluciones restantes están relacionadas con la guerra civil y pertenecen al calendario privado. La Resolución 4256 (*House Resolution 4256*) se refiere a pensiones a dependientes a veteranos de la Guerra Civil. La redacción del texto es la siguiente: "Veteranos, Guerra Civil, dependientes. Informe de Pensiones de Invalidez el 1 de abril de 1941; Informe nº 357. Calendario Privado" (*House Resolution 4256*).

El contenido de la propuesta 5367 (*House Resolution 5637*) también hace referencia a pensiones a dependientes de veteranos. El texto original se detalla a continuación: "Veteranos, Guerra Civil, dependientes, pensiones, incremento. Informe de Pensiones de Invalidez el 21 de julio de 1941; Informe número 978. Calendario Privado" (*House Resolution 5637*).

Finalmente, la Resolución 5798 (*House Resolution 5798*), al igual que la propuesta anterior, se refiere a pensiones a dependientes de veteranos de la Guerra Civil, como se lee a continuación: "Veteranos, pensiones, Guerra Civil, ciertos. Informe de Pensiones de Invalidez el 9 de octubre de 1941; Informe nº 1238. Calendario Privado. Objetado y vuelto a recomendar el 10 de diciembre de 1941" (*House Resolution 579*).

Una vez analizadas las medidas generales que no se convirtieron en leyes, pasamos a investigar aquellas que fueron introducidas por la congresista Edith Nourse Rogers. Las medidas 632 (*House Resolution 632*) y 634 (*House Resolution 634*) sirvieron para definir dos términos, el de "hijo de" en el caso de la primera y el de "padre de" en el caso de la segunda. Las versiones originales son "Veteranos: para definir el término 'hijo' de" (*House Resolution 632*) y "Veteranos: para definir el término 'padre' de" (*House Resolution 634*). La Resolución 633 (*House Resolution 633*) dictamina la incapacidad total o parcial en los casos de tuberculosis pulmonar activa, como nos especifica el articulado original: "Veteranos: determinar cuál es la consideración para proporcionar la incapacidad total o permanente en casos de tuberculosis pulmonar activa" (*House Resolution 633*).

La Resolución 4787 (*House Resolution 4787*) determina que la ausencia injustificada de cualquier veterano durante siete años es considerada como causa evidente de *muerte según las leyes administradas por la Administración de Veteranos* (VA). Fue introducida el 19 de marzo de 1941 en la Cámara de Representantes. Parte de la medida original se detalla a continuación:

> Si el Administrador de la Asociación de Veteranos tiene evidencia satisfactoria de que hay una ausencia continuada e injustificada de un individuo en su casa y familia durante un periodo de siete años, no habiendo recibido durante ese periodo evidencia alguna de la existencia del ausente, la muerte de tal ausente en la fecha de expiración de ese periodo debe ser considerada como prueba suficiente (*House Resolution 4787*).

La Resolución 1006 (*House Resolution 1006*) fue introducida por la congresista Rogers el 3 de enero de 1941. Esta medida modifica el periodo para la aplicación de beneficios por compensación de la Guerra Mundial. La propuesta es la siguiente: "(…) que las secciones 2, 3 y 4 de la Ley Pública 312, del 74º Congreso (…) es por el presente modificado suprimiendo "2 de enero de 1940" en las secciones en las que aparezca y añadiendo en su lugar "2 de enero de 1942" (*House Resolution 1006*).

La Resolución 1008 (*House Resolution 1008*) fue introducida el 3 de enero de 1941. Proporcionaba dispositivos protésicos a veteranos que sufrían incapacidad no relacionada con el servicio prestado, como nos presenta la siguiente información: "Un proyecto de Ley para proporcionar dispositivos protésicos a ciertos veteranos sufriendo incapacidad no relacionada con el servicio, y para otros propósitos (...)" (*House Resolution 1008*).

La propuesta 1009 (*House Resolution 1009*) pretendía incrementar las compensaciones por muerte, según se interpreta del articulado original:

> Para incrementar las tarifas existentes de compensación por muerte pagables a viuda e hijos de veteranos de la Guerra Mundial (…) deberá ser como sigue: viuda sin hijos, 60$; viuda con un hijo, 75$; viuda y dos hijos, 87$ (con 10$ por cada hijo adicional); no viuda pero un hijo, 30$; no viuda pero dos hijos, 54$ (divididos equitativamente) (con 20$ por cada hijo adicional; cantidad total dividida a partes iguales) (*House Resolution 1009*).

La Resolución 6122 (*House Resolution 6122*), introducida el 26 de noviembre de 1941, estableció una definición del término hijo con el propósito de conceder pensiones, como detalla el articulado original:

Para establecer una definición uniforme del término ´hijo´ con la finalidad de conceder pensión o compensación de acuerdo con la ley, administradas por la Administración de Veteranos (…) el término ´hijo´ implicará una persona soltera y menor de 18 años, que sea un hijo legítimo, un hijo legalmente adoptado, un hijastro, solo si el padre dejó conocimiento del mismo por escrito, (…) el pago de la pensión o compensación deberá continuar y permitirse después de la edad de 18 años y hasta que se haya completado su educación y formación (*House Resolution 6122*).

La Resolución 6123 (*House Resolution 6123*) fue introducida el 26 de noviembre de 1941. También hace referencia a asuntos económicos para ayudar a veteranos o descendientes de los mismos, como podemos extraer del articulado original:

Una propuesta de ley para ampliar elegibilidad a viudas e hijos de veteranos de la Guerra Mundial fallecidos que tenían incapacidades causadas o agravadas por examen, hospitalización, o tratamiento médico (…) La viuda, hijo, o hijos de cualquier veterano de Guerra Mundial fallecido que tenía concedido o recibía beneficios monetarios por incapacidad resultante de enfermedad o empeoramiento de cualquier enfermedad (…) (*House Resolution 6123*).

La Resolución 6124 (*House Resolution 6124*) fue introducida el 26 de noviembre de 1941. Incrementó a sesenta dólares mensuales la cantidad de compensación pagada a viudas de veteranos fallecidos de la Guerra Mundial como nos aporta medida original: "Una propuesta de ley para incrementar mensualmente la cantidad de 60$ al mes por compensación pagable a viudas de veteranos de la Guerra Mundial fallecidos cuyas muertes fueron causadas por la invalidez ocasionada por el servicio prestado" (*House Resolution 6124*).

La Resolución 6241 (*House Resolution 6241*) fue introducida por la señora Rogers el 15 de diciembre de 1941 y autorizaba una dotación para un hospital adicional y dispensarios de consultas externas a los veteranos. Pudiéndose consultar el completo en el Anexo 37, la información más relevante del texto original es:

Autorizar una dotación para crear un hospital adicional y un dispensario para personas autorizadas a hospitalización en las instalaciones de la Administración de Veteranos, y para otros propósitos (…) reemplazos, remodelaciones, ampliación de plantas existentes, y para la construcción de lugares propiedad del Gobierno ahora o lugares para ser adquiridos por compra, sentencia, regalo, o de otra manera de tales hospitales e instalaciones para dispensarios para incluir los edificios y las estructuras auxiliares necesarias (*House Resolution 6241*).

4.4.2. Segunda Sesión del 77º Congreso

Una vez analizada la actividad legislativa de la Primera Sesión del 77º Congreso, pasamos ahora a investigar cuáles fueron las medidas propuestas en la Segunda Sesión de este. Esta sesión comenzó el 5 de enero de 1942 y finalizó el 16 de diciembre de 1942. Comenzamos con las once medidas propuestas por la Cámara de Representantes y convertidas en leyes, de las que nueve fueron convertidas en leyes públicas y dos en leyes privadas. A continuación, presentamos la tabla 17 que nos ayuda a centrar nuestra investigación:

Leyes Públicas		Leyes Privadas	
Nº Resolución	Nº Ley Pública	Nº Resolución	Nº Ley Privada
1030	690	5652	363
4167	791	7288	628
4845	601		
5569	839		
6646	591		
6926	533		
7036	611		
7282	668		
7408	783		

Tabla 17. 77º Congreso - Resoluciones de la Cámara - 2ª Sesión.
Elaboración propia.

De estas, dos de las resoluciones convertidas en leyes públicas favorecen la mejora de las pensiones. La Resolución 1030 (*House Resolution 1030*) fue convertida en la Ley Pública 690 (*Public Law 77 – 690*) el 30 de julio de 1942. Permitió incrementar la pensión a dependientes de veteranos, como se lee en el texto original: "Proporcionar incrementos en las pensiones pagables a dependientes de veteranos del Ejército Regular, y para otros propósitos" (*House Resolution 1030*).

La Resolución 4845 (*House Resolution 4845*) fue aprobada el 10 de junio de 1942 y convertida en la Ley Pública 601 (*Public Law 77 – 601*). Propuso el incremento de 10 dólares más al mes para veteranos de la Guerra Mundial. La redacción original es la siguiente: "Incrementar la pensión a veteranos de la Guerra Mundial de 30$ a 40$ al mes, y para otros propósitos" (*House Resolution 4845*).

Otras dos de las resoluciones a analizar hacen referencia a la nacionalización de veteranos. La Resolución 4167 (*House Resolution 4167*) fue convertida en la Ley

Pública 791 (*Public Law 77 – 791*) y proporcionó la naturalización de ciertos veteranos extranjeros. La ley original dice "Otorgar la nacionalización a ciertos veteranos extranjeros de la Guerra Mundial" (*House Resolution 4167*).

La propuesta 5569 (*House Resolution 5569*) fue convertida en la Ley Pública 601 (*Public Law 77 – 601*) el 10 de junio de 1942. Esta ley modifica una sobre nacionalización y preserva la nacionalidad de ciertos veteranos y de sus familiares, como se expone a continuación: "Modificar la Ley sobre Nacionalidad de 1940 y preservar la nacionalidad de veteranos naturalizados de la guerra entre España y América y de la Guerra Mundial, y de sus mujeres, hijos menores y padres dependientes" (*House Resolution 5569*).

La temática del resto de resoluciones convertidas en leyes públicas en esta sesión es diversa. La Resolución 6646 (*House Resolution 6646*) fue convertida en la Ley Pública 591 (*Public Law 77 – 591*) el 5 de junio de 1942. Determinaba que la ausencia injustificada durante siete años de cualquier individuo ya podía ser considerada como prueba de su fallecimiento. Los detalles que nos aporta el texto original son los siguientes: "La ausencia injustificada de cualquier individuo durante 7 años deberá ser prueba suficiente de muerte según el propósito de las leyes administradas por la Administración de Veteranos" (*House Resolution 6646*).

La Ley Pública 553 (*Public Law 77 – 553*) fue aprobada el 13 de mayo de 1942 tras la propuesta de la Resolución 6926 (*House Resolution 6926*). Esta ley autorizó la cesión de derecho de paso en ciertos terrenos de la Administración de Veteranos para la construcción de una carretera. La redacción original nos indica detalles sobre la localización de los terrenos: "Autorizar al Administrador de Asuntos de Veteranos la cesión de derecho de servidumbre por determinados terrenos pertenecientes a las instalaciones de la Administración de Veteranos, Jefferson Barracks, Mo., al Estado de Missouri por construcción de carretera" (*House Resolution 6926*).

La Resolución 7036 (*House Resolution 7036*) fue convertida en la Ley Pública 661 (*Public Law 77 – 661*) el 16 de junio de 1942. Esta ley autorizó la asistencia de la Banda de la Marina (Marine Band) a la 52ª reunión anual de la Unidad Confederada de Veteranos (*United Confederate Veterans*) que se iba a celebrar en Chattanooga. El texto original es el siguiente: "Autorizar la asistencia de la Banda de la Marina a la 52ª reunión anual de la Unión Confederada de Veteranos a celebrar en Chattanooga, Tenn., del 23 al 26 de junio, ambos inclusive, de 1942" (*House Resolution 7036*).

La Ley Pública 668 (*Public Law 77 – 668*) fue aprobada el 15 de julio de 1942 a partir de la Resolución 7282 (*House Resolution 7282*). Supone la modificación del título otorgado a una ley sobre veteranos americanos de la guerra mundial discapacitados y extensión de la misma ley a veteranos en general. La redacción original se expone a continuación:

Modificar la ley titulada "una Ley para incorporar Veteranos de le Guerra Mundial Incapacitados" por el nombre de "Veteranos Americanos Incapacitados" y extender la elegibilidad de sus miembros a ciudadanos americanos, que con honor fueron separados de las fuerzas militares activas, o de cualquier país aliado con los Estados Unidos, que han sido heridos, lesionados, o incapacitados por razón de dicho servicio activo durante tiempos de guerra (*House Resolution 7282*).

La Resolución 7482 (*House Resolution 7482*) fue convertida en la Ley Pública 783 (*Public Law 77 – 783*) el 2 de diciembre de 1942. Esta ley controla y regula a los veteranos. El desarrollo de esta propuesta hasta ser convertida en ley es el siguiente:

Control de Veteranos, ley de regulación, 1940, modificación. Informe de la Legislación sobre Veteranos de la Guerra Mundial el 23 de julio de 1942; Informe 2386. Calendario de la Unión. Aprobado por la Cámara el 30 de septiembre de 1942. Informe al Senado el 20 de noviembre de 1942; Finanzas. Informe 1703. Aprobado por el Senado el 23 de noviembre de 1942 (*House Resolution 7482*).

Una vez analizadas las nueve medidas propuestas por la Cámara y convertidas en leyes públicas, pasamos a estudiar las dos medidas adicionales de esta que fueron convertidas en leyes privadas. Las Resoluciones 5652 (*House Resolution 5652*) y 7288 (*House Resolution 7288*) coinciden ambas en su finalidad, esto es, eximir de responsabilidad financiera a determinados empleados de la Administración de Veteranos (VA) y conceder crédito en caso necesario.

La Resolución 5652 (*House Resolution 5652*) fue aprobada como Ley Privada 363 (*Private Law 77 – 363*) el 8 de abril de 1942. La redacción original de la misma es la siguiente: "Eximir a ciertos empleados de la Administración de Veteranos de la responsabilidad financiera por ciertos pagos en exceso y conceder crédito para ello en caso necesario en las cuentas de determinados funcionarios pagadores, y para otros propósitos" (*House Resolution 5652*).

La Ley Privada 628 (*Private Law 77 – 628*) fue aprobada el 22 de diciembre de 1942 a partir de la Resolución 7288 (*House Resolution 7288*). El texto original coincide con la Resolución 5652, excepto en la fecha de aprobación y el número de ley.

Una vez analizadas las propuestas de la Cámara de Representantes, pasamos a investigar cuáles fueron las medidas propuestas por el Senado en la segunda sesión del 77º Congreso. Encontramos que el Senado presentó cinco propuestas y todas ellas fueron convertidas en leyes públicas, como recoge la tabla 18:

Leyes Públicas	
Nº Resolución	Nº Ley Pública
658	778
1889	443
2012	433
2080	434
2356	548

Tabla 18. 77º Congreso - Resoluciones del Senado (2ª Sesión).
Elaboración propia.

La Resolución *S658* fue aprobada como la Ley Pública 778 (*Public Law 77 – 778*) el 1 de diciembre de 1942 y hace referencia a los hijos de veteranos. El desarrollo de esta Resolución es el siguiente: "Veteranos, Academias Militares y Navales, hijos. Informe al Senado el 31 de marzo de 1941; Asuntos Militares. Informe 154. Aprobado por el Senado el 4 de abril de 1941. Referido a Asuntos Militares el 15 de abril de 1941. Cumplido por el Comité. Aprobada por la Cámara la modificación el 19 de noviembre de 1942. (…)" (*Senate 658*).

Las cuatro propuestas restantes emitidas por el Senado se refieren todas a la cesión de derecho de servidumbre. La Ley Pública 443 (*Public Law 77 – 443*) fue aprobada el 7 de febrero de 1942 a partir de la propuesta *S1889*. Autorizó el derecho de paso en el condado de Macon, de acuerdo con el articulado correspondiente: "Autorizar al Administrador de los Asuntos de Veteranos la cesión de derecho de servidumbre por cuestiones de construcción de carretera al condado de Macon, Alabama, por un terreno situado en la Instalación de la Administración de Veteranos, Tuskegee, Ala." (*Senate 1889*).

La Ley Pública 433 (*Public Law 77 – 433*) surgió de la propuesta *S2012* y fue aprobada el 6 de febrero de 1942. Autorizó el derecho de servidumbre por Togus, perteneciente al estado francófono de Maine, por ampliación de la calzada. La información original es la siguiente: "Autorizar al Administrador de los Asuntos de Veteranos la cesión de derecho de servidumbre por ciertas tierras de las instalaciones de la Administración de Veteranos, en Togus, Maine, al Estado de Maine, por ampliación de la calzada" (*Senate 2012*).

La propuesta *S2080* fue aprobada como la Ley Pública 434 (*Public Law 77 – 434*) en la misma fecha que la ley anterior. También coinciden en la cesión paso de terreno, pero en este caso, como en el de la Ley Pública 443 (*Public Law 77 – 443*) por construcción de carretera, como se lee en el texto original: "Autorizar al Administrador de los Asuntos de Veteranos la cesión de derecho de servidumbre por en ciertos terrenos del Centro de Administración de Veteranos en Mufreesboro, Tenn., al Condado de Rutherford, Tenn., por construcción de carretera" (*Senate 2080*).

Finalmente, la propuesta *S2356* fue aprobada en la Ley Pública 548 (*Public Law 77 – 548*) el 9 de mayo de 1942. Cedió terrenos en la misma ciudad que la ley anterior, Mufreesboro, pero por instalación de una estación de bombeo de agua. El texto original es el siguiente: "Autorizar al Administrador de los Asuntos de Veteranos la cesión de derecho de servidumbre por en ciertos terrenos del Centro de Administración de Veteranos en Mufreesboro, Tenn., a la ciudad de Murfreesboro, en el Estado de Tennessee, para permitir a la ciudad la construcción y mantenimiento de una estación de bombeo de agua y las tuberías" (*Senate 2356*).

Una vez analizadas las medidas propuestas por ambas Cámaras, continuamos con nuestra investigación siendo fieles a nuestra metodología. Únicamente encontramos una medida vetada en esta segunda sesión, aunque fue propuesta durante la primera. La Resolución 4787 (*House Resolution 4787*) fue vetada el 2 de febrero de 1942. La redacción que presenta el texto original no es tan completa como las anteriores y se percibe un error en su redacción: "La ausencia injustificada de cualquier individuo durante 7 años debe ser considerada como prueba suficiente de muerte según el propósito de las leyes administradas por la Administración de Veteranos" (*House Resolution 4787*).

Nuestro siguiente objeto de investigación son las medidas no convertidas en leyes durante esta sesión. Encontramos catorce medidas, de ellas diez son introducidas por la Cámara de Representantes, dos por el Senado y dos por la congresista Edith Nourse Rogers; como se recoge en la tabla 19:

Nº Resolución		
H.R. 2226	S.876	H.R. 7396
H.R. 4402	S.2822	H.R. 7489
H.R. 6728		
H.R. 6763		
H.R. 6824		
H.R. 6961		
H.R. 7311		
H.R. 7482		
H.R. 7615		
H.R. 7661		

Tabla 19. 77º Congreso - Medidas no convertidas en Leyes - 2ª Sesión.
Elaboración propia.

Pasamos a analizar algunas de las diez medidas propuestas por la Cámara y no convertidas en leyes. La Resolución 2226 (*House Resolution 2226*) hace referencia a la conducta indebida de veteranos. La redacción del texto es la siguiente: "Veteranos, conducta indebida, defensa. Reportado de la Legislación de Veteranos de la Guerra Mundial el 20 de abril de 1942, Informe 2033. Calendario de la Unión 707" (*House Resolution 2226*).

La Resolución 6728 (*House Resolution 6728*) hace referencia a las pensiones de dependientes de veteranos de la Guerra Civil, como se especifica en el texto original: "Veteranos, Guerra Civil, dependientes, pensión. Reportado de Pensiones de Invalidez el 5 de marzo de 1942; Informe 1874. Calendario privado" (*House Resolution 6728*).

La Resolución 7482 (*House Resolution 7482*) también hace referencia a las pensiones de dependientes de veteranos, como detalla el articulado original: "Veteranos de la Guerra Civil, pensión a ciertos dependientes. Reportado de Pensiones de Invalidez el 10 de agosto de 1942; Informe 2394. Calendario Privado" (*House Resolution 7482*).

La propuesta 6763 (*House Resolution 6763*) se refiere a la nacionalización de padres de veteranos de guerra: "Naturalización, padres de veteranos de guerra. Reportado de Inmigración y Naturalización el 17 de octubre de 1942; Informe 2582. Calendario de la Unión. Unión 929" (*House Resolution 6763*).

La Resolución 7615 (*House Resolution 7615*) también se refiere a la nacionalización, pero de veteranos no ciudadanos. El texto de esta se detalla a continuación: "Naturalización de veteranos no ciudadanos. Reportado de Inmigración y Naturalización el 17 de octubre de 1942; Informe 2584. Calendario de la Unión" (*House Resolution 7615*).

La Resolución 6824 (*House Resolution 6824*) hace referencia al nivel de incapacidad de los veteranos, como se detalla en el texto original: "Veteranos, nivel de incapacidad. Reportado de la Legislación de Veteranos de la Guerra Mundial el 20 de abril de 1942; Informe 2036. Calendario de la Unión. Unión 710" (*House Resolution 6824*).

La Resolución 7661 (*House Resolution 7661*) se refiere a la rehabilitación de veteranos con alguna incapacidad, según interpretamos de su articulado: "Veteranos. Rehabilitación de incapacitados. Reportado de la Legislación de Veteranos de la Guerra Mundial el 8 de octubre de 1942; Informe 2521. Calendario de la Unión. (*House Resolution 7661*).

La Resolución 6961 (*House Resolution 6961*) hace referencia a la persona jurídica de los veteranos de la guerra de Filipinas, como detalla el texto original: "Distrito de Columbia, Veteranos Unidos de la Guerra de Filipinas, persona jurídica.

Reportado del Distrito de Columbia el 21 de mayo de 1942. Informe 2146. Calendario de la Cámara" (*House Resolution 6961*).

Analizadas las medidas propuestas por la Cámara y no convertidas en leyes, pasamos a estudiar las dos medidas presentadas por el Senado que tampoco fueron convertidas en leyes. La Resolución S876 hace referencia al incremento de las pensiones a viudas. El texto original es el siguiente: "Incremento en pensiones a ciertas viudas de veteranos. Informe al Senado el 10 de julio de 1941; Pensiones; Informe nº 542" (77th Congress, 2nd Session). La Resolución S2822 supone una ayuda a un veterano en particular: "S. 2822. Ayuda a Kovatis, William. Informe al Senado el 8 de octubre de 1942; Asuntos Navales; (…) el 24 de noviembre de 1942" (*Senate 876*).

El siguiente paso consiste en analizar las dos medidas restantes no convertidas en leyes propuestas por la congresista Edith N. Rogers. La Resolución 7396 (*House Resolution 7396*) fue propuesta el 16 de julio de 1942. Su finalidad era proporcionar la reinserción laboral a los veteranos:

> Un proyecto de ley para proporcionar rehabilitación vocacional e incorporación al empleo civil aquellas personas incapacitadas separadas de las fuerzas militares y navales de los Estados Unidos, (…) La Administración de Veteranos tendrá la potestad de proporcionar cursos adecuados de rehabilitación vocacional a las personas incluidas (…) 80$ al mes para un hombre soltero sin dependientes a su cargo, o para un hombre con dependientes a su cargo 100$ (*House Resolution 7396*).

La Resolución 7489 (*House Resolution 7489*) fue presentada el 13 de agosto de 1942. Pretendía también proporcionar reinserción laboral a los incapacitados en acto de servicio militar durante la guerra actual. La información más relevante del texto original es la siguiente:

> Proporcionar rehabilitación de empleo civil de personas incapacitadas en servicio militar activo y para otros propósitos (…) Cualquier persona que sirviera en servicio militar activo en cualquier momento posterior al 6 de diciembre de 1941 y anterior a la finalización de la guerra actual (…) y que tiene una incapacidad incurrida durante tal servicio (…) tendrá derecho a reciclaje o reeducación (…) El Administrador tendrá la potestad y el deber para prescribir y proporcionar el entrenamiento apropiado (…) por acuerdo o contrato con instituciones o centros públicas o privadas (…) El propósito de la rehabilitación es restaurar la capacidad de inserción laboral (*House Resolution 7489*).

CAPÍTULO V
Legislación sobre veteranos en los años 40 (Parte II)

CAPÍTULO V   LEGISLACIÓN SOBRE VETERANOS EN LOS AÑOS 40 (PARTE II)

En el capítulo anterior analizamos las medidas legislativas que se presentaron en los dos primeros congresos de los años cuarenta (el 76º y el 77º Congreso), y además se dio una detallada explicación sobre los aspectos generales más importantes del Congreso estadounidense, así como el planteamiento de la diferente tipología de actuaciones que se realizan en el mismo. Todo ello con el fin de poder aclarar las diferentes opciones que nos íbamos a encontrar.

En este quinto capítulo de la investigación, y el segundo que examina las medidas legislativas presentadas en los diferentes congresos de los años cuarenta, vamos a estudiar las introducidas en el resto de los congresos de esa década. Es decir, que consideramos en este nuevo capítulo desde el 78º Congreso, cuyo origen data del año 1943, hasta el 81º Congreso, cuya finalización es en el año 1951.

5.1. Medidas presentadas en el 78º Congreso (1943 – 1944)

El 78º Congreso se celebró entre 1943 y 1944. Consta de dos sesiones; la primera se inicia el 6 de enero de 1943 y finaliza el 21 de diciembre de 1943 y la segunda comienza el 10 de enero de 1944 y finaliza el 19 de diciembre de 1944.

Durante la Primera Sesión del Congreso la Cámara de Representantes propuso tres medidas y todas ellas se convirtieron en leyes públicas. El Senado presentó dos y todas ellas también se convirtieron en leyes públicas. Solo una iniciativa resultó vetada y treinta y nueve propuestas no llegaron a convertirse en leyes. De ellas, treinta y tres fueron propuestas por la congresista Edith Nourse Rogers, lo que demuestra su interés por contribuir a la reinserción de los veteranos.

Comenzamos nuestro estudio por aquellas medidas que fueron introducidas por la Cámara y convertidas en leyes, como recogemos en la tabla 20, que presentamos a continuación:

CÁMARA DE REPRESENTANTES	
Leyes Públicas	
Nº Resolución	Nº Ley Pública
H. R.1749	10
H. R.2023	13
H. R.2703	144

Tabla 20. 78ºCongreso -Resoluciones de la Cámara (1ª Sesión).
Elaboración propia.

La Resolución 1749 (*House Resolution 1749*) fue convertida en la Ley Pública 10 (*Public Law 78 – 10*) el 17 de marzo de 1943. Modificó una regulación específica relacionada con veteranos de la Segunda Guerra Mundial, según su texto original: "Modificar la Regulación de Veteranos nº 10 para garantizar la hospitalización, el cuidado domiciliario y ciertos gastos de entierro a determinados veteranos de la Segunda Guerra Mundial" (*House Resolution 1749*).

La Resolución 2023 (*House Resolution 2023*) fue convertida en la Ley Pública 13 (*Public Law 78 – 13*) tras su aprobación el 23 de marzo de 1943 y supuso la renovación de la prima de militares en servicio activo, como se especifica a continuación: "Modificar la sección 301, de la Ley de Veteranos de la Guerra Mundial de 1924, para autorizar la renovación de términos de primas que expiran a los 5 años de aquellos en servicio militar o naval activo y de ciertos otros fuera de los límites continentales de los Estados Unidos, y para otros propósitos." (*House Resolution 2023*).

Para finalizar con las propuestas iniciadas por la Cámara de Representantes, trataremos la Resolución 2703 (*House Resolution 2703*). Su aprobación el 13 de julio de 1943 permitió que se convirtiera en la Ley Pública 144 (*Public Law 78 – 144*) y proporcionó las disposiciones administrativas adecuadas en aquellas leyes relacionadas con pensiones, como indica su texto original: "Proporcionar disposiciones más adecuadas y uniformes en aquellas leyes de veteranos referentes a pago de compensaciones, pensiones y jubilación pagables por la Administración de Veteranos, y para otros propósitos" (*House Resolution 2703*).

A continuación, pasamos a investigar cuáles fueron las propuestas del Senado, convertidas todas ellas en leyes públicas, como indica la tabla 21 que se adjunta a continuación:

Leyes Públicas	
Nº Resolución	Nº Ley Pública
S786	16
S964	170

Tabla 21: 78º Congreso -Resoluciones del Senado (1ª Sesión).
Elaboración propia.

La medida *S786* fue aprobada el 24 de marzo y convertida en la Ley Pública 16 (*Public Law 78 – 16*). Esta ley supuso una modificación de la Ley Pública 2 del 73º Congreso, como indica su articulado original: "Modificar el título I de la Ley Pública 2, 73º Congreso, 20 de marzo de 1933, y las Regulaciones de Veteranos para proporcionar rehabilitación a veteranos incapacitados, y para otros propósitos" (*Senate 786*).

La propuesta *S964* fue aprobada el 25 de octubre de 1943 y convertida en la Ley Pública 170 (*Public Law 78 – 170*) y autorizó el transporte de enseres en vehículos oficiales a empleados de la Administración de Veteranos, como se especifica en la ley original: "Una ley para proporcionar transporte de enseres en vehículos propiedad del Gobierno para empleados de la Administración de Veteranos en estaciones de campo por ausencia de transporte público o privado adecuado" (*Senate 964*).

Únicamente una de las medidas propuestas en esta sesión fue vetada. Se inició en la Cámara de Representantes y está relacionada con la modificación de la regulación de veteranos: "Modificación Regulación de Veteranos número 10. Informado de la Legislación de Veteranos de la Guerra Mundial el 18 de mayo de 1943: Informe número 462. Calendario de la Unión. Aprobado por la Cámara el 8 de junio de 1943" (*House Resolution 986*).

Pasamos a nuestra siguiente fase de investigación. De las treinta y ocho resoluciones no convertidas en leyes, treinta y dos fueron propuestas por la señora Rogers, lo que ratifica su preocupación por los veteranos, como se expone en la tabla 22.

Nº Resolución						
H.R. 338	H.R. 665	H.R. 841	H.R. 1188	H.R. 2820	H.R. 4064	S230
H.R. 339	H.R. 666	H.R. 842	H.R. 1620	H.R. 3623	H.R. 4182	S815
H.R. 374	H.R. 667	H.R. 986	H.R. 1672	H.R. 3779	H.R. 4339	
H.R. 662	H.R. 779	H.R. 1028	H.R. 1751	H.R. 3921	H.R. 4464	
H.R. 663	H.R. 801	H.R. 1029	H.R. 1905	H.R. 3935	H.R. 4500	
H.R. 664	H.R. 840	H.R. 1030	H.R. 1953	H.R. 3973	H.R. 5103	

Tabla 22. 78º Congreso -Medidas no convertidas en Leyes (1ª Sesión).
Elaboración propia.

Como sucede en los Congresos anteriores, este tipo de medidas estaban relacionadas con el incremento de las pensiones, reinserción de veteranos o cesión de terrenos. Dado que con el análisis de los dos anteriores Congresos ya hemos incluido el tipo de desarrollo de estas resoluciones, en esta ocasión no vamos a proceder al análisis de todas ellas.

La medida más interesante es la Resolución 4464 (*House Resolution 4464*) presentada por la señora Rogers solicitando que no se reduzca paga alguna en ciertos casos: "Asegurar que la pensión, compensación o paga de jubilación de un veterano no se reduzca durante su hospitalización o cuidado domiciliario" (*House Resolution 4464*).

A continuación, procedemos a analizar la segunda sesión del 78º Congreso. La Cámara de Representantes propuso un total de diez medidas y todas ellas fueron aprobadas como leyes públicas. El Senado, por su parte, presentó seis medidas de las cuales cinco fueron convertidas en leyes públicas y una en ley privada. No encontramos medidas vetadas en esta sesión. Y, finalmente, siete medias propuestas no se convirtieron en leyes, ni públicas ni privadas. Iniciamos nuestro análisis con las medidas propuestas por la Cámara, como se indica en la tabla 23 seguidamente:

Leyes Públicas			
Nº Resolución	Nº Ley Pública	Nº Resolución	Nº Ley Pública
H.R. 86	471	H.R. 4999	469
H.R. 1744	483	H.R. 5408	494
H.R. 2350	242	H.R. 4115	359
H.R. 3356	312	H.R. 4519	309
H.R. 3377	313	H.R. 5041	462

Tabla 23: 78º Congreso -Resoluciones de la Cámara (2ª Sesión).
Elaboración propia.

Las seis primeras leyes versan sobre las pensiones y la protección a dependientes de veteranos. La Ley Pública 471 (*Public Law 78 – 471*), aprobada el 8 de diciembre de 1944 tras ser propuesta como Resolución 86 (*House Resolution 86*). Estaba relacionada con las pensiones a las viudas de veteranos de la Guerra Civil y su articulado original es el siguiente: "Conceder pensiones a ciertas viudas que no han vuelto a casarse dependientes de veteranos de la Guerra Civil con los que contrajeron matrimonio en los años posteriores a la fecha de 26 de junio de 1905" (*House Resolution 86*).

La Resolución 1744 (*House Resolution 1744*) fue aprobada el 14 de diciembre de 1944 como Ley Pública 483 (*Public Law 78 – 483*) y hace referencia a los familiares de veteranos. El texto original es el siguiente: "Proporcionar protección del Gobierno a viudas e hijos de veteranos de la 1ª Guerra Mundial fallecidos, y para otros propósitos" (*House Resolution 1744*).

La Resolución 2350 (*House Resolution 2350*) fue convertida en la Ley Pública 242 (*Public Law 78 – 242*) el 1 de marzo de 1944 y está relacionada con las pensiones, como indica el texto original: "Liberalizar las leyes del servicio de pensiones relacionadas con veteranos de la Guerra con España, la Insurrección Filipina, y la Expedición de Asistencia de China, y sus dependientes" (*House Resolution 2350*).

La Ley Pública 312 (*Public Law 78 – 312*) fue aprobada el 27 de mayo de 1944 a partir de la Resolución 3356 (*House Resolution 3356*) y se refiere también a las pensiones de veteranos, según su articulado original: "Compensación o pensiones de veteranos. Informe de Legislación de Veteranos de la Guerra Mundial el 11 de octubre de 1943; Informe número 749. Calendario de la Unión. Aprobado por la Cámara el 16 de noviembre de 1943. Informe al Senado el 15 de mayo de 1944" (*House Resolution 3356*).

La Resolución 3377 (*House Resolution 3377*) fue aprobada el 27 de mayo de 1944 como Ley Pública 313 (*Public Law 78 – 313*) y, al igual que las medidas anteriores, hace referencia a las pensiones tal y como indica su articulado original: "Pensiones de Veteranos de la Guerra Mundial. Informe de la Legislación de Veteranos de la Guerra Mundial el 11 de octubre de 1943; Informe 747. Calendario de la Unión. Aprobado por la Cámara el 17 de noviembre de 1943. Informe al Senado el 5 de mayo de 1944; Informe 855" (*House Resolution 3377*).

La Resolución 4115 (*House Resolution 4115*) fue convertida en la Ley Pública 359 (*Public Law 78 – 359*). Esta ley es de especial interés y por ese motivo dedicamos el capítulo 7 para su análisis. La Resolución 4519 (*House Resolution 4519*), convertida en la Ley Pública 309 (*Public Law 78 – 309*) resulta curiosa ya que es una petición de perros adiestrados. El texto original es el siguiente: "Autorizar al Administrador de Asuntos de Veteranos a proporcionar perros guías a veteranos ciegos" (*House Resolution 4519*).

La Resolución 5041 (*House Resolution 5041*) fue aprobada como Ley Pública 462 (*Public Law 78 – 462*). Supuso una modificación sobre legislación de pensiones. El articulado original es el siguiente: "Modificación Regulación de Veteranos. Informado de Pensiones de Invalidez el 12 de septiembre de 1944; Informe de la Unión. Aprobado por la Cámara el 19 de septiembre de 1944. Informe al Senado el 16 de noviembre de 1944; Pensiones; Informe número 1150. Aprobado por el Senado el 27 de noviembre de 1944" (*House Resolution 5041*).

A continuación, pasamos a analizar las seis medidas propuestas por el Senado y convertidas en leyes. La tabla 24 que presentamos ahora enumera dichas medidas:

Leyes Públicas		Leyes Privadas	
Nº Resolución	Nº Ley Pública	Nº Resolución	Nº Ley Privada
S698	300	S1665	418
S872	250		
S1250	439		
S1767	346		
S1543	225		

Tabla 24. 78º Congreso -Resoluciones del Senado (2ª Sesión).
Elaboración propia.

La medida S698 fue convertida en la Ley Pública 300 (*Public Law 78 – 300*) el 11 de mayo de 1944 y supuso una modificación de regulación, como su texto indica:

> Modificar parte II de la Regulación de Veteranos 1(a)." (78th Congress, 2nd Session). La medida S872 fue aprobada el 10 de marzo de 1944 y convertida en la Ley Pública 250 (*Public Law 78 – 250*); referida a beneficios de jubilación, tal y como se especifica en el articulado original: "*S. 872*. Proporcionar beneficios de jubilación a determinadas personas que sirven como Administrador de Asuntos de Veteranos (*Senate 698*).

La medida *S1250* fue convertida en la Ley Pública 439 (*Public Law 78 – 439*) el 27 de septiembre de 1944. Define tanto el deber como la mala conducta, fieles a su texto:

> Revocar la sección 2 de la ley aprobada el 17 de mayo de 1926, que mantiene la pérdida de la paga de personas en servicio militar y naval de los Estados Unidos que están exentos del deber debido a efectos directos de enfermedad venérea por mala conducta, y modificar la Regulación sobre Veteranos nº 10, para definir la línea del deber y mala praxis con propósitos de pensión y compensación (*Senate 1250*).

La Resolución *S1767*, convertida en la Ley Pública 346 (*Public Law 78 – 346*) requiere especial atención y por ello le dedicaremos el capítulo 6 de la presente investigación para profundizar en su análisis y en las repercusiones que tuvo. La medida *S1543* fue convertida en Ley Pública 225 (*Public Law 78 – 225*) el 3 de febrero de 1944. Suponía la protección de pago para veteranos de la Segunda Guerra Mundial: "Proporcionar la protección de pagas a miembros de las fuerzas armadas, y para otros propósitos" (*Senate 1543*).

La propuesta *S1665* fue aprobada el 29 de noviembre de 1944 como la Ley Privada 418 (*Private Law 78 – 418*) y se refería a la exención de pagos: "Liberar a ciertos empleados de la Administración de Veteranos de la responsabilidad financiera de ciertos pagos y permitir el crédito necesario en las cuentas de Guy F. Allen, directivo responsable de pago" (*Senate 1665*).

A continuación, pasamos a analizar las medidas que fueron propuestas, pero no llegaron a convertirse en leyes, como se indica en la tabla 25:

Nº Resolución		
H.R. 539	H. Con. Res. 100	S1726
H.R. 540		
H.R. 735		
H.R. 238		
H.R. 4425		

Tabla 25. 78º Congreso - Medidas no convertidas en Leyes (2ª Sesión).
Elaboración propia.

Las dos primeras resoluciones hacen referencia a veteranos y familiares de estos. El articulado original de la Resolución 539 es el siguiente: "Veteranos, consideración de sus viudas e hijos. Informe del Gobierno el 10 de mayo de 1944; Informe 1432. Calendario de la Cámara" (*House Resolution 539*).

La propuesta *H. Con. Res. 100* hace referencia a impresión de folletos, como indica su texto original: "Cámara de Representantes, impresión de folletos de Veteranos. Informe de Impresión el 19 de septiembre de 1944; Informe 1901. Calendario de la Cámara. Aprobado por la Cámara el 19 de septiembre de 1944. Aprobado por el Senado el 20 de septiembre de 1944" (*House Joint Resolution 100*). Finalmente, la medida *S1726* se refiere a los perros guía, como indica su articulado: "Veteranos, perros guía. Informe al Senado el 5 de mayo de 1944; Finanzas, Informe 853" (*Senate 1726*).

5.2. Medidas presentadas en el 79º Congreso (1945 – 1946)

El 79º Congreso se celebró entre 1945 y 1946. Consta de dos sesiones; la primera se inicia el 3 de enero de 1945 y finaliza el 21 de diciembre de 1945 y la segunda comienza el 14 de enero de 1946 y finaliza el 2 de agosto de 1946.

Durante la Primera Sesión del Congreso, la Cámara de Representantes propuso seis medidas, cinco de ellas se convirtieron en leyes públicas y solo una en privada. El Senado propuso siete medidas, todas ellas convertidas en leyes públicas. Además, el Senado presentó dos medidas conjuntas que fueron aprobadas como leyes públicas. Ninguna medida resultó vetada y cincuenta y ocho propuestas no llegaron a convertirse en leyes, de las que cuarenta y una fueron propuestas por la congresista Edith Nourse Rogers.

Comenzamos nuestro estudio por aquellas medidas introducidas por la Cámara que fueron convertidas en leyes, como se indica en la tabla 26:

Leyes Públicas		Leyes Privadas	
Nº Resolución	Nº Ley Pública	Nº Resolución	Nº Ley Privada
H.R.3118	138	H.R. 3607	140
H.R.3644	182		
H.R.3749	268		
H.R.3868	241		
H.R.4717	293		

Tabla 26. 9º Congreso -Resoluciones de la Cámara (1ª Sesión).
Elaboración propia.

Las cuatro primeras propuestas, convertidas en leyes públicas, suponen una mejora en la calidad de vida de los veteranos. La Resolución 3118 (*House Resolution 3118*) se convirtió en la Ley Pública 138 (*Public Law 79 – 138*) el 6 de julio de 1945 y modificó una ley anterior, como indica su articulado original: "Modificar la sección 100 de la Ley Pública 346 del 78º Congreso, de 22 de junio de 1944, para conceder ciertas prioridades a la administración de Veteranos y para otros propósitos" (*House Resolution 3118*).

La Resolución 3644 (*House Resolution 3644*) fue aprobada el 20 de septiembre de 1945 y convertida en la Ley Pública 182 (*Public Law 79 – 182*), favoreció la mejora de la situación de veteranos, tal y como indica su texto original: "Modificar las Regulaciones de Veteranos para proporcionar intereses adicionales de compensación o pensión y solucionar desigualdades por incapacidades específicas ocurridas en acto de servicio por encima de la incapacidad total" (*House Resolution 3644*).

La Resolución 3749 (*House Resolution 3749*) fue aprobada el 28 de diciembre de 1945 y convertida en la Ley Pública 268 (*Public Law 79 – 268*) y modificó una ley aprobada en 1944, según su articulado original: "Ley de reinserción de militares de 1944, modificación. Informe de la Legislación de Veteranos de la Guerra Mundial de 17 de julio de 1945; Informe 926. Calendario de la Unión. Aprobado por la Cámara el 18 de julio de 1945. Finanzas; Informe 698. Aprobada por el Senado, modificada, el 9 de noviembre de 1945 (…)" (*House Resolution 3749*).

La Resolución 3868 (*House Resolution 3868*) fue aprobada el 3 de diciembre de 1945 y convertida en la Ley Pública 241 (*Public Law 79 – 241*), supuso una mejora en los beneficios de veteranos, como indica su texto original: "Que los veteranos puedan obtener copias de registros públicos en el Distrito de Columbia sin pago de tasa alguna, para uso en la presentación de declaraciones en la Administración de Veteranos" (*House Resolution 3868*).

La Resolución 4717 (*House Resolution 4717*) fue convertida en la Ley Pública 293 (*Public Law 79 – 293*) el 3 de enero de 1946 y supuso la creación de un departamento nuevo en la Administración de Veteranos, como indica su articulado original: "Crear un Departamento de Medicina y Cirugía en la Administración de Veteranos" (*House Resolution 4717*).

La Resolución 3607 (*House Resolution 3607*) fue aprobada el 5 de julio de 1945 y convertida en la Ley Privada 140 (*Private Law 79 – 140*) y hacía referencia a la elección de un cargo en concreto en la Administración de Veteranos, tal y como se indica en su texto original: "Autorizar al presidente la elección del General Omar N. Bradley en la Oficina de Asuntos de Veteranos, sin afectar a su estatus militar ni a sus incentivos" (*House Resolution 3607*).

Una vez analizadas las propuestas de la Cámara de Representantes convertidas en leyes, pasamos a estudiar las del Senado. Encontramos cinco propuestas convertidas en leyes públicas y dos propuestas conjuntas del Senado, como indicamos en la tabla 27:

Leyes Públicas	
Nº Resolución	Nº Ley Pública
S210	7
S530	36
S531	37
S638	45
S880	93
S.J.R 78	189
S.J.R. 122	292

Tabla 27. 79º Congreso -Resoluciones del Senado (1ª Sesión).
Elaboración propia.

La Resolución *S210* fue aprobada el 28 de febrero de 1945 y convertida en la Ley Pública 7 (*Public Law 79 – 7*) y revocó una ley sobre residencia, según su texto original: "Revocar la ley titulada ´Una ley para autorizar la transmisión de propiedad de la residencia del viejo farero en Manitowoc, Wisconsin, a Otto Oas Post, nº 659, Veteranos de Guerras Extranjeras de los Estados Unidos, Manitowoc, Wisconsin, aprobada el 16 de junio de 1938" (*Senate 210*).

Las dos siguientes medidas propuestas se refieren a la gestión de terrenos de veteranos. La propuesta *S530* fue convertida en la Ley Pública 36 (*Public Law 79 – 36*) el 23 de abril de 1945 y supuso la autorización de cesión de un terreno, como indica su articulado original: "Autorizar al Administrador de Asuntos de Veteranos la cesión de un terreno de la Administración de Veteranos, Dallas, Texas, al Condado de Dallas, Texas, para construcción de carretera" (*Senate 530*).

La propuesta *S531* fue aprobada el 23 de abril de 1945, al igual que la medida anterior, y convertida en la Ley Pública 37 (*Public Law 79 – 37*) y hace referencia al traspaso de una escritura de finiquito de un terreno concreto. Su texto original es el siguiente: "Autorizar al Administrador de Asuntos de Veteranos transferir por escritura de finiquito a la ciudad de Los Ángeles, California, para la construcción de una estación de bomberos, el título de cierta propiedad localizada en las instalaciones de la Administración de Veteranos, en Los Ángeles, California" (*Senate 531*).

La propuesta *S638* fue aprobada el 27 de abril de 1945 y convertida en la Ley Pública 45 (*Public Law 79 – 45*) y modificó un código específico de leyes, según su texto original: "Modificar el Código de Leyes del Distrito de Columbia añadiendo una nueva sección, 548a, creando el registro de certificados de veteranos licenciados" *(Senate 638)*.

La propuesta *S880* se convirtió en la Ley Pública 93 *(Public Law 79 – 93)* el 29 de junio de 1945 y designó un lugar para la construcción de un hospital, fieles a su articulado: "Asegurar la designación del hospital de la Administración de Veteranos de los Estados Unidos en Sioux Falls, S. Dak, como Hospital Memorial de Veteranos "Royal C. Johnson" *(Senate 880)*.

La propuesta conjunta del Senado 122 *(S. J. Res. 122)* se convirtió en la Ley Pública 292 *(Public Law 79 – 292)* el 31 de diciembre de 1945 y supuso una modificación de una ley anterior, de acuerdo con su articulado original:

> Modificar la sección 502 de la Ley denominada "Una Ley para facilitar la provisión de vivienda en relación con la defensa nacional, y para otros propósitos", aprobada el 14 de octubre de 1940, rizar una dotación adicional para la provisión de viviendas parar familias de militares con dificultades y para veteranos y sus familias, y para otros propósitos" *(Senate Joint Resolution 122)*.

Una vez analizadas las medidas propuestas por el Senado, y dado que no se presentan medidas vetadas en esta sesión, pasamos a nuestro siguiente punto de investigación, esto es, las medidas propuestas y no convertidas en leyes. La tabla 28 que se adjunta a continuación contribuye a nuestro análisis:

Nº Resolución						
H.R. 192	H.R. 578	H.R. 3384	H.R. 1670	H.R. 3520	H.R. 4099	H.J.R. 43
H.R. 219	H.R. 748	S 442	H.R. 2153	H.R. 3645	H.R. 4464	H.J.R. 251
H.R. 343	H.R. 1128	S1915	H.R. 2213 - 4	H.R. 3685	H.R. 4534	H.J.R. 276
H.R. 427	H.R. 1379	H.R. 327-328	H.R. 2920	H.R. 3818	H.R. 4629	H. J.R.439 -440
H.R. 433	H.R. 2123	H.R. 580-584	H.R. 2949	H.R. 3982		H. J.R.443
H.R. 520	H.R. 3102	H.R.1660 – 1	H.R. 3317	H.R. 4011 - 2		H.R. 1152 - 7
H.R. 571	H.R. 3118	H.R. 1666	H.R. 3426	H.R. 4099		

Tabla 28. 79º Congreso -Medidas no convertidas en leyes (1ª Sesión).
Elaboración propia.

De las cincuenta y nueve medidas propuestas y no aprobadas como leyes, cuarenta y dos fueron iniciativa de la congresista Edith N. Rogers. Se ocupan de asuntos tales como la inmigración, la regulación de veteranos, las pensiones y compensaciones; sin embargo, lo destacable en este caso es la cantidad de medidas propuestas para favorecer la incorporación de mujeres cualificadas al ejército.

Es el caso de la Resolución 1666 (*House Resolution 1666*), propuesta el 22 de enero de 1945 por la señora Rogers. Su finalidad no era únicamente la incorporación de mujeres al servicio militar sino también garantizar la transparencia de dicho proceso. Parte del texto original se detalla a continuación: "Asegurar el registro, selección e inducción de ciertas personas femeninas para el servicio en y con las fuerzas armadas de los Estados Unidos" (*House Resolution 1666*).

Una vez presentadas las medidas de la Primera Sesión del 79° Congreso, pasamos a analizar la actividad legislativa de la Segunda Sesión de dicho congreso. La Cámara de Representantes propuso veinte medidas posteriormente convertidas en leyes. El Senado, por su parte, propuso diez iniciativas y todas ellas fueron aprobadas como leyes públicas. Ninguna medida fue vetada y veintiocho no llegaron a convertirse en leyes.

De las veinte iniciativas propuestas por la Cámara, diecisiete de ellas fueron convertidas en leyes públicas, dos fueron propuestas como resoluciones conjuntas de la Cámara y se convirtieron en leyes públicas también y solo una fue aprobada como ley privada, como se puede comprobar en la tabla 29:

Leyes Públicas				Leyes Privadas	
N° Resolución	N° Ley Pública	N° Resolución	N° Ley Pública	N° Resolución	N° Ley Privada
H.R. 4761	388	H.R. 6153	425	H.R. 4884	435
H.R. 4842	716	H.R. 6343	411		
H.R. 5148	622	H.R. 6371	589		
H.R. 5149	458	H.R. 6811	622		
H.R. 5574	365	H.R. 6836	636		
H.R. 5626	718	H.R. 6900	611		
H.R. 5641	513	H.R. 6903	577		
H.R. 5907	423	H.J.R.316	299		
H.R. 5991	731	H.J.R. 328	341		
H.R. 6069	424	H.R. 6153	425		

Tabla 29. 79° Congreso -Resoluciones de la Cámara (2ª Sesión).
Elaboración propia.

Así pues, vamos a analizar diez de las medidas promovidas por la Cámara y convertidas en leyes y las dos resoluciones conjuntas a título de ejemplo. La Resolución 4761 (*House Resolution 4761*) fue aprobada el 22 de mayo de 1946 y convertida en la Ley Pública 388 (*Public Law 79 – 388*) y hace referencia a la disponibilidad de hogar para veteranos, como indica su texto original: "Facilitar la disponibilidad de alojamiento para los veteranos de segunda Guerra Mundial agilizando la producción y asignación de materiales para la construcción de viviendas y reduciendo el precio excesivo de las viviendas, y para otros propósitos" (*House Resolution 4761*).

La Resolución 4842 (*House Resolution 4842*) se convirtió en la Ley Pública 716 (*Public Law 79 – 716*) el 10 de agosto de 1946 y modificó una ley previa, según su articulado original: "Modificar la ley de 29 de abril de 1943 para permitir dar preferencia a veteranos en la adquisición de ciertas embarcaciones" (*House Resolution 4842*).

La Ley Pública 622 (Public Law 79 – 622) se aprobó el 7 de agosto de 1946 a partir de la Resolución 5148 (*House Resolution 5148*) y se refería a las pensiones, tal y como indica su texto original: "Veteranos, fuerzas enemigas, pensiones. Informe de la Legislación de Veteranos de la Guerra Mundial de 28 de junio de 1.946. Aprobado por el Senado, modificado, el 17 de julio de 1946. La Cámara acepta las modificaciones del Senado el 27 de julio de 1946" (*House Resolution 5148*).

La Resolución 5149 (*House Resolution 5149*) fue aprobada el 27 de junio de 1946 y convertida en la Ley Pública 458 (*Public Law 79 – 458*), sobre la clasificación y galardones de veteranos, como indica su texto original: "Administración de Veteranos, fechas efectivas de clasificación y galardón. Informe de Veteranos de la Guerra Mundial el 21 de marzo de 1946; Informe nº 1800. Calendario de la Unión. Aprobado por la Cámara el 2 de abril informe al Senado el 4 de junio de 1946; Finanzas; Informe 1417" (*House Resolution 5149*).

La Resolución 5574 (*House Resolution 5574*) se convirtió en la Ley Pública 365 (*Public Law 79 – 365*) el 24 de abril de 1946, modificando una resolución anterior, según se desprende de su texto original: "Modificación de la Regulación de Veteranos 1 (a). Informe de la Legislación de Veteranos de la Guerra Mundial el 15 de marzo de 1946. Informe 1716. Aprobada por la Cámara el 1 de abril de 1946. Pasado dos veces por el Senado y presentado en calendario el 2 de abril de 1946" (*House Resolution 5574*).

La Ley Pública 718 (*Public Law 79 – 718*) fue aprobada el 10 de agosto de 1946 a partir de la propuesta de la Resolución 5626 (*House Resolution 5626*) y estaba relacionada con asuntos de militares retirados, según su texto original: "Autorizar a la Administración de Veteranos a nombrar y contratar a militares retirados sin que afecte a su estatus de jubilado, y para otros propósitos" (*House Resolution 5626*).

La Resolución 5641 (*House Resolution 5641*) fue aprobada el 16 de julio de 1946 y convertida en la Ley Pública 513 (*Public Law 79 – 513*) y hacía referencia a veteranos de la guerra con España, de acuerdo con su articulado original: "Autorizar la asistencia de la Banda de Marina en la convención nacional de los Veteranos de la Guerra con España que se celebrará en Milwaukee, Wisconsin, del 4 al 10 de agosto, ambos inclusive, de 1946" (*House Resolution 5641*).

La Resolución 5907 (*House Resolution 5907*) fue aprobada el 22 de junio de 1946 y convertida en la Ley Pública 423 (*Public Law 79 – 423*). Se refiere al cese de terrenos: "Autorizar al Administrador de Asuntos de Veteranos a la cesión de derecho de servidumbre por construcción de carretera a la Mancomunidad de Pensilvania, en ciertas tierras reservadas para el hospital de la Administración de Veteranos, en el Condado de Lebanon, Pensilvania, y para otros propósitos" (*House Resolution 5907*).

La Resolución 5991 (*House Resolution 5991*) fue convertida en la Ley Pública 731 (*Public Law 79 – 731*) el 14 de agosto de 1946 y supuso la concesión de ayudas, según su texto original: "Simplificar y mejorar los servicios de crédito a granjeros (…) creando prioridades para la concesión de préstamos e hipotecas aseguradas que permitan la adquisición de granjas a veteranos, y para otros propósitos" (*House Resolution 5991*).

La Resolución 4884 (*House Resolution 4884*) fue aprobada el 16 de marzo de 1946 y convertida en la Ley Privada 552 (*Private Law 79 – 552*). Eximía de responsabilidad económica a los veteranos, tal y como indica la ley: "Liberar a ciertos empleados de la Administración de Veteranos de la Responsabilidad financiera de ciertos pagos y permitir crédito, en caso necesario, en las cuentas de Guy F. Allen, funcionario responsable de pago" (*House Resolution 4884*).

La Resolución Conjunta 319 (*House Joint Resolution 316*) fue aprobada el 14 de febrero de 1946, convertida en la Ley Pública 299 (*Public Law 79 – 299*), supuso reajustes económicos, fieles a su texto original: "Realizar una apropiación adicional para el año fiscal 1946 por reajuste de beneficios en la Administración de Veteranos" (*House Joint Resolution 316*).

La Resolución Conjunta 328 (*House Joint Resolution 328*) fue aprobada el 12 de abril de 1946 y convertida en la Ley Pública 341 (*Public Law 79 – 341*). Al igual que la medida anterior, se refería a asuntos económicos como indica su texto original: "Realizar una asignación adicional para proporcionar hogares a veteranos y los gastos relacionados" (*House Joint Resolution 328*).

A continuación, pasamos a analizar la labor legislativa llevada a cabo en la segunda sesión del 79º Congreso por el Senado. De las diez medidas propuestas, todas ellas fueron aprobadas como leyes públicas, como recoge la siguiente tabla:

| Leyes Públicas ||
Nº Resolución	Nº Ley Pública
S706	529
S1578	494
S1757	375
S1821	336
S1955	385
S1961	380
S2099	511
S2100	673
S2256	675
S2477	679

Tabla 30. 79º Congreso -Resoluciones del Senado (2ª Sesión).
Elaboración propia.

Analizamos cinco de ellas pues su contenido es bastante similar. La propuesta *S706* fue aprobada el 24 de julio de 1946 y convertida en la Ley Pública 529 (*Public Law 79 – 529*). Supuso la modificación de una ley anterior, como indica su articulado original: "Modificar la Regulación de Veteranos 9 (a), con sus enmiendas, para incrementar el límite de la cantidad a pagar con relación a los gastos de deceso y funeral de veteranos" (*Senate 706*).

La propuesta *S1578* fue aprobada el 9 de julio de 1956 como Ley Pública 494 (*Public Law 79 – 494*), define los términos "pensión" y compensación" según las leyes de la Administración de Veteranos, como indica su texto original: "Clarificar los términos de compensación y pensión de acuerdo con las leyes de la Administración de Veteranos. Informe al Senado el 4 de junio de 1946. Referido a la Legislación de Veteranos de la Guerra Mundial el 18 de junio de 1946. Informe de 28 de junio de 1946; Informe nº 2425. Calendario de la Unión" (*Senate 1578*).

La propuesta *S1757* fue aprobada el 3 de mayo de 1946 y convertida en la Ley Pública 375 (*Public Law 79 – 375*) y supone una modificación de una ley de 1944, como indica su articulado original: "Modificar la Ley de Excedente de Propiedad de 1944 relacionada con la preferencia de veteranos, y para otros propósitos" (*Senate 1757*).

La propuesta *S1821* fue aprobada el 28 de marzo de 1946 y convertida en Ley Pública 336 (*Public Law 79 – 336*), modificando una ley ya aprobada, según su articulado: "Modificar la Sección 502 de la Ley llamada "Ley para expedir la provisión de hogar en relación con la defensa nacional y para otros propósitos", aprobada el 14 de octubre de 1940, con sus enmiendas, para autorizar la apropiación de los fondos necesarios para proporcionar vivienda para familias de militares en crisis y para veteranos y sus familia" (*Senate 1821*).

La propuesta *S1955* se convirtió en la Ley Pública 385 (*Public Law 79 – 385*) tras su aprobación el 18 de mayo de 1946 y hacía referencia al bienestar de los veteranos, según indica su articulado original: "Autorizar a los Comisarios del Distrito de Columbia a proporcionar los servicios necesarios para que los hogares de veteranos estén edificados y amueblados por el Administrador Nacional de la Vivienda" (*Senate 1955*).

Una vez analizadas las medidas que fueron aprobadas, pasamos a investigar las propuestas no convertidas en leyes, relacionadas en la tabla 31:

Nº Resolución			
H.R. 7130	H.R. 5334	H.R. 5910	H.R. 7115
H.R. 7171	H.R. 5399	H.R. 6114	H.R. 7131
S1877	H.R. 5553	H.R. 6178	H.J.R. 305
S2018	H.R. 5576	H.R. 6304	H.J.R. 676
S2235	H.R. 5690	H.R. 6552	H.J.R. 760
S2354	H.R. 5702	H.R. 6587	
H.R. 5246	H.R. 5909	H.R. 7033	

Tabla 31. 79º Congreso- Medidas no convertidas en leyes (2ª Sesión).
Elaboración propia.

De las veintiséis medidas presentadas en esta sesión y no convertidas en leyes, diecinueve fueron iniciativa de la congresista Edith N. Rogers. Al igual que en las sesiones anteriores, el tipo de medidas propuestas tenía como finalidad facilitar la reinserción de los veteranos en la sociedad civil. Un ejemplo es la 6114 (*House Resolution 6114*) presentada el 13 de abril de 1946: "Un proyecto de ley para autorizar el suministro de motor a veteranos seriamente discapacitados, y para otros propósitos" (*House Resolution 6114*).

Presentamos ahora un documento inédito de gran interés para nuestra investigación. Corresponde a una entrevista realizada a la señora Rogers en agosto de 1946 a las 7:45 p.m. El motivo fue el desarrollo de la segunda sesión del congreso, como indica el articulado original:

> Sr. Tully: Durante la pasada sesión del Congreso, Congresista Rogers, usted ha demostrado tener más interés que ningún otro miembro de la Cámara o del Senado en la legislación necesaria para suministrar automóviles a veteranos de las fuerzas

armadas que han sufrido amputaciones durante la guerra. ¿Cuál es la situación actual con respecto a la legislación?

Sra. Rogers: Tras largas y amargas discusiones, la propuesta de ley 6304 (…) fue finalmente aprobada de forma mutilada (…) para todos los amputados y aquellos veteranos que han perdido el uso de sus extremidades (…) Confío en que el próximo Congreso continuará aprobando la legislación que permita dar a nuestros veteranos los beneficios que tan justamente se merecen" (AESL-RIAS, 8, 135)

5.3. Medidas presentadas en el 80º Congreso (1947 – 1948)

El 80º Congreso se celebró en el periodo comprendido entre 1947 y 1948. Consta de dos sesiones; la primera sesión se inicia el 3 de enero de 1947 y finaliza el 19 de diciembre de 1947. La segunda sesión comienza el 6 de enero de 1948 y finaliza el 31 de diciembre de 1948.

Durante la Primera Sesión del Congreso, la Cámara de Representantes propuso doce medidas y todas ellas se convirtieron en leyes públicas. El Senado propuso cuatro, todas ellas también convertidas en leyes públicas y una propuesta fue una resolución conjunta del Senado. Ninguna medida resultó vetada y noventa no llegaron a convertirse en leyes. Comenzamos nuestro estudio por las introducidas por la Cámara que fueron convertidas en leyes, como se indica en la tabla 32:

CÁMARA DE REPRESENTANTES	
Leyes Públicas	
Nº Resolución	Nº Ley Pública
H.R. 1327	34
H.R. 1353	5
H.R. 1844	83
H.R. 1888	216
H.R. 1997	154
H.R. 2181	377
H.R. 2368	155
H.R. 3308	338
H.R. 3394	368
H.R. 3546	316
H.R. 3739	288
H.R. 3961	270

Tabla 32. 80º Congreso -Resoluciones de la Cámara y del Senado (1ª Sesión).
Elaboración propia.

Analizamos seis de las doce propuestas debido a la coincidencia en sus contenidos. La Resolución 1327 (*House Resolution 1327*) fue convertida en la Ley Pública 34 (*Public Law 80 – 34*) tras su aprobación el 15 de abril de 1947, referida a las pólizas de veteranos, como se indica: "Términos de primas de veteranos a 5 años. Informe de Asuntos de Veteranos el 5 de febrero de 1947; Informe nº 18. Calendario de la Unión. Aprobado por la Cámara el 13 de marzo de 1947 (…). Aprobado por el Senado el 7 de abril de 1947. Aprobada el 15 de abril de 1947. Ley Pública 34" (*House Resolution 1327*).

La Resolución 1353 (*House Resolucion 1353*) fue aprobada el 21 de febrero de 1947 y convertida en la Ley Pública 5 (*Public Law 80 – 5*), que suponía una modificación de una Ley de 1940 sobre seguros de vida, según su texto original: "Modificación de la Ley Sobre Seguro de Vida Nacional de 1940. Informe a Asuntos de Veteranos el 29 de enero de 1947; Informe no. 13. Calendario de la Unión. Aprobado por la Cámara el 29 de enero de 1947. Informe al Senado el 7 de febrero de 1947; Finanzas; Informe nº 22. Aprobado por el Senado el 17 de febrero de 1947" (*House Resolucion 1353*).

La Resolución 1844 (*House Resolution 1844*) se convirtió en la Ley Pública 83 (*Public Law 80 – 83*) tras su aprobación el 31 de mayo de 1947 y supuso una autorización para ceder derecho de paso por determinados terrenos, como indica su articulado original: "Autorizar al Administrador de Asuntos de Veteranos a ceder derecho de servidumbre por tierras pertenecientes a los Estados Unidos bajo su supervisión y control, y para otros propósitos" (*House Resolution 1844*).

La Resolución 1888 (*House Resolution 1888*) fue aprobada el 23 de julio de 1947 y convertida en la Ley Pública 216 (*Public Law 80 – 216*), supuso la incorporación de una asociación de veteranos, según su texto original: "Incorporar la asociación *AMVETS*, Veteranos Americanos de la Segunda Guerra Mundial" (*House Resolution 1888*).

La Resolución 1997 (*House Resolution 1997*) se convirtió en la Ley Pública 154 (*Public Law 80 – 154*) tras su aprobación el 1 de julio de 1947. Confirió beneficios a aquellos oficiales que no pudieron promocionar en el cuerpo por prestar servicio en las fuerzas armadas durante la Segunda Guerra Mundial, como se lee en el texto original: "Proporcionar beneficios por antigüedad a determinados oficiales y miembros de las fuerzas de la Policía Metropolitana y del Departamento de Bomberos del Distrito de Columbia que son veteranos de la Segunda Guerra Mundial y perdieron la oportunidad de promocionar por haber prestado servicio en las fuerzas armadas de los Estados Unidos" (*House Resolution 1997*).

La Resolución 2181 (*House Resolution 2181*) fue aprobada el 6 de agosto de 1947 y convertida en la Ley Pública 377 (*Public Law 80 – 377*) y se refiere a la formación institucional de veteranos, según su texto original: "Relacionada con la formación institucional sobre el terreno para veteranos. Aprobada el 6 de agosto de 1947. Ley Pública 377" (*House Resolution 2181*).

Una vez analizadas las propuestas de la Cámara de Representantes convertidas en leyes, pasamos a estudiar las propuestas del Senado. Encontramos tres que fueron aprobadas como leyes públicas y una propuesta conjunta del Senado, convertida también en ley pública, como indicamos en la tabla 33 que se adjunta a continuación:

Leyes Públicas	
Nº Resolución	Nº Ley Pública
S1135	94
S1494	325
S1633	275
S.J.R. 115	91

Tabla 33. 80º Congreso -Resoluciones del Senado (1ª Sesión).
Elaboración propia.

Las dos primeras propuestas suponen una modificación de una ley de 1944 y las dos últimas, corresponden a dos autorizaciones de servicios. La propuesta *S1135* fue aprobada el 14 de junio de 1947 y convertida en la Ley Pública 94 (*Public Law 80 – 94*), y su articulado original es el siguiente: "Ampliar a un año ciertas provisiones de la Sección 100 de la Ley de 1944 sobre Readaptación de Veteranos, y sus enmiendas, relativa a la autoridad del administrador de Asuntos de Veteranos para subscribir contratos de arrendamiento no excediendo los 5 años" (*Senate 1135*).

La propuesta *S1633* fue aprobada el 30 de julio de 1947 y convertida en la Ley Pública 275 (*Public Law 80 – 275*) y supuso una autorización a la Banda de Marina: "Autorizar la asistencia de la Banda de los Infantes de Marina a la Convención Nacional de la Legión Americana que se celebrará en Nueva York, entre los días 28 y 31 de agosto de 1947, y a la Convención Nacional de Veteranos de Guerras en el Extranjero, de los Estados Unidos, que tendrá lugar en Cleveland, Ohio, entre los días 4 y 9 de septiembre de 1947" (*Senate 1633*)

La propuesta conjunta del Senado (*S.J. Res 115*) fue aprobada el 14 de junio de 1947 y convertida en la Ley Pública 91 (*Public Law 80 – 91*). Autorizaba al administrador de Veteranos a tomar decisiones concretas sobre oficinas en el extranjero, de acuerdo con su texto original: "Autorizar al administrador de Asuntos de Veteranos a establecer y garantizar la continuidad de oficinas en el territorio de la República de Filipinas" (*Senate Joint Resolution 115*).

Una vez analizadas las medidas propuestas por el Senado, y dado que no se presentan medidas vetadas en esta sesión, pasamos a nuestro siguiente punto, aquellas que no fueron convertidas en leyes. Un total de noventa propuestas no llegaron a ser aprobadas. De esas noventa, cincuenta y cinco fueron iniciativa de la congresista Edith N. Rogers. La tabla 34 que se adjunta a continuación contribuye a nuestro análisis:

Nº Resolución						
H.R. 120	H.R. 3583	S 1154	H.R. 288-9	H.R. 1055-6	H.R. 2176	H.R. 4073
H.R. 136	H.R. 3623	S 1236	H.R. 307-313	H.R. 1103	H.R. 2368	H.R. 4077
H.R. 271	H.R. 3888	S 1293	H.R. 319	H.R. 1235	H.R. 2409	H.R. 4119
H.R. 739	H.R. 3961	S 1356	H.R. 380 – 5	H.R. 1266	H.R. 2671	H.R. 4162
H.R. 966	H.R. 4007	S 1369	H.R. 484 – 8	H.R. 1267 – 8	H.R. 2713 – 6	H.R. 4478 -9
H.R. 969	H.R. 4167	S 1375	H.R. 580	H.R. 1327 – 8	H.R. 2741	H.R. 4488
H.R. 1335	H.R. 4243	S 1391	H.R. 588	H.R. 1352 – 3	H.R. 3002	H.R. 4510
H.R. 1389	H.R. 4309	S 1392	H.R. 677 – 8	H.R. 1426	H.R. 3060	H.R. 4651
H.R. 2780	H.R. 4651	S 1557	H.R. 807 – 8	H.R. 1527	H.R. 3249	H.R. 4811
H.R. 3016	S 86	H.R. 143	H.R. 870	H.R. 1641	H.R. 3571	H.R. 4825
H.R. 3060	S 416	H.R. 257	H.R. 969	H.R. 1844	H.R. 3599	H.J.R. 196
H.R. 3516	S 999	H.R. 258	H.R. 970	H.R. 2003	H.R. 3803	H.J.R. 204
H.R. 3565	S 1056	H.R. 284	H.R. 975	H.R. 2106 – 7	H.R. 3814	

Tabla 34. 80º Congreso -Medidas no convertidas en leyes (1ª Sesión).
Elaboración propia.

El contenido de estas propuestas es similar a las de las medidas no convertidas en leyes en los congresos anteriores. Asimismo, es evidente el interés de la congresista de Massachusetts por ayudar a los veteranos. Consideramos que hay documentos inéditos encontrados en nuestra investigación que son de interés para la misma. Uno de ellos es la carta enviada por el señor John Jacob Rogers a un veterano en concreto como contestación a su sugerencia sobre la Ley Pública 662 (*Public Law 79 – 662*) del 79º Congreso:

Gracias por su carta y por su felicitación tras mi nombramiento como Presidente del Comité de Asuntos de Veteranos de la Cámara de Representantes. Agradezco su sugerencia como legislación correctiva en lo que afecta a la Ley Pública 662. Confío en que algo podamos preparar pues resultará beneficioso y puede estar seguro de que este asunto recibirá mi constante atención (AESl-RIAS, 2, 23).

Otro documento relevante es una carta enviada por el señor L. E. Peterson, del Departamento de Ohio perteneciente a la U.S.W.V. (*United Spanish War Veterans*), a la señora Rogers para agradecerle el apoyo que brinda a los veteranos y el incremento de pensión propuesto, tal y como indica su texto original:

En nombre de mis camaradas, viudas y dependientes de mis colegas fallecidos y en el mío propio aprovecho esta oportunidad para agradecerle en nombre de todos que haya hecho posible que se promulgue la Resolución 3961 proporcionando un incremento del veinte por ciento en nuestras pensiones. Este incremento nos llega en un momento en el que todos estamos muy necesitados y estamos profundamente agradecidos ya que por tu ayuda esto ha sido posible. Reiteramos nuestro agradecimiento y confiamos en poder, de alguna manera, compensarle (AESL-RIAS, 2, 25).

Una vez presentadas las medidas de la Primera Sesión del 80º Congreso, pasamos a analizar la actividad desarrollada durante la Segunda Sesión de este. La Cámara de Representantes propuso veinticinco medidas convertidas en leyes. El Senado, por su parte, propuso trece medidas, doce aprobadas como leyes públicas y una como ley privada. Solo una fue vetada y noventa y cuatro no llegaron a convertirse en leyes.

De las veinte medidas propuestas por la Cámara, dieciocho de ellas fueron resoluciones de la Cámara y una de ellas fue Resolución Conjunta de la Cámara y diecinueve fueron aprobadas en leyes públicas. Solo una medida fue aprobada como ley privada. La tabla que se adjunta a continuación contribuye a clarificar nuestro estudio:

Leyes Públicas						Leyes Privadas	
Nº Resolución	Nº Ley	Nº Resolución	Nº Ley	Nº Resolución	Nº Ley	Nº Resolución	Nº Ley
H.R. 1426	396	H.R. 4917	802	H.R. 6188	751	H.R. 333	430
H.R. 1562	531	H.R.4943	474	H.R. 6234	722		
H.R. 3889	748	H.R. 4962	762	H.R. 6716	726		
H.R. 4055	398	H.R. 5065	706	H.R. 6730	661		
H.R. 4141	429	H.R. 5134	660	H.J.R.445	904		
H.R. 4244	702	H.R. 5244	596				
H.R. 4478	473	H.R. 5508	888				

Tabla 35. 80º Congreso -Resoluciones de la Cámara de Representante (2ª Sesión).
Elaboración propia.

Analizamos diez de las medidas propuestas por la Cámara. La Ley Privada 430 (*Private Law 80 – 430*) fue aprobada el 29 de junio de 1948 tras la propuesta de la Resolución 333 (*House Resolution 333*) y se refería a veteranos de la Segunda Guerra Mundial, según su articulado original: "Para asistencia a varios residentes de Alaska, veteranos de la Segunda Guerra Mundial. Aprobada el 29 de junio de 1948. Ley Privada 430" (*House Resolution 333*).

La Resolución Conjunta de la Cámara 445 (*House Joint Resolution 445*) fue aprobada el 3 de agosto de 1948 y convertida en la Ley Pública 904 (*Public Law 80 – 904*) y realizó ciertas asignaciones a veteranos, según su texto original: "Realizar dotaciones a la Agencia de Financiación de la Vivienda y a la Administración de Veteranos" (House Joint Resolution 445).

La Resolución 1426 (*House Resolution 1426*) fue aprobada el 19 de enero de 1948 y convertida en la Ley Pública 396 (*Public Law 80 – 396*), referida a beneficios, según la ley original: "Extender los beneficios de preferencia de veteranos a madres viudas de soldados" (*House Resolution 1426*).

La Ley Pública 531 (*Public Law 80 – 531*) fue aprobada el 18 de mayo de 1948 tras la propuesta de la Resolución 1562 (*House Resolution 1562*) y suponía una ayuda en la adquisición de vivienda a veteranos incapacitados, según su texto original: "Veteranos incapacitados. Ayuda Federal para hogares. Informe de los Servicios Armados 8 de abril de 1948; Informe 1702. Calendario de la Unión. Aprobado por la Cámara el 20 de abril de 1948 (…) Aprobado por el Senado el 10 de mayo de 1948" (*House Resolution 1562*).

La Resolución 3889 (*House Resolution 3889*), convertida en la Ley Pública 748 (*Public Law 80 – 748*) tras su aprobación el 24 de junio de 1948, suponía una modificación de una legislación anterior, tal y como indica su texto original: "Modificar la Regulación de Veteranos 1(a), partes I y II, y sus enmiendas, para establecer la suposición de conexión entre el servicio y enfermedades crónicas y tropicales" (*House Resolution 3889*).

La Resolución 4055 (*House Resolution 4055*) fue aprobada el 19 de enero de 1948 y convertida en la Ley Pública 398 (*Public Law 80 – 398*). Supuso un incremento de pensión, según su texto original: "Proporcionar incrementos en las pensiones a pagar a veteranos de la Guerra India y a los dependientes de dichos veteranos" (*House Resolution 4055*).

La Resolución 4244 (*House Resolution 4244*), convertida en la Ley Pública 702 (*Public Law 80 – 720*) tras su aprobación el 19 de junio de 1948, autorizaba la asistencia a los veteranos necesitados, según su texto original: "Autorizar asistencia a ciertos veteranos para la adquisición especial de las viviendas adaptadas que puedan necesitar por incapacidad relacionada con el servicio prestado" (*House Resolution 4244*).

La Ley Pública 473 (*Public Law 80 – 473*) fue aprobada el 3 de abril de 1948 tras la propuesta de la Resolución 4478 (*House Resolution* 4478) y supuso una concesión de autoridad específica, siendo fiel al texto de la medida: "Proporcionar autorización básica para ciertos gastos administrativos a la Administración de Veteranos, y para otros propósitos" (*House Resolution 4478*).

La Resolución 4943 (*House Resolution 4943*) fue aprobada el 13 de abril de 1948 y convertida en la Ley Pública 474 (*Public Law 80 – 474*). Al igual que la propuesta anterior, concedía autorización específica, de acuerdo con su articulado original: "Ampliar la autoridad del Administrador de Asuntos de Veteranos para establecer y garantizar la continuidad de oficinas en el territorio de la República de Filipinas" (*House Resolution 4943*).

La Ley Pública 762 (*Public Law 80 – 762*) fue aprobada el 24 de junio de 1948 tras la propuesta de la Resolución 4962 (*House Resolution 4962*) y garantizaba la pensión a las viudas de veteranos, según su texto original: "Proporcionar pensiones a ciertas viudas de veteranos de la guerra con España, incluyendo a las de la Rebelión de los Boxers y a los de la Insurrección Filipina" (*House Resolution 4962*).

Una vez analizadas las propuestas de la Cámara de Representantes aprobadas ya como leyes, pasamos a estudiar las propuestas del Senado. Encontramos doce propuestas convertidas en leyes públicas y una en ley pública, como indicamos en la tabla 36:

Leyes Públicas				Leyes Privadas	
Nº Resolución	Nº Ley Pública	Nº Resolución	Nº Ley Pública	Nº Resolución	Nº Ley Privada
S595	876	S2288	689	S1771	341
S1035	577	S2821	877		
S1393	512	S2825	868		
S1394	411	S2849	797		
S1493	741	S2861	865		
S1494	325				
S1791	682				

Tabla 36. 80º Congreso -Resoluciones del Senado (2ª Sesión).
Elaboración propia.

Analizamos seis de las medidas convertidas en leyes por similitud de contenido. La propuesta *S1771* fue aprobada el 9 de junio de 1948 y convertida en la Ley Privada 341 (*Private Law 80 – 341*) y autorizó un traspaso de terrenos, según su texto original:

"Autorizar al Secretario de Interior a traspasar ciertos terrenos en la ciudad de Powell, Wyo., por proyecto de reclamación de los Shoshone, Wyo., a James S. McDonald Post 5054, Veteranos de Guerras Extranjeras. Powell. Wyo." (*Senate 1771*).

La propuesta *S595* se aprobó el 2 de julio de 1948 y convertida en la Ley Pública 876 (*Public Law 80 – 876*) y se refiere a compensaciones a veteranos, tal y como indica su articulado original: "Compensación a veteranos incapacitados. Informe al Senado el 7 de junio de 1948, Finanzas; Informe 1521. Aprobada por el Senado el 10 de junio de 1948 (…) Aprobada por la Cámara el 19 de junio de 1948" (*Senate 595*).

La Ley Pública 577 (*Public Law 80 – 577*), aprobada el 3 de junio de 1948 tras la propuesta *S1035*, contribuyó a la mejora de servicios, según su texto original: "Proporcionar la adquisición del hospital en Camp White, Medford, Oreg., y el Hospital General de Schick, Clinton, Iowa, para uso como instalación domiciliaria por la Administración de Veteranos" (*Senate 577*).

La propuesta *S1393* fue aprobada el 4 de mayo de 1948 y convertida en la Ley Pública 512 (*Public Law 80 – 512*) y favoreció la mejora económica de veteranos, según su ley: "Proporcionar dietas adicionales y aumentar los límites de los salarios y dietas correspondientes a ciertos veteranos" (*Senate 1393*).

La Ley Pública 411 (*Public Law 80 – 411*) fue aprobada el 14 de febrero de 1948 tras la propuesta *S1394* y, al igual que la anterior propuesta, también supuso una mejora económica a los veteranos, siguiendo su articulado original: "Proporcionar un incremento en las dietas de veteranos siguiendo cursos bajo la Ley de Reinserción de 1944, y sus enmiendas, y para otros propósitos" (*Senate 1394*).

La propuesta *S1493* fue aprobada el 22 de junio de 1948, convertida en la Ley Pública 741 (*Public Law 80 – 741*), modificó una ley anterior, según su texto original: "Modificar la sección 19 de la Ley de Preferencia a Veteranos de 27 de junio de 1948 (58 Stat. 387), y para otros propósitos" (*Senate 1493*).

Una vez analizadas las medidas propuestas por la Cámara y por el Senado, analizamos la medida *S2794* que fue vetada en esta sesión y cuya finalidad era conseguir un incremento de la paga, como se desprende del texto original: "Autorizar al Administrador de Asuntos de Veteranos a ordenar el pago por ciertas posiciones en instalaciones sobre el terreno" (*Senate 2794*).

A continuación, presentamos aquellas medidas que no fueron aprobadas en esta sesión del Congreso. De las noventa y cuatro, sesenta y cinco fueron propuestas por la congresista Edith N. Rogers, por lo que queda una vez más reflejado su interés por la reinserción de veteranos. La tabla 37 pone de manifiesto está actividad legislativa:

Nº Resolución					
H.R. 246	H.R. 6656	S2807	H.R. 614	H.R. 5734	H.R. 6745
H.R. 451	H.R. 6958	S2820	H.R. 616	H.R. 5769	H.R. 6958
H.R. 3748	H.R. 6958	S2919	H.R. 625-632	H.R. 5820	H.R. 7091
H.R. 4073	H.J.R. 196	H.R. 307	H.R. 662-670	H.R. 6115	S2825
H.R. 4159	S416	H.R. 310	H.R. 693-4	H.R. 6212	
H.R. 4212	S1644	H.R. 315	H.R. 4878	H.R. 6234	
H.R. 4488	S2224	H.R. 344	H.R. 4943	H.R. 6250	
H.R. 5464	S2580	H.R. 437-444	H.R. 5045	H.R. 6550	
H.R. 5588	S2772	H.R. 474	H.R. 5086	H.R. 6589	
H.R. 5680	S2773	H.R. 475	H.R. 5091	H.R. 6656	
H.R. 6079	S2793	H.R. 535-7	H.R. 5110	H.R. 6716	
H.R. 6439	S2794	H.R. 576	H.R. 5134	H.R. 6730	
H.R. 6635	S2806	H.R. 607	H.R. 5629	H.R. 6737	

Tabla 37. 80º Congreso -Medidas no convertidas en leyes (2ª Sesión).
Elaboración propia.

El contenido de estas medidas coincide con el de congresos anteriores. Consideramos de interés destacar una serie de documentos inéditos fruto de la estancia de investigación en la biblioteca *Schlesinger Library* de la Universidad de Harvard para nuestro objeto de estudio.

El primer documento es una carta, con fecha 9 de junio de 1948, que envía la señora Rogers a un veterano para indicar que se ha incluido un servicio público más en una ley determinada, de acuerdo con su texto original: "Estimado Sr. Martin, (...) Me complace comunicarle que el Hospital Schick está incluido en la Ley Pública 577 del 80º Congreso. Es gratificante saber que mis esfuerzos en nombre de los veteranos han resultado útiles. Atentamente, Presidente" (AESL-RIAS, 2, 7).

El 1 de julio de 1948, el presidente del Comité Nacional de Legislación envía una carta a la congresista Rogers agradeciendo sus esfuerzos, tal y como recoge el texto original:

Querida Sra. Rogers: En nombre de todos los miembros de esta organización, quisiera expresarle mi agradecimiento por su colaboración para la aprobación de la Resolución 4962 y por su consideración favorable para la Resolución 5464. La

Resolución 5464 no ha sido aprobada (…) Dado que la Resolución 4962 es ahora la (…). Ley Pública 762, sé que todos los miembros beneficiados de su aprobación recordarán sus esfuerzos en términos de gratitud (AESL-RIAS, 2, 7).

A este respecto, la señora Rogers contesta el 13 de julio de 1948: "Puede estar seguro de que continuaré trabajando lo suficientemente duro para asegurar que se apruebe la legislación que considero necesaria para el bienestar de nuestros veteranos" (AESL-RIAS, 2, 7).

5.4. Medidas presentadas en el 81º Congreso (1949 y 1951)

El 81º Congreso se celebró en el periodo entre 1949 y 1951. Consta de dos sesiones; la primera sesión se inicia el 3 de enero de 1949 y finaliza el 19 de octubre de 1949. La segunda sesión comienza el 3 de enero de 1950 y finaliza el 2 de enero de 1951.

Durante la Primera Sesión del Congreso, la Cámara de Representantes propuso seis medidas, una de ellas conjunta, y todas se convirtieron en leyes públicas. El Senado propuso doce, diez de ellas fueron aprobadas como leyes públicas y una como ley privada. Dos fueron vetadas y sesenta y una propuestas no llegaron a convertirse en leyes. Comenzamos nuestro estudio por las introducidas por la Cámara que fueron convertidas en leyes, como se indica en la tabla 38 seguidamente:

CÁMARA DE REPRESENTANTES			
Leyes Públicas			
Nº Resolución	Nº Ley Pública	Nº Resolución	Nº Ley Pública
H.R. 2662	233	H.R. 5598	339
H.R. 3341	88	H.R. 6022	349
H.R. 4646	193	H.J.R. 222	43

Tabla 38. 81ºCongreso -Resoluciones de la Cámara (1ª Sesión).
Elaboración propia.

La Resolución 2662 (*House Resolution* 2662) fue convertida en la Ley Pública 233 (*Public Law 81 – 233*) el 16 de agosto de 1949 y contribuyó a la mejora de derechos de los veteranos, como refleja el texto original: "Veteranos, empleados federales, día libre para asistencia a funerales. Informe de la Oficina de Correos y Administración Pública el 8 de abril de 1949 (…) Aprobada por la Cámara el 2 de mayo de 1949 (…) Aprobada por el Senado el 9 de agosto de 1949" (*House Resolution* 2662).

La Ley Pública 88 (*Public Law 81 – 88*) fue aprobada el 1 de agosto de 1949 tras la propuesta de la Resolución 3341 (*House Resolution 3341*) y autorizó una asistencia a un acto oficial, según su articulado original: "Autorizar la asistencia de la Banda de los Infantes de Marina de los Estados Unidos a la 59ª Reunión Anual de Veteranos Confederados que se celebrará en Little Rock, Ark., del 27 al 29 de septiembre de 1949" (*House Resolution 3341*).

La Resolución 4646 (*House Resolution 4646*) fue aprobada el 1 de agosto de 1949 y convertida en la Ley Pública 193 (*Public Law 81 – 193*) y, al igual que la medida anterior, también concedió una autorización específica: "Autorizar al Secretario del Ejército de Tierra, al Secretario de Marina y al Secretario del Ejército del Aire a prestar cierta propiedad a las organizaciones nacionales de veteranos, y para otros propósitos" (*House Resolution 4646*).

La Resolución 5598 (*House Resolution 5598*) fue aprobada el 10 de octubre de 1949 y convertida en la Ley Pública 339 (*Public Law 81 – 339*) y se refería a las pensiones de veteranos, de acuerdo con su texto original:

> Veteranos, casos en los que la incapacidad está relacionada con el servicio prestado, incremento de pensiones. Informe de Asuntos de Veteranos el 14 de julio de 1949; Informe 1063. Calendario de la Unión. Reglamento suspendido. Aprobada por la Cámara el 2 de agosto de 1949. Informe al senado el 23 de septiembre de 1949; Finanzas; Informe 1103. Aprobada por el Senado el 27 de septiembre de 1949" (*House Resolution 5598*).

La Resolución 6022 (*House Resolution 6022*) fue aprobada el 12 de octubre de 1949 y convertida en la Ley Pública 349 (*Public Law 81 – 349*) y también supuso un incremento económico a los veteranos, según nos indica la ley original: "Incrementar el interés de compensación de ciertos empleados del Departamento de Medicina y Cirugía de la Administración de Veteranos, y para otros propósitos" (*House Resolution 6022*).

La Resolución Conjunta 222 (House Joint Resolution 222) fue aprobada el 15 de abril de 1949 y convertida en la Ley Pública 43 (*Public Law 81 – 43*). Al igual que las leyes anteriores, suponía una mejora económica, recogida en el texto original: "Realizar una asignación adicional a la Administración de Veteranos para el año fiscal que finaliza el 30 de junio de 1949 y para otros propósitos" (*House Joint Resolution 222*).

Una vez analizadas las propuestas de la Cámara de Representantes convertidas en leyes, pasamos a estudiar las propuestas del Senado. Encontramos once propuestas convertidas en leyes públicas y una en ley privada, como indicamos en la tabla 39 que se adjunta a continuación:

Leyes Públicas						Leyes Privadas	
Nº Res.	Nº Ley	Nº Res.	Nº Ley	Nº Res.	Nº Ley	Nº Res.	Nº Ley
S460	68	S1185	67	S2298	281	S683	67
S461	69	S1859	279	S6301	436		
S811	195	S2010	188	S460	68		
S974	269	S2146	286				

Tabla 39. 81º Congreso -Resoluciones del Senado (1ª Sesión).
Elaboración propia.

Analizamos seis de las doce propuestas. La propuesta *S683* fue aprobada 24 de mayo de 1949 y convertida en la Ley Privada 67 (*Private Law 81 – 67*) y eximía de responsabilidad económica a ciertos veteranos, según su articulado original: "Eximir a ciertos empleados de la Administración de Veteranos de la responsabilidad económica de ciertos sobrepagos" (*Senate 683*).

La propuesta *S460* fue aprobada el 23 de mayo de 1949, convertida en la Ley Pública 68 (*Public Law 81 – 68*), rehabilitaba las Cámaras de Comercio, tal y como indica su texto original: "Autorizar al administrador de Asuntos de Veteranos la rehabilitación de la Cámara de Comercio Helena en determinadas parcelas descritas que están situadas en la ciudad de Helena, Mont" (*Senate 460*).

La propuesta *S811* fue aprobada el 1 de agosto de 1949 y convertida en la Ley Pública 195 (*Public Law 81 – 195*) y hacía referencia a tramites de las pensiones, de acuerdo con el texto original: "Regular la fecha de entrada en vigor de ciertas concesiones de pensiones y compensaciones a pagar por la Administración de Veteranos" (*Senate 811*).

La Ley Pública 269 (*Public Law 81 – 269*) fue aprobada el 26 de agosto de 1949 tras la propuesta *S974*. Supuso una modificación de una ley de 1944, según su articulado original: "Modificar la Ley de Preferencia de Veteranos de 1944 con respecto a ciertas madres de veteranos" (*Senate 974*).

La propuesta *S1185* fue aprobada el 21 de mayo de 1949 y convertida en la Ley Pública 67 (*Public Law 81 – 67*) y hacía referencia a ciertos pagos a veteranos, tal y como indica su texto original: "Asegurar que todos los empleados del Servicio de Comedor de Veteranos sean pagados de los fondos del servicio y para otros propósitos" (*Senate 1185*).

Seguidamente presentamos las dos medidas que fueron vetadas en esta primera sesión del Congreso. La *S1385* fue vetada el 29 de octubre de 1949 y hacía referencia a los suministros de agua, según su texto original: "Asegurar que las disposiciones de exceso de tierra de las leyes federales de recuperación no se aplicarán a determinadas tierras, y que recibirán un suministro de agua adicional del Proyecto San Luis, Colorado" (*Senate 1385*).

La propuesta *S2115* fue vetada el 31 de octubre de 1949 y se refería a la autorización de ciertos pagos, de acuerdo con su articulado: "Autorizar pagos por parte del Administrador de Asuntos de Veteranos para la compra de automóviles u otros medios de transporte por ciertos veteranos incapacitados y para otros propósitos" (*Senate 2115*).

A continuación, exponemos aquellas propuestas legislativas que no fueron aprobadas en esta primera sesión del Congreso. De las sesenta y una medidas, cuarenta y ocho fueron propuestas por la congresista Edith N. Rogers, por lo que queda una vez más reflejado su interés por la reinserción de los veteranos. La tabla 40 pone de manifiesto esta actividad legislativa:

Nº Resolución			
H.R. 2681	S1937	H.R. 1730	H.R. 4960
H.R. 4244	S2395	H.R. 1777	H.R. 5159
H.R. 4617	H.R. 121 – 3	H.R. 1817	H.R. 5323
H.R. 5833	H.R. 280	H.R. 1844	H.R. 5772
H.R. 6034	H.R. 281 – 3	H.R. 1874 – 5	H.R. 6188
S115	H.R. 285 – 296	H.R. 2337	H.R. 6396
S372	H.R. 777	H.R. 2409	
S672	H.R. 921 – 3	H.R. 3116	H.J.R. 224
S745	H.R. 954	H.R. 3140	H.J.R. 278
S928	H.R. 1199	H.R. 3640	H.J.R. 279
S1387	H.R. 1472	H.R. 4950	H.J.R. 281

Tabla 40. 81º Congreso -Medidas no convertidas en leyes (1ª Sesión).
Elaboración propia.

La propuesta 2681 (*House Resolution 2681*) hacía referencia a las pensiones de veteranos, como indica su texto original: "Pensión de veteranos. Informe de Asuntos de Veteranos el 16 de febrero de 1949. Informe 132. Calendario de la Unión" (*House Resolution 2681*).

Respecto a las medidas presentadas por la congresista Rogers, las tres primeras solicitaban modificación de leyes específicas, como es el caso de la Resolución 121 (*House Resolution 121*) cuyo texto original es el siguiente: "Ley de Reajuste de Militares de 1944: modificación; Educación; Ratios en las escuelas" (*House Resolution 121*). Todas las propuestas que planteó intentaban mejorar la calidad de vida de los veteranos y sus familiares.

A continuación, pasamos a analizar la actividad legislativa desarrollada durante la Segunda Sesión del 81º Congreso. La Cámara propuso trece medidas, doce de ellas convertidas en leyes públicas y una en ley privada. El Senado propuso nueve medidas, todas ellas fueron aprobadas como leyes públicas. Ninguna medida fue vetada y cincuenta y tres propuestas no llegaron a convertirse en leyes. Comenzamos nuestro estudio por aquellas medidas introducidas por la Cámara, como se indica en la tabla 41 a continuación:

Leyes Públicas						Leyes Privadas	
Nº Res	Nº Ley	Nº Res	Nº Ley	Nº Res.	Nº Ley	Nº Res.	Nº Ley
H.R. 4285	492	H.R. 6632	546	H.R. 8139	675	H.R. 7609	522
H.R. 4692	598	H.R. 7057	571	H.R. 8458	827		
H.R. 5920	569	H.R. 7255	521	H.R. 8619	758		
H.R. 6217	791	H.R. 7440	573	H.R. 8845	711		

Tabla 41. 81º Congreso -Resoluciones de la Cámara de Representantes (2ª Sesión).
Elaboración propia.

La Resolución 7609 (*House Resolution 7609*) fue aprobada el 16 de junio de 1950 y convertida en la Ley Privada 522 (*Private Law 81 – 522*) y se refería a un emblema concreto: "Asegurar la renovación de la patente nº 59.560 relacionada con el emblema de Veteranos Americanos Incapacitados de la Guerra Mundial" (*House Resolution 7609*).

La Resolución 4692 (*House Resolution 4692*) fue aprobada el 30 de junio de 1950 y convertida en la Ley Pública 598 (*Public Law 81 – 598*) y estaba relacionada con patentes según su articulado original: "Patentes de veteranos. Informe del Poder Judicial el 8 de agosto de 1949; Informe 1214. Calendario de la Unión. Aprobada por la Cámara el 15 de agosto de 1949 (…)" (*House Resolution 4692*).

La Resolución 5920 (*House Resolution 5920*) fue aprobada el 21 de junio de 1950 y convertida en la Ley Pública 569 (*Public Law 81 – 569*) y hacía referencia a los problemas mentales de veteranos, como recoge el texto original: "Veteranos, casos de problemas mentales. Informe de las Fuerzas Armadas el 4 de abril de 1950; Informe 1877. Calendario de la Unión. Aprobado por la Cámara el 15 de mayo de 1950 (…) Aprobado por el Senado, modificado el 8 de junio de 1950 (…)" (*House Resolution 5920*).

La Resolución 6217 (*House Resolution 6217*) fue aprobada el 19 de septiembre de 1950 y convertida en la Ley Pública 791 (*Public Law 81 – 791*) y se refería a los veteranos de la guerra entre España y América, tal y como se indica a continuación: "Veteranos de la Guerra entre España y América. Informe de Asuntos de Veteranos el 10 de mayo de 1950. Informe 2029. Calendario de la Unión" (*House Resolution 6217*).

La Resolución 6632 (*House Resolution 6632*) fue aprobada el 14 de junio de 1950 y convertida en la Ley Pública 546 (*Public Law 81 – 546*) y autorizaba a la continuidad de oficinas en Filipinas: "Ampliar la autoridad del Administrador de Asuntos de Veteranos a establecer y consolidar oficinas en la República de Filipinas" (*House Resolution 6632*).

La Resolución 7057 (*House Resolution 7057*) fue aprobada el 23 de junio de 1950 y convertida en la Ley Pública 571 (*Public Law 81 – 571*). Supuso la modificación de una ley anterior, como indica su articulado: "Modificar la Regulación de Veteranos 1 (a) con respecto al cómputo de costes estimados de personal docente y suministros para instrucción en el caso de facultades de agricultura y artes mecánicas e instituciones educativas sin ánimo de lucro" (*House Resolution*). A continuación, exponemos las nueve medidas presentadas por el Senado y convertidas, todas ellas, en leyes públicas, como indica la tabla 42:

Leyes Públicas			
Nº Resolución	Nº Ley Pública	Nº Resolución	Nº Ley Pública
S648	661	S3582	611
S2541	456	S3768	798
S2559	473	S3889	823
S2596	610	S4254	896
S3263	887		

Tabla 42. 81º Congreso -Resoluciones del Senado (2ª Sesión).
Elaboración propia.

La propuesta *S648* fue aprobada el 4 de agosto de 1950 y convertida en la Ley Pública 661 (*Public Law 81 – 661*) y supuso una modificación de una ley anterior, según su texto original: "Modificar el título 18, del Código de los Estados Unidos, sección 705, para proteger la insignia, medalla, emblema y otras insignias de auxiliares de organizaciones de veteranos, y para otros propósitos" (*Senate 648*).

La propuesta *S2596* fue aprobada el 13 de julio de 1950 y convertida en la Ley Pública 610 (*Public Law 81 – 610*) y se refería a la educación y entrenamiento de los veteranos, como leemos en las siguientes líneas: "Relacionada con la educación y entrenamiento de veteranos bajo el título II de la Ley de Reinserción de Militares (Ley Pública 346, 78º Congreso, de 22 de junio de 1944)" (*Senate 2596*).

En esta sesión del 81º Congreso ninguna medida propuesta resultó vetada. Un total de cincuenta y tres medidas fueron propuestas en esta segunda sesión del

Congreso y no fueron aprobadas. De ellas, veintisiete fueron iniciativa de la congresista Edith N. Rogers; una vez más dejando latente el interés en mejorar la reinserción de los veteranos. La tabla 43 resume el listado de medidas anteriormente mencionadas:

Nº Resolución					
H.R. 87	H.R. 6560	H.R. 8235	S3499	H.R. 7321	H.R. 9181
H.R. 447	H.R. 6261	H.R. 8236	S. Con. Res.107	H.R. 7353-5	H.R. 9241
H.R. 1941	H.R. 6673	H.R. 8576	H.R. 424	H.R. 7388	H.R. 9467 – 8
H.R. 2108	H.R. 7185	H.R. 8848	H.R. 477-8	H.R. 7446	H.R. 9527
H.R. 5965	H.R. 7534	H.R. 9900	H.R. 564	H.R. 7654-5	H.R. 9529
H.R. 6217	H.R. 7739	H.R. 9911	H.R. 870	H.R. 7703	H.R. 9581
H.R. 6374	H.R. 7534	S3050	H.R. 6565	H.R. 7819	H.R. 9669
H.R. 6559	H.R. 7739	S3254	H.R. 7223	H.R. 8983	H.R. 9906

Tabla 43. 81º Congreso -Medidas no convertidas en leyes (2ª Sesión).

Elaboración propia.

CAPÍTULO VI
La *Servicemen's Readjustment Act (G.I. Bill)*

CAPÍTULO VI   LA *SERVICEMEN'S READJUSTMENT ACT (G.I. Bill)*

A partir de este sexto capítulo, vamos a analizar algunas de las medidas estelares introducidas en los Congresos de los años cuarenta con el fin de mejorar ostensiblemente la vida y la situación de los veteranos en los Estados Unidos, otorgándoles una serie de beneficios sin parangón hasta entonces.

La primera medida fue la Ley de Reajuste del Servicio de 1944 (*Servicemen's Readjustment Act*), conocida informalmente con el nombre de *G.I. Bill*. Esta ley proporcionó una serie de beneficios para facilitar el retorno de los veteranos de la Segunda Guerra Mundial y fue aprobada en junio de 1944, convirtiéndose en la Ley Pública 346 (*Public Law 78 – 346*) durante la Segunda Sesión del 78º Congreso.

Esta ley afectaba a todos los veteranos que habían estado en servicio activo durante los años de la guerra al menos durante noventa días y no habían estado de baja ni habían sido licenciados sin honor. Así, se calcula que, en 1956, alrededor de 2,2 millones de veteranos disfrutaban los beneficios educativos del *G.I. Bill* y unos 5,6 millones los habían utilizado para algún tipo de programa de entrenamiento.

Los historiadores y economistas consideran que la *G.I. Bill* fue un importante éxito político, sobre todo si se contrasta con el tratamiento otorgado a los veteranos de la Primera Guerra Mundial, y fue una importante contribución al capital humano de la nación que aceleró el crecimiento económico a largo plazo con repercusiones aún evidentes hoy en día.

A lo largo del presente capítulo nos vamos a centrar, esencialmente, en las principales consecuencias o repercusiones que la aprobación de la *G.I. Bill* tuvo en la sociedad estadounidense de finales de los años cuarenta, sobre todo tras el regreso a casa de los combatientes de la Segunda Guerra Mundial, amén de analizar con detenimiento tanto la propuesta del Congreso como la ley misma.

6.1. Aspectos generales de la medida

La sociedad estadounidense ha sido testigo de una larga tradición de proporcionar beneficios a los veteranos. Después de la Guerra Civil, por ejemplo, el gasto unitario más grande dentro del presupuesto federal fue el de los beneficios a los veteranos. Pero después de la Primera Guerra Mundial, este gasto corriente se convirtió en un problema. Así, los veteranos de la Gran Guerra no recibieron pensiones al mismo nivel que sus predecesores.

En cambio, solo obtuvieron el viaje de regreso a casa y una pequeña paga por el alistamiento. Estos veteranos, con el tiempo, recibieron compensaciones que fueron más sustanciales. Esta tradición estadounidense de aprecio hacia los veteranos se repitió después de la Segunda Guerra Mundial. Y la forma en la que estos beneficios tomaron cuerpo fue la llamada Ley de Reajuste del Servicio de 1944.

Conocido popularmente como la *G.I. Bill of Rights,* o simplemente como la *G.I. Bill,* este proyecto de ley garantizaba a los veteranos que regresaban del frente oportunidades educativas, garantías de préstamos, servicio de empleo, prestaciones de desempleo y otros beneficios menos conocidos (Olson, *The GI Bill and Higher Education* 596). Aunque esta ley fue aprobada en beneficio de los soldados estadounidenses que combatían en la Segunda Guerra Mundial, sus repercusiones están plenamente vigentes en la actualidad.

Si bien podría decirse que los beneficios educativos han sido considerados como el efecto más importante de la *G.I. Bill,* hubo otra serie de medidas y actuaciones que tuvieron asimismo una enorme repercusión tanto para los veteranos como para la sociedad civil que los acogía en la segunda mitad de los años cuarenta. Por ejemplo, las facilidades para conseguir préstamos para adquirir una vivienda o incluso iniciar un negocio por cuenta propia.

En este periodo, a finales de los años cuarenta y principios de los cincuenta, gran parte de los trabajos académicos relacionados con esta ley se centraron en sus logros y en lo bien que la ley estaba funcionando, así como en los beneficios disponibles para los veteranos. La mayoría de estos estudios promocionaron la labor social que esta medida proporcionó.

La idea de otorgar beneficios financieros y ayudas sociales a los soldados que fuesen retornando del frente era una idea que se planteó la opinión pública estadounidense conforme se atisbaba el final de la contienda bélica, al preguntarse cuál sería el destino de los miles de soldados movilizados durante la Segunda Guerra Mundial.

A pesar de que el Producto Interior Bruto (GDP) de los Estados Unidos había aumentado desde diciembre de 1941 debido a la fuerte expansión industrial nacida del conflicto armado y superando así los efectos de la Gran Depresión, era una preocupación evidente para la sociedad civil el determinar la forma en la que estos veteranos de guerra afrontarían su reinserción en la economía del país.

De hecho, la administración del presidente Franklin D. Roosevelt deseaba evitar, a toda costa, que cuando los veteranos de guerra volviesen a los Estados Unidos quedasen entonces desprotegidos y se repitiera la crisis ocurrida en 1932 cuando unos diez mil ex– combatientes de la Primera Guerra Mundial, el llamado *Bonus Army,* marcharon hasta Washington D.C. para exigir el pago de los bonos otorgados por el gobierno a cambio de sus servicios. Dicho episodio acabó con un violento enfrentamiento entre los veteranos y las tropas enviadas para dispersarlos, con la consiguiente indignación de la opinión pública.

6.2. La aprobación de la ley en el Congreso

Nos centramos ahora específicamente en el análisis y aprobación de la ley, que fue introducida por medio de una Resolución Simple *H. R. 540,* con fecha de 10 de mayo de 1944, y remitida al Comité de Reglas de la Cámara para su tramitación y su posterior aprobación, siendo asimismo tramitada en el Senado con fecha de 13 de marzo, convertida finalmente en la Ley Pública 346 (*House Resolution 540).*

El objetivo de esta propuesta era proporcionar ayuda federal para el reajuste a la vida civil de todos los veteranos de la Segunda Guerra Mundial que volvían a casa paulatinamente tras el cese de las hostilidades. Esta ley estableció la financiación necesaria para los diferentes beneficios educativos para los veteranos, lo que cambió para siempre sus vidas y reformuló por completo la economía estadounidense en tiempos de paz.

Esta medida fue conocida como la Ley de Readaptación al Servicio (*Service Readjustment Act*), aunque comúnmente era conocida por el nombre de *G.I. Bill* of Rights o simplemente G. I. Bill en honor a sus destinatarios, concediendo a los veteranos de la Segunda Guerra Mundial las oportunidades de asistir a clases de estudios técnicos o universitarios, obtener una cualificación profesional y conseguir préstamos hipotecarios a muy bajo interés. La notoriedad de esta medida quedó demostrada en la siguiente declaración del presidente Franklin D. Roosevelt tras su aprobación en ley pública:

> Con la firma de este proyecto de ley está casi terminado un programa especial de beneficios a los veteranos de la Segunda Guerra Mundial. Les proporciona una notoriedad solemne a los hombres y mujeres de nuestras fuerzas armadas para que sientan que el pueblo estadounidense no va a defraudarlos. Pero, aparte de estos beneficios especiales, aún todavía queda mucho por hacer (Peters y Woolley).

Este proyecto de ley fue presentado por los congresistas republicanos Harry W. Colmery y Edith Nourse Rogers en la Cámara de Representantes. La congresista republicana Edith N. Rogers fue una de las principales impulsoras de esta importante medida junto a Harry W. Colmery, quienes lo presentaron por primera vez en la Cámara de Representantes el día 10 de enero de 1944, pasando al Senado al día siguiente.

Ambas Cámaras aprobaron versiones diferentes de la ley, logrando concordancias en cuanto a las ayudas para la educación y los préstamos en la compra de vivienda, pero con discrepancias con respecto al pago de un subsidio de desempleo. Los beneficios entregados a los veteranos de la Segunda Guerra Mundial fueron masivamente aprovechados por los mismos ya que les facilitaba su reinserción en la vida civil

Al mismo tiempo, se evitaba que se creara una masa de veteranos empobrecidos después de ser licenciados con los riesgos de seguridad pública y conflictividad social que podían producirse. En la siguiente figura (Figura 1) se puede comprobar el resultado final del voto de dicha ley en la Cámara de Representantes, con detalle de los diferentes partidos que componían la Cámara en el año 1944:

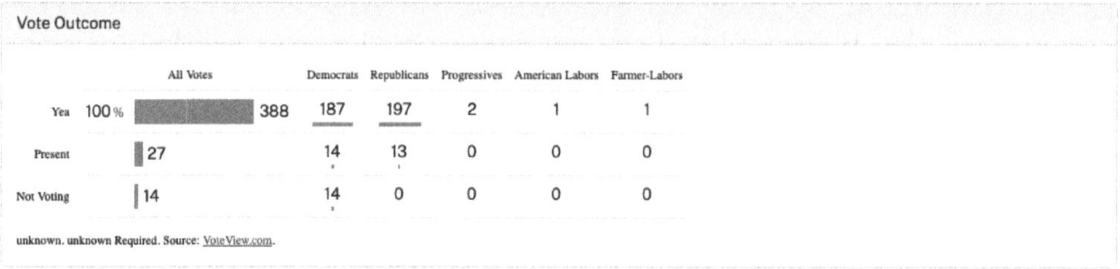

Vote Outcome		All Votes		Democrats	Republicans	Progressives	American Labors	Farmer-Labors
Yea	100 %		388	187	197	2	1	1
Present			27	14	13	0	0	0
Not Voting			14	14	0	0	0	0

unknown. unknown Required. Source: VoteView.com.

Figura 1: Resultado final del voto en el Senado.
GovTrack.US.

Pasaremos ahora, a analizar detenidamente la medida introducida en el Senado (*Senate 1767*). A lo largo de sus seis títulos y quince capítulos, cuya información principal a continuación vamos a desgranar, esta ley trató varios asuntos relacionados con el bienestar de los veteranos, tal y como podemos comprobar en la siguiente tabla:

Título	Capítulo	Contenido
I	I	Hospitalización, reclamaciones, procedimientos
	II	Ayuda a las organizaciones de veteranos
	III	Revisión de la autoridad
II	IV	Educación de los veteranos
III	V	Provisiones generales para préstamos
IV	VI	Empleo de los veteranos
V	VII	Subsidio por reajuste de desempleo
	VIII	Descalificaciones
	IX	Cantidad de subsidio y pago
	X	Reajuste de beneficios duplicados
	XI	Administración
	XII	Decisiones y procedimientos
	XIII	Penalizaciones
	XIV	Definiciones
VI	XV	Provisiones generales administrativas y legales

Tabla 44. Listado de provisiones de la medida "s. 1767"

Elaboración propia de la medida *Senate 1767* aprobada en el Senado.

Y en el capítulo I del título I, referente a la hospitalización, reclamaciones y procedimientos, en su sección 100 se reconoce ya la autoridad de la Administración de Veteranos como una agencia esencial para la guerra. Así, en el articulado de dicha sección se puede leer lo siguiente:

> Por la presente se declara que la Administración de Veteranos es una agencia de los Estados Unidos vital y esencial para el exitoso desarrollo de la presente guerra, y como tal agencia se la autoriza para establecer aquellas prioridades en personal, equipamiento, suministros y material necesarias bajo la presente ley, Órdenes Ejecutivas y regulaciones pertenecientes a prioridades, y a nombramientos de personal de los registros de personal civil, a la Administración de Veteranos se le concede la misma autoridad y discreción que el Departamento de Guerra y el Servicio de Salud Pública (*Senate 1767*).

En la sección 102 dentro del mismo capítulo al que hacíamos referencia con anterioridad se especifican las necesidades hospitalarias y de atención directa que los veteranos pudieran necesitar a su regreso a casa. Bajo dicho epígrafe podemos leer la siguiente información:

> Por la presente se autorizan al administrador de los Asuntos de los Veteranos y al Secretario de Guerra y al Secretario de la Marina para llegar a los acuerdos y a firmar los contratos que sean necesarios para el adecuado uso de instalaciones hospitalarias y de la atención médica precisa, así como adquirir los suministros, equipamiento y material que sea necesario para operar con diligencia dichas instalaciones y servicios ofrecidos a todos los veteranos. Y por lo tanto se dispone de la suma adicional de 500, 000,000 dólares para la construcción de instalaciones hospitalarias adicionales (*Senate 1767*).

Este primer capítulo aún continúa con otras tres secciones más, de la sección 103 a la 105, de menor interés general. Así en la sección 103, la más interesante de las tres últimas secciones, se incidía en la capacidad otorgada al administrador de los Asuntos de los Veteranos a reubicar a los oficiales y personal civil en las instalaciones dependientes de la VA a su libre criterio y elección: "El administrador de Asuntos de los Veteranos tendrá autoridad para ubicar a los oficiales y empleados designados por él en aquellas instalaciones del Ejército y de la Marina como se consideren aconsejables para el propósito de adjudicar reclamaciones por incapacidad de miembros del Ejército y de la Marina" (*Senate 1767*).

Pasando entonces al capítulo II del primer título aún, el referido a la ayuda prestada a las diferentes organizaciones de veteranos, se les reconoce finalmente el derecho a usar las instalaciones disponibles en los siguientes términos:

> Que bajo certificado al secretario de Guerra o de la Marina por el administrador de Asuntos de los Veteranos de servicios prestados a tiempo competo por los representantes acreditados de las organizaciones de veteranos, el secretario de Guerra o de la Marina están autorizados a permitir el uso de estos representantes acreditados de las instalaciones militares o navales en tierra (*Senate 1767*).

El capítulo III del primer título, relativo a la revisión de la autoridad competente, constaba de tres secciones en las que se establece y especifica los tribunales encargados de hacer las revisiones a los miembros de las fuerzas armadas que pasen a situación de reserva o sean eximidos del servicio. Así, en la sección 301 se puede leer lo siguiente: "El secretario de Guerra y el secretario de la Marina, después de conferenciar con el administrador de Asuntos de los Veteranos, están autorizados a establecer en los Departamentos de Guerra y de la Marina juntas de revisiones compuestas de 5 miembros, cuya misión será la de revisar el tipo y naturaleza de ser eximido del servicio o su despido" (*Senate 1767*).

Llegamos entonces al título segundo, uno de los de mayor trascendencia de todo el articulado, en el que en su único capítulo se establecieron las condiciones para mejorar la educación de todos los veteranos y los diferentes supuestos y términos para continuar con dichos estudios, bien a nivel profesional o universitario. Así, en el primer punto de la parte VIII de la sección 400 del capítulo cuarto, se establece la duración y tiempo en el que se puede disfrutar de este beneficio:

> Cualquier persona que sirviera en las fuerzas armadas en o después del 16 de septiembre de 1940, y con anterioridad a la finalización de la presente guerra, cuya educación o formación fuese impedida, retrasada, interrumpida o interferida por motivo de su entrada en el servicio activo, podrá ser elegido y estará autorizado a recibir educación o formación bajo las siguientes condiciones: teniendo en cuenta que dicho curso no se iniciará más tarde de 2 años después o de la fecha de ser licenciado o de la terminación de la guerra, lo que sea posterior, y teniendo además en cuenta que no se financiará ninguna educación o formación más allá de 7 años después de la terminación de la presente guerra (*Senate 1767*).

Es decir, se les concedía a todos los veteranos que quisiesen continuar con sus estudios, la posibilidad de hacerlo si estos se habían visto interrumpidos por su llamada a filas durante la guerra. Ahora bien, se establecían claramente cuáles eran las condiciones para poder acogerse a dicho beneficio, así como los plazos a los que debían acotarse tanto por lo que hacía referencia al momento de retomar los estudios como a la cantidad de años que se les podía financiar.

Otro aspecto destacado relativo a la educación fue el referente a los gastos que se podían sufragar para costear la educación de los veteranos. De esta manera queda establecido lo siguiente en el punto quinto de esta parte VIII lo siguiente.

> El administrador pagará a la institución académica, por cada persona matriculada a tiempo completo o a tiempo parcial un curso de educación o de formación, los costes obligatorios de matrícula, y aquellos gastos de laboratorio, biblioteca, salud, enfermería y otras tasas similares que sean habituales cargadas, y a pagar por libros, suministros, equipamiento y otros gastos derivados, como alojamiento y viaje, como se le requiera normalmente a otros estudiantes de la institución, teniendo en cuenta que bajo ningún concepto dicho pago excederá los 500 dólares por año académico ordinario (*Senate 1767*).

Es decir, mediante la aprobación de esta ley se facilita el acceso a la educación a todos los veteranos, ya fuese a nivel profesional o universitario. Ahora bien, se establecían una serie de cortapisas y se ponían límites a los beneficios y ayudas que éstos podían solicitar por año académico en la institución en la que se matriculasen. Además de la ayuda en gastos y matrícula, se estableció una cuantía económica mensual de cincuenta dólares si el veterano no tenía personas a su cargo, o setenta y cinco dólares con dependientes a su cargo.

Incluso se llega a aportar un listado de tipos de centros, instituciones académicas o universitarias a los que esta ley reconocía con el fin de facilitar la instrucción profesional o universitaria de los veteranos. Este listado de centros viene aportado en el punto undécimo de la parte VIII de dicho capítulo.

Otro aspecto destacado de esta ley, junto al del ámbito educativo, fue el título III de la misma relativa a las provisiones generales para conseguir préstamos para la compra o construcción de viviendas, granjas o para establecer negocios por cuenta propia. A lo largo del capítulo V, dividido en seis secciones, de la sección 500 a la 505, se establecen las condiciones y pautas a seguir por parte de los veteranos.

Así, en la sección 500 se establece ya claramente la cuantía a disfrutar por parte de aquellos veteranos que solicitasen un préstamo y el momento en el que este podía llevarse a cabo, como podemos comprobar del siguiente enunciado:

> Cualquier veterano del servicio puede solicitar dentro de los 2 años siguientes a su separación de las fuerzas armadas o navales, o 2 años después de la finalización de la guerra, lo que ocurra más tarde, pero en ningún caso más de 5 años después de la finalización de la guerra, al administrador de los Asuntos de los Veteranos la garantía por parte del administrador de no exceder el 50% de un préstamo o préstamos para los propósitos especificados en las secciones 501, 502 y 503: Teniendo en cuenta que el importe total garantizado no exceda de 2.000 dólares (*Senate 1767*).

Por lo tanto, en las tres siguientes secciones se especificaron las condiciones y términos para solicitar préstamos con distintas finalidades, como fueron la compra o construcción de casas propias para disfrute del veterano (sección 501), la compra de granjas y equipamiento agrícola para ser usados por el veterano (sección 502) y la compra de un inmueble comercial para su explotación por parte de un veterano (sección 503). En la sección 501 se detallan las condiciones para pedir préstamos para la compra o construcción de una vivienda por parte del veterano:

> Cualquier solicitud hecha por un veterano bajo este título para la garantía de un préstamo para usar en la compra de una propiedad residencial o en la construcción de una vivienda de una propiedad sin arreglar de su propiedad para ser ocupada como su hogar debe ser aprobada por el administrador de Asuntos de los Veteranos si el procedimiento de dicho préstamo sea para el pago de dicha propiedad para ser comprada o construida por el veterano (*Senate 1767*).

En la siguiente sección del capítulo, sección 502, se detallaron las condiciones para la compra de granjas y de equipamiento agrícola para ser usado por el veterano siempre que se justificara su uso:

Cualquier solicitud hecha bajo este título para la garantía de un préstamo para usar en la compra de cualquier tierra, edificios, ganadería, equipamiento, maquinaria o herramientas, para ser usadas en operaciones agrícolas dirigidas por el solicitante, debe ser aprobada por el administrador de Asuntos de los Veteranos si encuentra que el precio de compra pagado o para ser pagado por el veterano por dicha propiedad no excede el precio normal razonable (*Senate 1767*).

Finalmente, en la sección 503 se especifican aquellos datos para los préstamos destinados a la compra de algún inmueble comercial para su posterior explotación por parte del veterano:

Cualquier solicitud hecha bajo este título para la garantía de un préstamo para ser usado en la compra de cualquier de cualquier negocio, tierra, edificios, suministros, equipamiento, maquinaria, o herramientas, para ser usadas por el solicitante en la persecución de una ocupación onerosa debe ser aprobada por el administrador de Asuntos de los Veteranos si encuentra que el procedimiento de dicho préstamo será usado para el pago de un a propiedad real o personal comprada o para ser comprada por el veterano y usada por él en la persecución de buena fe de dicha ocupación remunerada (*Senate 1767*).

Como se desprende de la anterior medida, esta ley permitía a los veteranos el acceso a una vivienda digna, la compra de terrenos agrícolas y de la necesaria maquinaria, o el establecimiento de sus propios negocios por medio de la ayuda facilitada para la adquisición de un local comercial. Iniciativas todas ellas encaminadas a facilitar su reinserción en la sociedad civil del país.

El siguiente título de esta ley, título IV, establecía igualmente una serie de medidas encaminadas a la reinserción laboral de los veteranos, instaurando una batería de iniciativas para facilitar el empleo y la contratación de veteranos por medio del articulado del capítulo VI, único de este título.

A lo largo de sus ocho secciones, de la sección 600 a la 607, se establecen los diferentes mecanismos diseñados para facilitar la empleabilidad de los veteranos en las variadas agencias federales a la vez que se clarifica el término de veterano y a quien va dirigido de forma específica. Por lo tanto, en la sección 600 se determinan ya las intenciones y provisiones de esta medida específica:

En la promulgación de las provisiones de este título, el Congreso declara que es su intención y propósito que exista un adecuado asesoramiento laboral y un servicio de empleo efectivo para los veteranos, y que, para esta finalidad, se promulgarán y administrarán políticas con el fin de proporcionar el máximo de oportunidades laborales en el campo del empleo remunerado (*Senate 1767*).

En esta sección se estableció la Junta de Servicio de Colocación de Veteranos (*Veterans' Placement Service Board*) con la finalidad de conseguir las mayores posibilidades laborales y de empleo para los veteranos. Esta junta estaría compuesta por el administrador de Asuntos de los Veteranos, que sería su presidente, el director del Sistema de Servicio de Selección Nacional (*National Selective Service System*), y el administrador del Servicio de Empleo de los Estados Unidos (*United States Employment Service*).

Las funciones principales de esta Junta serían las siguientes: la de ser responsable de la supervisión del registro de los veteranos en las oficinas de empleo locales, la de ayudar a la hora de asegurar y mantener la información actualizada con relación a las diferentes oportunidades de empleo disponibles, la de promocionar el interés de empleadores en dar empleo a los veteranos, y la de ayudar a mejorar las condiciones de trabajo para los veteranos.

Y con el fin de administrar correctamente estas provisiones, en la sección 605 se establece el capítulo dedicado a los gastos corrientes originados por este capítulo y destinados del presupuesto anual del servicio de empleo nacional, pudiendo leer lo siguiente:

> La Junta por medio de su secretario ejecutivo estimará los fondos necesarios para la administración adecuada y eficiente de este título; dicha cifra estimada incluirá la cantidad anual necesaria para cubrir los salarios, los alquileres, la imprenta y la encuadernación, los viajes y los gastos de alojamiento. Estas cifras estimadas serán incluidas como un epígrafe especial en el presupuesto anual del Servicio de Empleo Nacional (*Senate 1767*).

Llegamos así entonces al título V de la ley, el que mayor número de capítulos contiene, con ocho capítulos (del VII al XIV), y en el que se especificaron de manera técnica y precisa todo el procedimiento administrativo a seguir en cuanto a conceptos como los siguientes: subsidio por reajuste de desempleo, descalificaciones, cantidad de subsidio y pago, reajuste de beneficios duplicados, administración, decisiones y penalizaciones y definiciones.

Por lo tanto, el capítulo VII, que únicamente constaba de una sección en su articulado, estableció el subsidio destinado al reajuste de los veteranos por desempleo así como la duración del mismo, como se desprende del siguiente enunciado: "Cualquier persona que haya servido de forma activa en las fuerzas armadas o navales de los Estados Unidos en algún momento anterior al 16 de septiembre de 1940, y con anterioridad a la terminación de la presente guerra, tendrá derecho a recibir un subsidio por reajuste por desempleo, sin exceder un total de 52 semanas" (*Senate 1767*).

Evidentemente, en esta misma sección se establecían asimismo una serie de condiciones que los veteranos debían cumplir para poder optar a recibir este complemento. Entre las mismas se encontraban las siguientes: que el veterano residiera en los Estados Unidos en el momento de solicitar el complemento, que estuviera totalmente desempleado y no recibiera ningún sueldo, salario o estipendio, que estuviera registrado en una oficina de empleo local, o que el veterano aún estuviese en condiciones de trabajar.

En relación con lo anterior, el capítulo VIII, relativo a las descalificaciones mencionaba aquellos supuestos en los que el veterano dejaría de percibir el subsidio. Entre los mismos podemos mencionar los siguientes dentro de la sección 800 del articulado: que el veterano abandone un puesto de trabajo adecuado para él de forma voluntaria y sin un buen motivo, que no solicite algún trabajo que le sea referido por la oficina de empleo local, o que sin una buena razón no asista a algún curso de especialización gratuito que le fuese ofertado.

El siguiente capítulo del título V, el capítulo IX que consta de tres secciones (de la sección 900 a la 902), hacía referencia entonces a la cantidad estipulada en concepto de subsidio y pago, aunque de una forma un tanto sesgada. Así, en la sección 900 podemos leer en su articulado lo siguiente:

> El subsidio por una semana será de 20 dólares menos que parte del salario pagable al veterano por dicha semana que debe ser superior a 3 dólares. Teniendo en cuenta que cuando el subsidio no sea múltiplo de 1 dólar, se computará al siguiente múltiplo mayor de 1 dólar. Y teniendo en cuenta que el número de semanas de subsidio a las que cada veterano apto tendrá derecho será de 8 semanas (*Senate 1767*).

Por lo tanto, el capítulo X, que constó únicamente de una sección, clarificó el ajuste a llevar a cabo en caso de beneficios duplicados para el veterano. En la sección 1000 se establece lo siguiente:

> Donde un subsidio sea pagable a un reclamante bajo este título y donde se reciba un subsidio o beneficio bajo alguna ley federal o estatal de desempleo o compensación por discapacidad, la cantidad recibida de dicha fuente será restada al subsidio pagadero bajo este título; y el subsidio resultante, si no es múltiplo de 1 dólar, se reajustará al siguiente múltiplo más alto de 1 dólar (*Senate 1767*).

Pasamos a continuación a la parte más administrativa del título V con cuatro capítulos dedicados a normas, decisiones y procedimientos administrativos. Comenzando por el capítulo XI, que constaba de cuatro secciones, se definían las reglas administrativas a las que estaba sujeta esta ley. Así, en la sección 1100 encontramos la siguiente información:

El administrador de los Asuntos de los Veteranos está autorizado a administrar este título y, en la medida de lo posible, utilizará las instalaciones existentes y los servicios de los departamentos o agencias federales y estatales sobre la base de acuerdos mutuos. Dichos acuerdos contemplarán las quejas por el subsidio de reajuste con el administrador a través de las oficinas de empleo públicas establecidas y las agencias de compensación por desempleo (*Senate 1767*).

Se le otorgaba entonces al administrador la potestad de prescribir aquellas reglas o regulaciones que fuesen necesarias y de requerir aquellos informes e historiales de veteranos que se necesitasen. En su apartado (d) se fijaba claramente que los subsidios pagaderos por las agencias estatales cooperantes se deberían repagar bajo certificado del administrador. Así, el Secretario del Tesoro debería pagar mensualmente a los departamentos, agencias o individuos designados, las cantidades certificadas por el administrador.

Otro aspecto destacado del presente capítulo hacía referencia a la sección 1102 por la que se establecía un mecanismo de reclamación para aquellos veteranos a los que se les rechazara la concesión de un subsidio, lo cual quedó establecido en los siguientes términos:

Cualquier demandante cuya reclamación por un subsidio que ha sido denegado tendrá derecho a una audiencia justa ante un tribunal imparcial de la agencia estatal o de cualquier otra agencia que pueda ser designada por el administrador. El representante del administrador localizado en cada estado será la última autoridad de apelación con relación a las reclamaciones impugnadas que surjan en cualquier estado, sujetas a la revisión del administrador (*Senate 1767*).

Un último capítulo del título V al que haremos referencia aquí es el capítulo XIII, el referente a las penalizaciones a los veteranos por un mal uso de los beneficios, por medio de dos secciones. Así, en la breve sección 1300 podemos comprobar el siguiente enunciado: "Cualquier demandante que acepte a sabiendas un subsidio para el cual no tiene derecho no será admisible para recibir cualquier otro subsidio bajo este título" (*Senate 1767*).

Asimismo, se establecía que para todo aquel veterano que pretendiera defraudar a la Administración de Veteranos o que quisiese beneficiarse de un subsidio que no le correspondiera, recibiría además una multa de mil dólares o un castigo de prisión de un año, o ambas medidas en conjunto, como se refleja en el apartado (b) de la sección 1301.

Finalmente, en el título VI, por medio del capítulo XV quedaron establecidas las provisiones generales administrativas y legales de esta ley por medio de sus seis secciones (de la sección 1500 a la 1505). Así, las primeras tres secciones hacían referencia a los aspectos administrativos generales mientras que las restantes tres se centraban en los aspectos legales propiamente dichos.

En la sección 1500 de dicho capítulo se especifican los acuerdos administrativos a los que puede llegar el administrador, como leemos en su breve articulado: "Con la finalidad de llevar a cabo las provisiones de esta ley pública, el administrador tendrá la autoridad para aceptar aquellos servicios no recompensados, de firmar contratos y llegar a acuerdos con agencias públicas o privadas, o personas, para los servicios necesarios, incluyendo servicios personales, que él considere posibles" (*Senate 1767*).

Se establecían, asimismo, en la sección 1501, las apropiaciones necesarias por parte de la Administración de Veteranos para hacer frente a los gastos necesarios con la finalidad de llevar a cabo las provisiones contenidas en la presente ley. Además, se le autorizaba al administrador a apropiarse de las cantidades adicionales que él considerara necesarias para llevar a cabo con éxito el objetivo de esta ley.

Por lo que a las disposiciones legales se refiere, la sección 1504 establecía el proceso legal que debía seguir el administrador a la hora de transmitir la información pertinente sobre el progreso de esta ley, pudiéndose leer lo siguiente en su articulado: "El administrador transmitirá al Congreso anualmente un informe de las operaciones llevadas a cabo bajo esta ley. Si el Senado o la Cámara de Representantes no se encuentra en sesión, dichos informes serán transmitidos al Presidente del Senado o al Presidente de la Cámara, conforme se dé el caso" (*Senate 1767*).

Una consecuencia del *G.I. Bill* fue permitir que los veteranos sin recursos y sin educación pudieran recibir instrucción técnica o profesional, mejorando así su nivel de vida, y que otros obtuvieran condiciones ventajosas de crédito financiero para adquirir casas. Esto permitió la creación de barrios residenciales populares en la periferia de las grandes ciudades que, con anterioridad a 1945, estaban habitadas por las clases adineradas del país.

Aunque a la administración del presidente Harry S. Truman le preocupaba el gasto que generaría otorgar pensiones anuales a los veteranos, la dinamización económica de la posguerra permitió que pudieran prescindir de las pensiones antes de un año de haberse licenciado, reduciéndose así desde el año 1946 el gasto público por esta partida.

El éxito del *G.I. Bill* tras la Segunda Guerra Mundial motivó que, en 1952, después de la Guerra de Corea, se aprobase una ley similar, llamada *Servicemen's Readjustment Assistance Act*, que analizaremos con detenimiento en un próximo capítulo, a pesar de encontrarse en la siguiente década, con lo que plenamente se justifica su inclusión en la presente investigación.

6.3. El recorrido legislativo de la medida en el Congreso

El final de la Primera Guerra Mundial y la consiguiente depresión que la siguió fueron dos factores en la creación de la *G.I. Bill*. Después de la Primera Guerra Mundial, los veteranos que habían resultado heridos podían obtener los beneficios federales mientras que los que habían servido, pero tuvieron la suerte de resultar ilesos en el campo de batalla, tan solo se les ofrecía poco más que un viaje de regreso a casa.

En 1924, los veteranos solicitaron al Congreso recibir una bonificación por su servicio, especialmente después de ver la prosperidad de los que habían permanecido en el país. La ley que fue promulgada fue la llamada Ley de Compensación Ajustada (*Adjusted Compensation Act*). La culminación de estos hechos fue las dos manifestaciones del llamado *Bonus Expeditionary Force* en Washington en 1932 y 1933. El presidente Herbert Hoover (1874 – 1964) aplacó estos incidentes con el envío de tropas federales.

El presidente demócrata Franklin D. Roosevelt (1882 – 1945) ayudó a rectificar la segunda marcha de estos veteranos con el pago de las ayudas. Al escribir sobre los incidentes de 1932, William Waller relataba lo siguiente: "No planificar ahora es planificar el desastre" (Waller 39). Waller se refería, sin duda, al hecho de que se debería formular un plan necesario para evitar repetir los errores del pasado.

La idea de que pronto habría un nuevo grupo de veteranos desempleados regresando a casa y que necesitarían que el país se ocupase de ellos vino de las más altas esferas políticas, concretamente del propio presidente Roosevelt y de su esposa, Eleanor Roosvelt (1884 – 1962). Así, Eleanor llegó a afirmar en 1942: "los veteranos podrían crear un grupo de presión peligroso en contra nuestra" (Bennett 129).

La presión de la que la esposa del presidente hablaba era el hecho de que millones de hombres y mujeres que servían en las fuerzas armadas se convertirían en desempleados a la finalización de la guerra. Así, el presidente tomó medidas para combatir esta potencial amenaza en una charla informal pronunciada públicamente el 28 de junio de 1943: "Además de concentrarnos en la victoria militar, no estamos descuidando la planificación de lo que vendrá. Entre otras muchas cosas, estamos estableciendo planes para el regreso a la vida civil de nuestros hombres y mujeres valientes en las fuerzas armadas. Les he asegurado que el pueblo estadounidense no les defraudará cuando se gane la guerra" (Bennet 139).

El presidente Roosevelt continuó desarrollando un esquema de seis puntos de los beneficios que debían incluirse para los veteranos que regresaban a casa. Esta lista contemplaba un seguro de desempleo, beneficios en educación, un crédito de subsidio, la atención médica para los discapacitados en la guerra y pensiones para los veteranos discapacitados.

Hubo una serie de diferentes facciones involucradas en la redacción y aprobación de la ley. La Legión Americana, que era su vanguardia, había estado luchando para asegurar que los veteranos no fuesen olvidados al final de la guerra y dejados en la miseria como se había visto después de la Primera Guerra Mundial. Para otoño de 1943, el Congreso había presentado 640 proyectos de ley relativos a los veteranos, pero no actuó en ninguno de ellos. Como resultado, en noviembre de 1943, la Legión Americana había formado un comité, encabezado por el exgobernador de Illinois, John H. Stelle, para redactar un proyecto de ley para la reinserción de los veteranos.

De hecho, manifestaron públicamente su apoyo a la aprobación de la mencionada ley mediante el envío de varias cartas de agradecimiento a la congresista Edith Nourse Rogers por sus denodados esfuerzos al conseguir la aprobación de la medida *S. 1767* y en las que reconocían los años de dedicación hasta conseguir su aprobación.

Como muestra, podemos mencionar parte del contenido de la carta remitida por los señores John Stelle, presidente del Comité Especial sobre Legislación y Rehabilitación para los Veteranos de la Primera Guerra Mundial (*Chairman, Special Committee on Legislation and Rehabilitation for World War II Veterans*), y Francis M. Sullivan, director ejecutivo del Comité Legislativo Nacional (*Executive Director, National Legislative Committee*) a la congresista Rogers con fecha de 19 de mayo de 1944 en los siguientes términos:

> La Legión Americana le está muy agradecida por su consideración sincera e inteligente y por el esfuerzo que le ha dedicado a la medida *S. 1767*, la cual prevé ayuda del gobierno para el reajuste a la vida civil de los veteranos que regresan de la Segunda Guerra Mundial. Fue gratificante comprobar cómo la Cámara de Representantes apreciaba el trabajo de su Comité (AESL-RIAS, 1, 12).

En el momento en el que este comité estaba trabajando en su proyecto de ley, el Senado había aprobado un proyecto de ley para asignar quinientos dólares a los veteranos en una paga de compensación. La importancia de este proyecto de ley fue simplemente el hecho de que suministró dinero para los veteranos cuando dejasen el ejército. Pero antes de que la Cámara pudiese aprobar la ley, esta fue aplazada a la Segunda Sesión. Una vez más, fue otro ejemplo de la falta de acción por parte del Congreso.

En la Cámara de Representantes, el congresista John Rankin de Mississippi, presidente del Comité de Legislación de los Veteranos de la Guerra Mundial, presentó la *G.I. Bill* el 10 de enero de 1944. El senador Bennett Champ Clark, de Missouri, y uno de los fundadores de la Legión Americana, presentó el proyecto de ley complementario en el Senado al día siguiente. La promesa de ayuda para el retorno de los veteranos que el presidente Roosevelt había imaginado seis meses antes, por fin se presentaba en el Congreso.

Ambos proyectos de ley fueron aprobados en sus respectivas Cámaras y tuvo que ir a través de un comité con el fin de estandarizar los proyectos que cada Cámara había aprobado. En la mañana del 9 de junio de 1944, el proyecto de ley fue aprobado por unanimidad después de que tanto la Cámara de Representantes y el Senado la hubiesen aprobado el 12 y 13 de junio respectivamente.

El 22 de junio de 1944, la Ley de Reajuste del Servicio se convirtió finalmente en ley, Ley Pública 346, a la que com*únmente se le conoció con el nombre de G.I. Bill of Rights*. Como su nombre indica, la Ley de Reajuste del Servicio fue pensada principalmente para ayudar a integrar a los veteranos que regresaban de nuevo a la sociedad estadounidense. El propósito principal de la *G.I. Bill*, por lo tanto, era asegurarse que los soldados que regresaban del frente tendrían una suave transición a la vida civil.

Durante la guerra, los políticos querían evitar la confusión de posguerra sobre los beneficios de los veteranos. Así, al finalizar la contienda bélica, muchos políticos de ambos partidos mostraron su conformidad con la redacción de esta ley y su posterior aplicación. Baste como muestra la carta remitida por el congresista Clyde Dole perteneciente al Partido Demócrata el 26 de marzo de 1947 a la congresista Edith Nourse Rogers, del Partido Republicano, con las siguientes palabras:

> He tenido la intención de escribirle y decirle lo feliz que me siento de comprobar, de vez en cundo en la prensa, el espléndido trabajo que está realizando como presidenta del Comité de Veteranos de este 80º Congreso. Por favor, acepte mi saludo cordial y mis mejores deseos en esta tan responsabilidad tan pesada. Me puedo imaginar sentado en el lado demócrata escuchando su espléndido énfasis en el bienestar de los veteranos (AESL-RIAS, 2, 23).

El presidente Franklin D. Roosevelt quería un programa de asistencia de posguerra para ayudar a la transición a la vida civil de todos los veteranos. Las organizaciones de veteranos movilizaron su apoyo en el Congreso que rechazó el enfoque de Roosevelt y que proporcionaba beneficios solo a los veteranos del servicio militar. El profesor de historia política de la universidad de Florida, Stephen R. Ortiz, afirmó que sus esfuerzos "atrincheraron al VFW y a la Legión Americana como los dos pilares básicos de la presión de los veteranos americanos durante décadas" (Ortiz 49).

Al congresista republicano por Kansas, Harry W. Colmery, un ex comandante nacional de la Legión Americana y ex presidente nacional del Partido Republicano, se le concede la autoría de redactar el primer borrador de la *G.I. Bill*, pasando al día siguiente al Senado. Podemos aportar como dato anecdótico que, según un informe realizado por el profesor de la universidad de Cornell, Glenn C. Altschuler, el congresista Colmery anotaba sus ideas en un escritorio o sobre las servilletas del hotel en el que se alojaba en Washington (Altschuler 118).

Por otra parte, el senador estadounidense Ernest W. McFarland, perteneciente al Partido Demócrata por el estado de Arizona, también participó activamente en la aprobación del proyecto y se le conoce como uno de los padres del *G.I. Bill*, como reconoce el historiador James E. McMillan (McMillan 113).

Igualmente, podríamos considerar a la congresista republicana por el estado de Massachusetts, Edith N. Rogers, como la madre de la *G.I. Bill* puesto que ayudó en gran medida a escribir a la vez que copatrocinó la legislación que se tramitaba en la Cámara de Representantes. Al igual que sucedió con Colmery, en opinión de la erudita historiadora Frydl Kathleen, su contribución a la redacción y posterior aprobación de esta ley ha sido oscurecida por el tiempo (Kathleen 38).

No obstante, todas estas críticas y reticencias de inicio fueron superadas por la presión de la opinión pública. Finalmente, el presidente demócrata Franklin D. Roosevelt promulgó la *G.I. Bill* el 22 de junio de 1944. La notoriedad de esta medida quedó nítidamente demostrada en la declaración del presidente Roosevelt tras su aprobación:

> Con la firma de este proyecto de ley, está casi terminado un programa especial completo de beneficios a todos los veteranos de la Segunda Guerra Mundial. Les proporciona una notoriedad enfática a los hombres y mujeres de nuestras fuerzas armadas para que sientan que el pueblo estadounidense no va a defraudarlos. Pero además de estos beneficios especiales que atienden y cubren las necesidades especiales de los veteranos, tenemos que ser conscientes de que todavía queda mucho trabajo por hacer (Peters y Wolley).

6.4. Las repercusiones de la aprobación de la ley en la sociedad

Existe la creencia popular de que la *G.I. Bill* trató a todos los veteranos por igual, pero desafortunadamente, no es del todo veraz. A continuación, vamos a explicar algunas disposiciones de esta ley que no son tan conocidas, prestando especial atención a los grupos a los que iba destinado, especialmente los efectos que esta ley tuvo sobre las minorías.

Aunque la *G.I. Bill* era popular por sus, aparentemente, principios igualitarios, era menos igualitaria en su aplicación, en particular, en la distribución de beneficios a los veteranos negros. Con anterioridad a la aprobación de la ley, el congresista John

Rankin trabajó para asegurar que la distribución real y la aplicación de los fondos de la *G.I. Bill* fuesen manejadas por los estados. Sostuvo que la aplicación de esta ley era un asunto estatal.

Como Michael J. Bennet afirmó: "La *G.I. Bill* fue la primera legislación social que no reparó en el color de la piel en América" (Bennet 94). Sin embargo, otros estudios demuestran que esto no siempre fue así. Así, vamos a explicar, a continuación, si esta ley realmente ayudó a todos los veteranos por igual como popularmente se cree.

La *G.I. Bill* tiene una serie de disposiciones, algunas de las cuales no son tan conocidas como los aspectos educativos. De hecho, el proyecto de ley final que se presentó a la Cámara de Representantes tenía quince capítulos, tratando una serie de aspectos de la vida de los militares fuera del servicio. Estos capítulos del articulado de la ley incluyen disposiciones como las siguientes: el beneficio de la garantía de una parte de un préstamo para comprar una casa o iniciar un negocio, servicio de empleo, servicio de desempleo, cantidad de subsidio, descalificaciones de los beneficios, dinero para hospitales, administración de la ley, y una serie de cuestiones legales menores que cualquier ley exige (Greenberg).

Un aspecto importante de la ley es la definición de lo que califica como un veterano: "Cualquier persona que sirviera en las fuerzas armadas en o después del 16 de septiembre de 1940 y con anterioridad a la finalización de la presente guerra, siempre que haya servido noventa días o más" (Simon 16).

La aplicación de la *G.I. Bill* permitió a muchos veteranos comprar casas, asistir a la escuela secundaria y estudiar en la universidad, oportunidades que habrían sido de otra manera económicamente imposibles. Pero este proyecto de ley, aunque se describe como destinado a todos los veteranos, no les afectó a todos por igual. A las mujeres no se les había considerado para disfrutar de estos beneficios.

La Administración de Veteranos (VA) fue la encargada de la aplicación de esta ley. Pero por desgracia, en sus primeros cincuenta años de existencia, no se mantuvieron los registros relativos a las mujeres que habían prestado servicio. Sin este tipo de información no se podía determinar la discapacidad en las mujeres para prosperar en el marco de la ley. Aún con todo, sí que podemos hacer referencia a una carta enviada por Emily Allen en referencia a esta ley a la congresista Edith Nourse Rogers:

> Le escribo para expresarle mi aprecio por sus esfuerzos en favor de esta ley. Personalmente, me siento muy complacida de que hay sido una mujer la que tomase la iniciativa. Yo misma soy reportera y soy consciente de la lucha que las mujeres tienen en un campo que los hombres intentan mantener como suyo. Permita que le diga de nuevo, muchas gracias señora Rogers, y mantenga el buen trabajo (AESL-RIAS, 2, 26).

A esto se añade el hecho de que se esperaba que, por lo general, las mujeres de esta época fuesen amas de casa y poco más. En un cuestionario llevado a cabo en la fuerza aérea sobre las ambiciones de posguerra de las mujeres en el ejército (*Women's Army Corps*, WAC) "el 73% declaró que preferían el matrimonio y el mantenimiento del hogar familiar" (Higgins 1). Así que no constituye ninguna sorpresa que las mujeres y sus ambiciones bajo la *G.I. Bill* no fuesen consideradas.

Las mujeres sirvieron en el ejército en las diferentes ramas de este: el Cuerpo de Mujeres del Ejército (*Women's Army Corps*, WAC), el Cuerpo de Enfermeras del Ejército (*Army Nurse Corps*), el Cuerpo de Enfermeras de la Marina (*Navy Nurse Corps*), el Cuerpo de Marines de Mujeres (*Women's Marine Corps*), y las Mujeres Pilotos de las Fuerzas Aéreas (*Women Airforce Service Pilots*, WASPS).

A la mayoría de estas mujeres se les otorgó cuasi directamente la condición de veteranos y tenían la capacidad de participar en la *G.I. Bill* al igual que sus homólogos masculinos, pero no todas pudieron. Por poner tan solo un ejemplo, a las mujeres piloto de las fuerzas aéreas no se les concedió el estatus de veterano como a sus compañeros de otros servicios. Como resultado, estas mujeres perdieron la oportunidad de mejorar a través de los programas destinados a los veteranos. De hecho, a estas mujeres no se les concedió dicho estatus hasta 1977.

Un artículo escrito por Doria Higgins señalaba que en 1940 "el porcentaje de mujeres que estudiaban en la universidad era del 40%" (Higgins 1). Para 1947, ese porcentaje se redujo al 29% debido al hecho de que la *G.I. Bill* benefició a los hombres, no a las mujeres. Resulta obvio, entonces, que las mujeres no encontraban su hueco en las universidades estadounidenses de aquella época.

Las mujeres tuvieron dificultades en virtud de esta ley, pero ellas no fueron el único grupo que experimentó algún tipo de discriminación. Los hispanos, como grupo, pronto se dieron cuenta de que la *G.I. Bill* también era discriminatorio con ellos. Así, un exmayor del ejército y doctor médico llamado Hector P. Garcia fundó una organización en 1948 llamada el Forum Americano GI, porque en su opinión "los beneficios se les estaban denegando a los americanos de descendencia mexicana y otros hispanos por todo el país" (Himes 75).

Uno de los beneficios de los que este grupo, lógicamente, quería participar era el del acceso a la educación superior o a la formación profesional. Esto puede fácilmente conjeturarse por medio del lema del foro: "la educación es nuestra libertad y la libertad debería ser el negocio de todo el mundo". Como el propio Henry A. Ramos señaló: "Los veteranos hispanos de la Segunda Guerra Mundial contribuyeron a la integridad política del país y al progreso social" (Ramos 142).

Por lo tanto, los veteranos hispanos no han sido, en definitiva, objeto de muchos estudios. Lo que sí se sabe a ciencia cierta es que este grupo de veteranos encontró algunas dificultades en la *G.I. Bill*. Quizás en el futuro se realice una investigación sobre este grupo social ya que están cobrando una mayor importancia no solo demográfica sino también política.

Pero hay otro grupo cuya lucha ha sido mejor documentada y estudiada, los veteranos afroamericanos, quienes experimentaron una aplicación desigual de esta ley. Howard Johnson, en un artículo aparecido en una revista en 1947, declaró que había "1.554.000 veteranos negros que regresaban de la guerra, con más de 700.000 veteranos negros en los estados del sur" (Johnson 429).

Lo que se debe tener presente es el hecho de que durante el tiempo en el que se aprobó la *G.I. Bill*, los militares y el país eran segregadores. Incluso el hombre que introdujo la ley en la Cámara de Representantes, el congresista John E. Rankin, ha sido vilipendiado a veces por ser un racista que casi dejó que la ley muriera en la comisión.

La trabajadora social Hilary Herbold escribió un interesante artículo con las desigualdades que sufren los afroamericanos a manos de la Administración de Veteranos (VA). Ella relató que en 1947 en un estado sureño del que no quiso aportar el nombre, "la Administración de Veteranos empleaba a 1.700 veteranos, de los que tan solo siete eran afroamericanos" (Herbold 105). Además, el principio "separados pero iguales" no era aplicado en los hospitales dependientes de la VA.

La Administración de Veteranos, obviamente, tenía algunos problemas con el tema de la raza. Sin embargo, no fueron el único grupo de veteranos que lucharon por intentar solucionar este tema. Por lo general, las ciudades tenían dos mensajes separados, uno para blancos y otro para negros.

La distribución de los beneficios de la ley para los veteranos negros dio lugar a dos efectos sociales importantes, pero aparentemente contradictorios en opinión de Sarah Turner (Turner, *The Effects of the GI Bill* 145). En primer lugar, la desigual distribución de los beneficios educativos exacerbó las diferencias socioeconómicas entre los blancos y los negros en el Sur. Y, en segundo lugar, para los pocos afroamericanos que pudieron aprovechar las ventajas de la ley puede haber tenido las mismas consecuencias para su confianza en el gobierno y en la participación ciudadana como lo hizo para los blancos.

6.5. Las consecuencias educativas de la *G.I. Bill* en la sociedad

El título II del redactado de la *G.I. Bill* pretendía no solo lograr los objetivos más amplios de la misma, sino también reactivar la economía estadounidense que sufría un descenso en el número de ciudadanos con estudios superiores. Por otro lado, la década de la depresión económica que precedió a la guerra creó una generación de trabajadores que no solo carecían de estudios sino también de cualquier experiencia laboral significativa. Así, como reza el título II en su enunciado, "ayudaría en la reposición del capital humano de la nación", capital que había sido devastado por los años de la depresión y la guerra.

Esta ley ofreció, a cualquier veterano con al menos noventa días de servicio, la oportunidad de seguir un año de educación a expensas del gobierno, con un máximo de cuatro años para los que más tiempo habían servido. El gobierno se comprometió a pagar el total de la matrícula hasta quinientos dólares y cubrir los gastos de mantenimiento.

Estos beneficios fueron distribuidos directamente a los veteranos en lugar de ser distribuidos a las universidades o centros de formación profesional, con independencia de factores como la raza, lo que llevó a algunos analistas a describir la ley como "una política muy igualitaria".

Y buena muestra de todo ello son las innumerables cartas que recibió la congresista Edith Nourse Rogers, principalmente a lo largo del año 1947, de veteranos que habían aprovechado la oportunidad educativa que brindaba esta ley y que les había permitido completar su formación profesional o continuar sus estudios universitarios.

Por citar tan solo un ejemplo, podemos mencionar la enviada por el señor Thomas J. Combs, un veterano estudiante de la universidad de Pennsylvania, a la congresista Rogers con fecha de 4 de septiembre de 1947 en los siguientes términos:

> Me gustaría extenderle mi agradecimiento por sus esfuerzos sin descanso en la última sesión del Congreso a favor de los veteranos que ahora asisten a la universidad o reciben cualquier enseñanza profesional bajo la ley pública 346. Debe ser felicitada por su posición independiente ante la disciplina del partido. Si elige nuevamente presentarse al puesto que actualmente ocupa, estoy convencido que los veteranos de Massachusetts le apoyarán para el puesto (AESl-RIAS, 2, 25).

Los veteranos se aprovecharon de estos beneficios en gran número, con más de 2,2 millones de veteranos que prosiguiéron estudios universitarios y 5,6 millones más para asistir a la formación profesional, según los datos ofrecidos por George K. Pratt (Pratt 36).

En total, durante el periodo de posguerra, se estima por parte del prestigioso educador David Snedden, que el total de veteranos representaron el 49% de todos los estudiantes matriculados en centros profesionales y universidades, y un 51% de los veteranos se aprovecharon de los beneficios educativos (Snedden 18). Estas cifras globales superaron considerablemente las estimaciones más optimistas del gobierno federal que habían sido calculadas utilizando datos de la encuesta que recogían que solo entre el 8% y el 12% de los veteranos querría cursar estudios a tiempo completo después de la guerra.

A pesar del alto número de veteranos que inundaron los centros de formación profesional y las universidades de todo el país, hay una serie de factores que hacen difícil conocer los resultados de la *G.I. Bill*. Para empezar, se exigió a las oficinas de reclutamiento militar que proporcionaran pruebas de la alfabetización y de la inteligencia de los que trataban de entrar en las fuerzas armadas y que negaran la misma a los que no cumplían con los requisitos mínimos.

Debido a esta política, el soldado medio menor de veinticinco años entró en el ejército con al menos un año más de educación que el promedio de la población en general, según los datos aportados por Charles Nam (Nam 43). Así pues, los veteranos tenían más probabilidades de tener la formación académica necesaria para comenzar de inmediato una carrera universitaria al regresar. Por lo tanto, parece lógico que hubieran contribuido significativamente a un aumento en las tasas de matrículas, incluso sin la *G.I. Bill*.

También contribuye a la dificultad de estudiar los resultados de esta ley que una gran parte de los que sirvieron en el ejército eran los que habrían ido a la universidad de no haber sido llamados a filas. Además, muchos soldados ya se habían matriculado en la universidad antes de entrar en el servicio. Se estima, en opinión de Karen Thomas, que alrededor del 14% en el Ejército y el 6% en la Marina se matricularon en estudios universitarios.

Finalmente, otro factor para tener en cuenta es que la *G.I. Bill* llegó en un momento en el que ya había un fuerte aumento en la tendencia en la composición de la educación formal recibida por la población masculina del país. De hecho, las estimaciones del Centro Nacional de Estadística de Educación (*National Center for Education Statistics*) muestran que la proporción de la población estadounidense que había completado, al menos, cuatro años de educación universitaria subió del 2,7% en 1910 al 4,6% en 1940.

Es muy probable entonces que, aun cuando nunca se hubiese librado la Segunda Guerra Mundial, la educación superior en los Estados Unidos habría continuado aumentando los matriculados con la tendencia social existente. Varios estudios realizados después de la aprobación de la ley han tratado de analizar el efecto de la *G.I. Bill*. Algunos estudios econométricos han tratado de estimar los efectos de la ley estableciendo comparaciones con los datos de la Ley de Regulación de los Veteranos de 1952 (*Veterans' Adjustment Assistance Act*), para los veteranos de la Guerra de Corea.

El estudio realizado por la Oficina Nacional de Investigación Económica (*National Bureau of Economic Research*) afirmaba que la *G.I. Bill*, probablemente, aumentó la tasa de finalización de estudios universitarios para los veteranos entre el 4% y el 10%. Dadas las bajas tasas de finalización de estudios universitarios en ese momento, el estudio concluyó que "el servicio en tiempo de guerra aumentó las tasas de finalización de la universidad cerca del 50%", debido a la *G.I. Bill* (Bound y Turner 20).

Un estudio similar mantenía que el 75% de los hombres que completaron su primer año en la universidad durante los años en los que los beneficios de la *G.I. Bill* estuvieron vigentes, lo hicieron como resultado directo de la ley. Inevitablemente, este cambio en el logro educativo de los veteranos estadounidenses tuvo naturalmente un impacto significativo en la sociedad en general. La *G.I. Bill* ajustó drásticamente el sistema universitario americano y la percepción social respecto a la universidad y al gobierno como consecuencia.

No obstante, la estimación de las consecuencias sociales de la presente ley se debe atemperar por dos factores importantes. En primer lugar, la llegada masiva de los veteranos que regresaron de la guerra que probablemente habría creado un incremento en la asistencia a la universidad, con o sin la aprobación de la ley. Y, en segundo lugar, la creación de la clase media y otros cambios sociales comúnmente atribuidos a la *G.I. Bill* fue casi con certeza un producto de numerosos factores culturales que no deberían atribuirse a una única medida.

El cambio en la percepción de los ciudadanos acerca de quién debe ir a la universidad fue quizás la consecuencia mayor de la llegada masiva de los veteranos en el sistema educativo. Antes de la guerra, las universidades estadounidenses eran "característicamente rurales, privadas, pequeñas y elitistas para blancos protestantes" en palabras de Willard Waller, con poco que ofrecer al ciudadano medio (Waller 44).

El veterano era, por su parte, el ciudadano estadounidense trabajador por excelencia, llamado a filas para servir a su país en tiempos de guerra. La llegada masiva de estos ciudadanos a las universidades norteamericanas, una vez terminado el conflicto bélico, creó la percepción en la sociedad de que la universidad podría ser útil para algo más que la élite privilegiada.

Además, la estructura igualitaria de la *G.I. Bill* comenzó a desafiar las divisiones raciales y étnicas tradicionales de la educación superior. Aunque su acceso evidentemente no fue igual al de los blancos protestantes, los negros y los judíos comenzaron a hacer mayores avances en la universidad, en opinión de Hilary Herbold (104). Incluso los centros católicos comenzaron a admitir a una variedad más amplia de estudiantes para acomodar la afluencia masiva de los veteranos en el sistema.

Mientras los estadounidenses empezaron a ver a la universidad como una institución con algo que ofrecer a los ciudadanos comunes, también comenzaron a verse a sí mismos como miembros de la clase universitaria. Un estudio que examinó las representaciones culturales de la universidad y de los universitarios, tanto antes como después de la guerra, se centró específicamente en esta tendencia. Las mismas imágenes de los medios y los mensajes que celebraban al hombre veterano común de la calle y su influencia en el cambio de las instituciones aristocráticas, también podría interpretarse en el sentido inverso.

Esto probablemente dio lugar a la percepción de que la universidad era un vehículo para la clase trabajadora estadounidense para mejorar su posición social y económica que, de otro modo, no habría sido disponible. Este potencial de movilidad social ascendente fortalecía la idea de que la universidad era una institución que podría beneficiar no solo a la élite y probablemente contribuyó al incremento de la asistencia a la universidad.

Todo esto condujo a Paul Simon a concluir que la *G.I. Bill* ayudó a "transformar a la nación de una sociedad jerárquica abruptamente dividida por la riqueza y la clase social a una en la que los ciudadanos aspiraban y alcanzaban el estatus de clase media" (Simon 16).

Aunque la asistencia a la universidad de los veteranos transformó la idea de la sociedad sobre la educación superior en los Estados Unidos, su presencia provocó un cambio en la naturaleza de los cursos que estas instituciones ofrecían. Un estudio realizado por Edward Humes al final de la guerra a los soldados halló que el 82% de los mismos cursó estudios universitarios con un alto grado de aplicación práctica (Humes, *Over Here* 58). Estudios recientes han confirmado que las universidades respondieron a esta convocatoria de formación práctica mediante la creación de programas diseñados para atender los deseos de los veteranos.

El impacto de esta ley sobre la percepción de la educación superior no se limitó solo a la sociedad estadounidense en general. Estudios recientes han afirmado que la *G.I. Bill* tuvo un impacto significativo en la forma en la que los veteranos interactuaban con el gobierno. Suzanne Mettler, profesora de ciencias políticas de la universidad de Siracusa, sostiene que esta ley finalmente ayudó a fomentar una sociedad civil fuerte, creando la percepción entre los veteranos de que el gobierno estaba dispuesto a cuidar de ellos.

Mettler argumenta que estas percepciones positivas hicieron que los veteranos participaran en la vida cívica y política mucho más. De hecho, su estudio comprobó que aquellos que usaron los beneficios educativos participaron en un 50% más en organizaciones cívicas y un 30% más en la política (Mettler). Sin embargo, los gobiernos estatales eran reacios a incrementar sus fondos para dar cabida a más estudiantes. Como resultado, las instituciones para negros de educación superior rechazaban al 55% de los solicitantes, mientras que los centros para blancos se estaban expandiendo para satisfacer la demanda.

Las becas existían antes de la Segunda Guerra Mundial y se basaban en el mérito y se financiaban sin la participación federal. Los beneficios de esta ley sentaron un precedente para la financiación federal de iniciativas de educación superior, transformando un sistema de ayuda basado en el mérito a uno que se centró en la ayuda según las necesidades individuales.

Como dato curioso de las consecuencias educativas que esta ley tuvo para el país, podemos añadir que, aunque técnicamente expiró en 1956, varios veteranos que se convertirían posteriormente en notables políticos hicieron uso de estas provisiones educativas. Entre estos futuros políticos cabe mencionar, por ejemplo, a los presidentes Gerald Ford (1913 – 2006) o George H.W. Bush (1924 –), o a los senadores Bob Dole (1923 –) o Patrick Moynihan (1927 – 2003).

El Congreso llegó incluso a realizar un estudio en el año 1988 sobre los posibles beneficios o réditos educativos de la *G.I. Bill*, determinando finalmente la siguiente conclusión ilustrativa: "por cada dólar gastado en beneficios educativos bajo la ley *G.I. Bill* original, se añadieron siete dólares a la economía nacional en términos de productividad, gastos de consumo e ingresos fiscales" (Humes 56).

CAPÍTULO VII
La *Veterans' Preference Act*

CAPÍTULO VII   LA *VETERANS' PREFERENCE ACT*

En este séptimo capítulo vamos a analizar con detenimiento una medida que, al igual que sucedió con la iniciativa estudiada en el anterior capítulo, la Ley de Reajuste del Servicio de 1944 (*Servicemen's Readjustment Act*), fue presentada durante la Segunda Sesión del 78º Congreso (1943 – 1944), y más concretamente durante el mes de junio de 1944.

Esta ley, denominada Ley de Preferencia de los Veteranos (*Veterans' Preference Act*) fue aprobada el 27 de junio de 1944, mediante una Resolución Simple de la Cámara de Representantes (*H.R. 4115*), convirtiéndose posteriormente en la Ley Pública 359 (*Public Law 78 – 359*) durante la Segunda Sesión del 78º Congreso, complementando las disposiciones relativas al título IV, capítulo VI, de la Ley de Reajuste del Servicio, donde se hacía especial énfasis en la empleabilidad de los veteranos.

Dicho título, recordemos, establecía una serie de medidas que estaban encaminadas a facilitar la reinserción laboral de los veteranos, posibilitando la contratación de estos en puestos federales. Por lo tanto, esta medida serviría como complemento para terminar de establecer las bases que facilitarían o posibilitarían la elección de los veteranos en determinados puestos de trabajo, especialmente aquellos que dependían del gobierno federal.

A lo largo del presente capítulo nos vamos a centrar, principalmente, en las principales repercusiones que la aprobación de esta ley tuvo en la sociedad estadounidense de finales de los años cuarenta, sobre todo tras el regreso a casa de los combatientes de la Segunda Guerra Mundial, después de analizar tanto la propuesta del Congreso como la ley misma.

7.1. Aspectos generales de la medida

Comúnmente, se le reconoce al gobierno de los Estados Unidos como el mayor empleador del país. A lo largo de su historia, el Congreso ha utilizado su influencia para dar forma a las políticas públicas de empleo. Y una de estas políticas fue el reconocimiento de que la sociedad estadounidense tenía una deuda con aquellos que lucharon para defender la libertad y los valores tradicionales estadounidenses.

Con el fin de saldar esta deuda, el gobierno federal trató de hacer que el regreso de los veteranos del servicio militar a la vida civil fuese una transición más fácil. Para ello, ofreció a los veteranos un trato preferencial a la hora de gestionar el empleo federal. Por lo tanto, el Congreso aprobó la llamada Ley de Preferencia de Veteranos de 1944 por medio de la Ley Pública 359, con la que se consiguió un importante hito.

No obstante, la preocupación del Congreso por facilitar oportunidades de empleo a los veteranos de guerra no es una cuestión únicamente del siglo XX, o de los veteranos de la Segunda Guerra Mundial, puesto que se remonta ya al año 1865. En ese año, tanto el Senado como la Cámara de Representantes emitieron una resolución conjunta instando a que se diera preferencia a los veteranos discapacitados para desempeñar cargos civiles.

Aunque carente de fundamento jurídico, existía una norma que regulaba el tratamiento de los veteranos de guerra. Así, algunos soldados fueron recompensados por su servicio al gobierno federal. Estas primeras formas de preferencia se basaban, con frecuencia, en modelos europeos y contaba con la utilización de pensiones, primas de servicio, subsidio de discapacidad y la hospitalización por lesiones sufridas en combate como recompensa por el servicio a la patria. No fue hasta años más tarde cuando los nombramientos para cargos federales, como recompensa por el servicio militar, se convertirían en una práctica popular.

Hacia el final de la Guerra Civil, el Congreso aprobó la primera legislación significativa relativa a la preferencia de veteranos. Esta ley preveía entonces lo siguiente en su redactado:

> Las personas que hayan sido dadas de alta honorablemente en el servicio militar o naval debido a la discapacidad resultante de heridas o de enfermedad incurridas en el cumplimiento de su deber, serán preferidas para nombramientos en cargos civiles, siempre y cuando posean la suficiente capacidad necesaria para el desempeño de las funciones de dichos cargos (*Report United States Civil Service Commission*).

Bajo esta legislación, la preferencia en los nombramientos se limitaba a los veteranos discapacitados que estaban cualificados para el trabajo que debían realizar. Esta ley de 1865 se presentó como la legislación de preferencia de veteranos que pervivió hasta el final de la Primera Guerra Mundial. A lo largo de los años, sin embargo, se hicieron varias modificaciones a la legislación vigente. Una enmienda de 1871 contenía el primer modelo de los requisitos de idoneidad para los veteranos en la búsqueda de empleo.

Posteriormente, el Congreso complementó esta preferencia de veteranos con una "preferencia de retención" (*retention preference*) en el año 1876, para aquellos veteranos que habían sido licenciados con honor, incluyendo en esta nueva medida a sus viudas o huérfanos. Esto significaba que cualquier veterano, que hubiese sido licenciado, o que hubiese sido despedido por falta de trabajo, falta de fondos, reorganización de la empresa, u otras causas, tendría mayores oportunidades de conservar su puesto de trabajo que una persona que no fuese veterana en el supuesto de disminución de la carga de trabajo.

En el año 1888, un reglamento de la Comisión de la Función Pública (*Civil Service Commission*, CSC), dio preferencia absoluta a todos los veteranos discapacitados sobre el resto de las personas que fuesen aptas para el puesto. Dicho de otra manera, los veteranos se colocarían con una puntuación de sesenta y cinco puntos, cuando la puntuación mínima para todos los demás era de setenta puntos, por lo que muy fácilmente se colocaban en la parte alta de la lista de nombramientos.

Un año después, el presidente Benjamin Harrison (1833 – 1901) emitió una orden ejecutiva que permitía a los veteranos que fuesen dados de alta honorablemente y que fuesen ex–empleados federales, ser reintegrados sin límite de tiempo en sus puestos de trabajo. Esta fue la primera vez que se elegía la opción de reincorporarse y que se aplicaba a todos los veteranos. Y en el año 1892, estos derechos se extendieron a las viudas y huérfanos.

Una ley de 1912, tal y como se aplicó y se expandió a través de una serie de órdenes ejecutivas presidenciales y de reglamentos de la Comisión de la Función Pública, concedió una preferencia de retención absoluta a cualquier veterano dado de baja honorablemente y con buenas calificaciones laborales. En la práctica, esto significaba que se prefería que conservara el empleo el veterano incluso sobre aquellos empleados federales que no eran veteranos aun cuando contasen con más antigüedad o tuviesen un mayor nivel de rendimiento.

La primera gran expansión de los beneficios de preferencia de los veteranos se produjo en el año 1919 en la Ley del Censo (*Census Act*). Esta ley concedía preferencia a todos los veteranos honorablemente dados de alta, a sus viudas y a las esposas de los veteranos heridos. Así, en una sección de su articulado se podía leer lo siguiente:

> Que de aquí en adelante a la hora de efectuar nombramientos para puestos en oficina y otros en el poder ejecutivo del gobierno, en el distrito de Columbia o en cualquier otro lugar se le dará preferencia a los soldados, marineros e infantes de marina honorablemente dados de baja, y a las viudas de estos, y a las esposas de los soldados, marineros e infantes de marina heridos, quienes en sí mismos no están cualificados, pero cuyas esposas están cualificadas para ocupar tales puestos (Department of Commerce, Bureau of the Census).

Así, la sección VIII de la Ley de Formación y Servicio Selectivo de 1940 (*Selective Training and Service Act*) añadió los derechos de reempleo a la lista de preferencias de los veteranos. Recordemos que esta medida fue aprobada mediante la Ley Pública 783 durante el 76º Congreso (*Public Law 76 – 783*).

A cualquier empleado federal, que no estuviera en un puesto de trabajo de carácter temporal, que fuese llamado para el servicio militar se le garantizaba el derecho a regresar al puesto federal que ostentaba anteriormente, o uno equivalente, sin pérdida de antigüedad o de beneficios. Además, establecía que dicho empleado público no podría ser despedido al menos durante un año posterior a su reingreso a su puesto de trabajo, a menos que el empleador tuviese una buena causa, como, por ejemplo, mala conducta. Todo ello quedaba refrendado en la siguiente redacción del articulado:

> En el caso de cualquier persona que, con el fin de llevar a cabo el entrenamiento y servicio militar, haya dejado o deje un puesto, que no sea temporal, al servicio de un empleador y que reciba su certificado, todavía está cualificado para desempeñar las funciones de dicha posición, siempre que haga la solicitud de reempleo dentro de los 40 días siguientes a que se libere del servicio (*Public Law 76 – 783*).

Esta ley fue muy importante por dos razones principales. En primer lugar, ya no había que contar con una discapacidad relacionada con el servicio activo como base principal para poder optar a la concesión de la preferencia de los veteranos. Y, en segundo lugar, introdujo por vez primera el concepto de preferencia conyugal en el proceso de nombramiento de empleados federales.

Esta ley también redefinió a los veteranos aptos para incluir a todos los que sirvieron en el ejército y que fueron dados de alta honorablemente, con independencia de si dicho servicio se produjo en tiempos de guerra o de paz. Esta ley se mantuvo como la ley federal básica para la preferencia de veteranos hasta el 27 de junio de 1944 cuando se promulgó la Ley de Preferencia de Veteranos de 1944.

La red de leyes y reglamentos de preferencia de veteranos en puestos federales fue sustancial en el año 1944, incluyendo la contratación, retención y preferencias de reempleo. Muchos estados tenían sus propias leyes de preferencia similares a la hora de la contratación en el gobierno estatal y municipal. Sin embargo, el Congreso creyó, durante el transcurso de la Segunda Guerra Mundial, que una acción conjunta a nivel nacional era necesaria.

El esfuerzo militar de los Estados Unidos durante la contienda bélica requería una movilización sin precedentes en la historia, con millones de ciudadanos poniendo sus vidas a disposición de la nación para unirse a los escenarios de sangrientas batallas en lugares lejanos. Así, el Congreso previó que cuando regresaran a casa estos veteranos tendrían necesidades que cubrir, particularmente la asistencia laboral en su reinserción a la vida civil.

Los legisladores consideraron entonces que el gobierno federal debía mejorar las preferencias de contratación de los veteranos como una muestra de gratitud de todo el país y como un ejemplo para otros empleadores. Como el representante Thomas J. D'Alessandro puso de manifiesto durante unas audiencias públicas:

> Esta nación ha habilitado a 12 millones de combatientes para que destruyan y maten. Se les ha sacado de las escuelas, las universidades y de sus trabajos. Los millones de hombres y mujeres que regresan a casa de los frentes y campos de batalla necesitarán trabajo, dinero, entrenamiento, hospitalización, y otro tipo de ayuda. Ellos esperan estabilidad y seguridad para que puedan empezar a reconstruir sus vidas personales (*78*th *Congress*, *2*nd *Session*, 1944).

La ley de 1944 cubría solo a los veteranos con discapacidades como resultado del servicio en tiempo de guerra, junto con sus esposas o viudas, y a otros veteranos que sirvieron durante la guerra. Los veteranos en tiempos de paz que ya gozaban de preferencias por las leyes previas no perdían esos beneficios, pero las nuevas preferencias no se extendían a los veteranos de tiempos de paz dados de alta después de 1944.

El nuevo conjunto de preferencias cubría la contratación, la recontratación, la retención durante una reducción de personal, y el derecho a apelar las decisiones basadas en reglas de disciplina de los empleados. Así, los veteranos de la Segunda Guerra Mundial podían cualificarse para empleos federales sin cumplir con los necesarios requisitos de edad, altura o peso.

Los requisitos de educación también fueron eliminados de casi todos los puestos federales a excepción de ciertas posiciones científicas, técnicas y profesionales, que se consideraban necesarias por parte de la Comisión de la Función Pública. Los veteranos también recibían, en ciertos casos, crédito por el tiempo de servicio militar en el cumplimiento de los requisitos de experiencia previa.

La contratación federal para la mayoría de los puestos se basó en los concursos nacionales. Pero esta ley de 1944 añadía diez puntos a los resultados de las pruebas de los veteranos discapacitados o a sus viudas o esposas y además añadió cinco puntos a los resultados de las pruebas de otros veteranos de guerra. Con frecuencia esto servía para ascender a los veteranos a los primeros puestos de la lista de contratación federal.

Las preferencias de reempleo y retención no se apartaron radicalmente de las que ya estaban en vigor, pero el Congreso consideró importante dar cobertura legislativa a los beneficios que habían sido creados por las normas y reglamentos de la rama ejecutiva. Así, los veteranos reempleados no podían ser despedidos dentro del año de su regreso al trabajo.

Y los veteranos empleados que eran aptos y que contaban con buenas calificaciones en el desempeño de su labor no podían ser despedidos antes que uno que no fuese veterano por una reducción en la mano de obra, con independencia de conceptos que se pudieran aplicar como la antigüedad.

La Ley de Preferencia de Veteranos de 1944 otorgó a los veteranos de guerra la notificación y la apelación de ciertos derechos en materia de disciplina de los empleados. Un veterano no podía ser despedido, suspendido, degradado, o se le podía reducir la retribución sin una buena causa justificada y sin recibir primero una notificación por escrito de las alegaciones, la oportunidad de responder y un aviso de treinta días. Los veteranos, de esta forma, fueron el primer grupo de empleados federales que disfrutaron de este derecho.

Los que no eran veteranos no pudieron disfrutar de este derecho hasta que el presidente John F. Kennedy (1917 – 1963) firmó la Orden Ejecutiva 10987 (*Executive Order 10987*) en el año 1962 en los siguientes términos:

> El jefe de cada departamento y agencia, de acuerdo con las disposiciones de la presente orden y reglamento de aplicación por la Comisión de la Función Pública, y establecerá dentro del departamento o agencia un sistema para la reconsideración de las decisiones administrativas a la hora de tomar una acción adversa contra los empleados. Información sobre el sistema se pone en conocimiento de todos los empleados. Dentro de los principios establecidos por este orden y con sujeción a las directrices generales contenidas en el reglamento, cada departamento y organismo autorizado para desarrollar dicha agencia apela a los procedimientos que sean apropiados a sus propios requisitos de organización (Peters y Woolley).

Aunque el Congreso ha tenido muchas oportunidades de ajustar las preferencias de los veteranos desde 1944, el programa básico permanece casi en su lugar. El derecho a la notificación y la revisión de la disciplina de los empleados formaron las bases de los derechos al debido proceso en la Ley de Reforma del Servicio Civil (*Civil Service Reform Act*) de 1978, que posteriormente se convertiría en la Ley Pública 454 (*Public Law 95 – 454*) por el presidente Jimmy Carter (1924 –) el 13 de octubre de 1978.

Posteriormente, la Ley de Derechos de Empleo y Reempleo de Servicios Uniformados (*Uniformed Services Employment and Reemployment Rights Act*, USERRA) de 1994 reforzó los derechos de reempleo tanto de los veteranos como de los reservistas en empleos federales, estatales y privados. Esta ley se convirtió finalmente en la Ley Pública 353 (*Public Law 103 – 353*) el 13 de octubre de 1994 por parte del presidente Bill Clinton (1946 –).

Los veteranos discapacitados todavía en la actualidad reciben una preferencia de diez puntos, los veteranos sin discapacidad siguen recibiendo una preferencia de cinco puntos, y la preferencia de retención de veteranos aún persiste sobre aquellos que no son veteranos en una reducción de volumen de trabajo. En definitiva, los legisladores estadounidenses siguen reconociendo una deuda mientras expresan su gratitud con los veteranos de guerra estadounidenses.

7.2. Análisis de la ley en el Congreso

Esta ley fue presentada en la Cámara de Representantes por el congresista Joe Starnes con fecha de 27 de marzo de 1944 por medio de la Resolución Simple (H.R. 4115) durante la Segunda Sesión del 78º Congreso con el fin de proporcionar preferencia en el empleo en puestos federales a veteranos licenciados honorables, a sus viudas y esposas.

En este caso, el comité encargado de su tramitación fue el Comité de Servicio Civil de la Cámara, siendo aprobada en la misma el 17 de abril de 1944. Posteriormente fue remitida al Senado, con fecha de 25 de mayo, donde fue aprobada con enmiendas el 12 de junio. Enviada de vuelta a la Cámara, esta aprobó las enmiendas remitidas por el Senado el 20 de junio, hasta que finalmente se convirtió en la Ley Pública 359 (*Public Law 78 – 359*) el 27 de junio de 1944.

En la Figura 2 se puede comprobar el resultado final del voto de dicha ley en la Cámara, con detalle de los diferentes partidos que la componían en 1944:

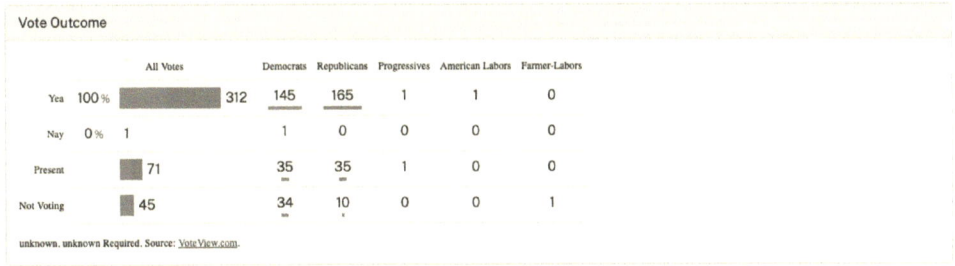

Figura 2. Resultado del voto en la Cámara de Representantes.
GovTrack.US.

Como se desprende de la figura anterior, el resultado final de la aprobación de esta medida en la Cámara obtuvo un apoyo mayoritario por parte de los dos grandes partidos, con ciento cuarenta y cinco votos a favor por parte del Partido Demócrata y ciento sesenta y cinco del Partido Republicano, computando un total de trescientos doce votos favorables y un único voto desfavorable de un miembro del Partido Demócrata. Una vez que se aprobó la medida analizada en el anterior capítulo, S. 1767, relativa a los beneficios destinados a los veteranos, este tipo de iniciativas para dar preferencia de empleo a los veteranos contaban con el masivo apoyo de los congresistas.

Podemos pasar ahora a analizar propiamente la Ley Pública 359 (*Public Law 78 – 359*) a través de sus veintiuna secciones por la que entró en vigor la Ley de Preferencia de Veteranos de 1944. En ella se daba preferencia a los veteranos a la hora de las contrataciones en empleos federales. La Tabla 45 nos ilustra claramente el contenido de todas las secciones de esta ley:

Sección	Contenido
2	Preferencia en empleos del gobierno
3	Puntos añadidos en los exámenes de entrada
4	Crédito por el tiempo en servicio
5	Exención de algunos requisitos físicos
6	Otras exenciones en empleos civiles
7	Entrada en los registros de aptos
8	Procedimiento de nombramiento
9	Servicio no clasificado
10	Exámenes autorizados en ciertos casos
11	Reglas y regulaciones
12	Procedimiento en la reducción de personal
13	Readmisiones
14	Despido y suspensión
15	Aptitud para renombramiento
16	Aptitud para renombramiento después de renuncia
17	Definición de términos
18	Conformidad de la ley
19	Administración de la ley
20	No aplicación en algunos puestos
21	Separabilidad

Tabla 45. Listado de secciones de la medida H.R. 4115.
Elaboración propia.

Al analizar el contenido de la ley por secciones, en la sección segunda se establecía claramente la preferencia que se pretendía otorgar a los veteranos en los empleos federales. Así queda de manifiesto en su redacción:

> En la certificación para su nombramiento, el restablecimiento, en el re-empleo, y en la retención en posiciones civiles en todos los establecimientos, agencias, oficinas, administraciones, proyectos y departamentos del Gobierno, permanente o temporal, se dará preferencia a los hombres y mujeres que han prestado servicio activo en

cualquier rama de las fuerzas armadas de los Estados Unidos y han sido separados de ella en condiciones honorables y para quienes se ha establecido la actual existencia de una discapacidad relacionada con el servicio o que están recibiendo la indemnización, jubilación por incapacidad beneficios o pensiones en razón de las leyes públicas administradas por la Administración de Veteranos, el Departamento de Guerra o de la Secretaría de Marina" (*Public Law 78 – 359, 387*).

Esta segunda sección, aparte de los hombres y mujeres que hubiesen estado en servicio activo, incluía además a las mujeres de estos veteranos con discapacidades (2), a las viudas de los veteranos fallecidos (3), y a aquellos veteranos que hubiesen servido en cualquier guerra, campaña o expedición (4).

Una vez establecido a quienes iba dirigida esta preferencia, en la sección tercera se establecían los criterios para otorgar una serie de puntos extra en los exámenes de entrada en los empleos federales a nivel nacional. Así, podemos leer lo siguiente en su articulado: "En todos los exámenes para determinar las calificaciones de los solicitantes de ingreso en el servicio de diez puntos se añadirán a las calificaciones obtenidas de las personas incluidas en la sección 2 (1), (2) y (3), y cinco puntos se añadirán a las calificaciones obtenidas de las personas incluidas en la sección 2 (4) de esta Ley" (*Public Law 78 – 359, 388*).

Otro aspecto importante a tener en cuenta en la preferencia dada a los veteranos venía especificado en la sección cuarta, que hacía referencia al crédito otorgado al veterano por el tiempo de servicio cuando la experiencia se tuviese en cuenta a la hora de valorar la cualificación de un candidato. De ahí que esta sección quede redactada como sigue: "En los exámenes donde la experiencia es un elemento de cualificación, el tiempo pasado en el servicio militar o naval de los Estados Unidos se acreditará en la calificación de un veterano en su empleo actual en una vocación similar a aquella para la que él o ella se examina fuese interrumpido por ese servicio militar o naval" (*Public Law 78 – 359, 388*).

Esta sección concedía a los veteranos en los exámenes para determinar las calificaciones de un solicitante veterano, que se le diera crédito a su valiosa experiencia, incluida la experiencia adquirida en servicios religiosos, cívicos, o de bienestar, y actividades organizativas, independientemente de si se recibió una indemnización por ello.

Igual de relevante, en nuestra opinión, fue la sección quinta de la ley por medio de la cual se establecía la exención de algunos requisitos físicos por parte de los veteranos a la hora de optar al puesto de trabajo. Esta determinación quedó redactada de la siguiente manera:

En la determinación de las cualificaciones para el examen, nombramiento, promoción, retención, transferencia, con respecto a los elegibles de preferencia, la

> Comisión de la Función Pública u otro organismo examinador renunciarán a aquellos requisitos en cuanto a la edad, la altura y el peso, siempre que dicho requisito no sea indispensable para el desempeño de los deberes del cargo para el que se convoca el examen (*Public Law 78 – 359, 359*).

En la práctica, esto implicaba que la Comisión de la Función Pública, después de dar la debida consideración a la recomendación de cualquier médico acreditado, debería renunciar a las exigencias físicas en el caso de cualquier veterano, siempre y cuando dicho veterano estuviese, en opinión de la Comisión, en condiciones físicas para desempeñar eficientemente las funciones del cargo para el que se convoca el examen.

Además, legislaba que no se estableciese ningún requisito educativo mínimo en cualquier examen de la función pública a excepción de algunas posiciones científicas, técnicas o profesionales y cuyas funciones la Comisión decidiera que no pueden ser realizadas por una persona que no tuviese este tipo de formación.

La siguiente sección, la sexta, hacía referencia asimismo a otro tipo de exenciones en los empleos civiles como, por ejemplo, cuando estas afectaban a dos o más miembros de una misma familia. Llegamos así a algunas secciones en las que se establecen los procedimientos estándares a la hora de proceder y aplicar estas preferencias. Así pues, la sección séptima hacía referencia a la entrada de estos veteranos en los registros públicos de personas aptas para empleos civiles en la administración pública, teniendo en cuenta que los nombres de los veteranos se colocaban preferentemente en los primeros puestos de las listas de aptos: "Los nombres de los elegibles con preferencia se inscribirán en los registros o listas de elegibles apropiadas de conformidad con sus respectivas calificaciones aumentadas, y el nombre de un derecho de preferencia se inscribirá por delante de todos los otros que tienen la misma calificación" (*Public Law 78 – 359, 389*).

A continuación, hay una sección, la octava, con un texto más complejo y denso puesto que hacía referencia al procedimiento a seguir para el nombramiento de estos veteranos en los puestos civiles y el número de candidatos de la lista que se debían proponer para ese puesto. Así, en su articulado leemos lo siguiente:

> Cuando, de acuerdo con las leyes y reglas del servicio civil, un oficial que hace los nombramientos solicitará certificación de elegibles para los propósitos del nombramiento, la Comisión de la Función Pública certificará, desde la parte superior del registro correspondiente de elegibles, una serie de nombres suficientes para permitir al oficial de nominación o nombramiento considerar al menos tres nombres en relación con cada vacante" (*Public Law 78 – 359, 389*).

Esto suponía que dicho oficial responsable debía elegir a uno entre esos tres candidatos propuestos por la Comisión. Pero lo realmente relevante era que, si un oficial de nombramiento pasaba por encima de un veterano elegible y seleccionaba a uno no veterano, debería presentar ante la Comisión sus razones por escrito, lo que lógicamente condicionaba la elección del oficial responsable. Estas razones eran detenidamente estudiadas por la Comisión que determinaba si eran suficientes o se precisaban más aclaraciones.

Como contrapartida, tal y como refleja la sección décima de la ley, se autorizaban una serie de exámenes aleatorios por parte de la Comisión de la Función Pública en ciertos casos con el fin de determinar la idoneidad del candidato. Así, podemos leer lo siguiente: "Se autoriza a la Comisión de la Función Pública para celebrar un examen para cualquier posición a la que cualquier nombramiento se haya hecho dentro de los tres años anteriores, para cualquier persona incluida en la sección 2 (1), (2) y (3) de esta Ley, previa solicitud para el examen de cualquier posición" (*Public Law 78 – 359, 390*).

El hecho de asumir estos exámenes, a su vez, implicaba que dicha Comisión quedaba autorizada para promulgar las reglas y regulaciones apropiadas para la administración y la aplicación de las disposiciones de esta ley, tal y como queda expresamente recogidos en la sección decimoprimera.

A continuación, encontramos una serie de secciones en las que se establecen las diferentes propuestas en caso de reducción de personal, readmisiones o despidos. Así, en la sección decimosegunda de la ley, relativa al procedimiento a seguir en aquellos casos de reducción de personal, se le concedía preferencia de retención al veterano sobre cualquier otro empleado no veterano.

No obstante, había que tener en cuenta que los empleados con preferencia cuyas calificaciones de eficiencia fuesen "buenas" tendrían su preferencia ante todos los demás empleados de la competencia y a los empleados de preferencia cuyas calificaciones de eficiencia estuvieran por debajo de "buena": "En cualquier reducción de personal en todo el servicio civil de cualquier agencia federal, los empleados de la competencia serán liberados de conformidad con las regulaciones de la Comisión de la Función Pública que dará la debida validez de la tenencia del empleo, la preferencia militar, tiempo de servicio, y valoraciones de eficiencia" (*Public Law 78 – 359, 390*).

Relacionada con la anterior sección estuvo la siguiente, la decimotercera, que hacía referencia entonces a aquellos casos de readmisiones de veteranos con derechos de preferencia que hubiesen sido despedidos o que hubiesen solicitado una excedencia. Así, podemos leer lo siguiente en su articulado:

Cualquier veterano con derecho de preferencia que haya renunciado o que haya sido despedido o estuviera en excedencia podrá, a solicitud de cualquier funcionario de nombramiento, tendrá derecho a será nombrado para cualquier cargo para el que puede ser elegible en la administración pública, federal o en cualquier establecimiento, agencia, oficina, administración, proyecto o departamento" (*Public Law 78 – 359, 390*).

Otra sección relevante fue la decimocuarta, que hacía hincapié en los casos de despido o suspensión de empleados veteranos. Además de establecer las restrictivas condiciones para el despido, imponía una serie de medidas que, en aquel momento, fueron novedosas y cuya aplicación solo afectaba a los veteranos. Por ejemplo, incluía la obligación del aviso anticipado con, al menos, treinta días de antelación y el derecho de apelación por parte del veterano. La importancia de estas medidas queda reflejada en el hecho de que posteriormente fuesen aprobadas para el resto de personal civil:

> Ningún veterano elegible con preferencia no permanente o indefinida, que haya completado un período de prueba o ensayo empleado en la administración pública, o en cualquier establecimiento, agencia, oficina, proyecto de la administración, o departamento, anteriormente mencionada deberá ser despedido, suspendido por más de treinta días, sin sueldo, reducción de rango o indemnización, ni inhabilitado para el futuro nombramiento excepto que por dicha causa se promoverá la eficiencia del servicio y por las razones dadas por escrito (*Public Law 78 – 359, 390*).

En esos casos, la persona cuyo despido, suspensión por más de treinta días, permiso sin sueldo, o la reducción de su rango o reparación del servicio solicitado tendrá un aviso previo por escrito por lo menos de treinta días, lo cual constituía toda una novedad. En consecuencia, a los veteranos elegibles con preferencia se les permitía un tiempo razonable para responder a la misma personalmente y por escrito, para aportar declaraciones juradas en apoyo de tal respuesta.

En última instancia, el empleado veterano afectado tenía el derecho de apelar a la Comisión de la Función Pública de una decisión adversa del funcionario administrativo de su modo de actuar. Tal apelación debía hacerse por escrito en un plazo de tiempo razonable después de la fecha de recepción de la notificación de dicha decisión adversa.

A continuación, encontramos dos secciones que mencionaban los casos de aptitud del veterano para el renombramiento. En concreto, la sección decimoquinta especificaba aquellos casos de elegibilidad para recertificación y renombramiento, mientras que la sección decimosexta hacía referencia a la elegibilidad para renombramiento después de una renuncia del veterano. En el caso de la decimoquinta sección se puede leer lo siguiente:

> Cualquier elegible de preferencia, que ha sido separado y sin delincuencia o mala conducta, previa solicitud, deberá tener su nombre colocado en todos los registros de la administración pública apropiadas y / o en todas las listas de empleo, por cada puesto para el que se han establecido sus calificaciones, como sostiene la Comisión de la Función Pública será entonces elegible para la recertificación y renombramiento (*Public Law 78 – 359, 391*).

Por su parte, en la sección decimosexta quedaron entonces definidos los casos de elegibilidad para el renombramiento después de la renuncia del veterano empleado como se desprende de la siguiente redacción: "Cualquier elegible de preferencia que ha dimitido, previa solicitud a la Comisión de la Función Pública debe tener su nombre colocado de nuevo en todos los registros de la administración pública adecuados para el que puede haber sido calificado, en la orden prevista en el artículo 7 de esta Ley, y será entonces elegible para la recertificación y reelección" (*Public Law 78 – 359, 391*).

Por fin, las últimas secciones de esta ley centraban su atención en aspectos más formales y legales. Así, por ejemplo, la sección decimoséptima daba una definición de los términos empleados cuando se usaba el concepto de la Comisión de la Función Pública, la cual hacía referencia a la administración nacional de la función pública y a aquellas personas designadas por la misma. Por su parte, la sección decimonovena establecía las condiciones para la administración de la ley en los siguientes términos:

> Será la autoridad y el deber de la Comisión de la Función Pública en todos los casos bajo el servicio civil clasificado hacer y hacer cumplir las normas y reglamentos adecuados para llevar a efecto plenamente las disposiciones, la intención y el propósito de esta Ley y las órdenes ejecutivas que sean expedidas con arreglo a la misma y en cumplimiento de esta" (*Public Law 78 – 359, 391*).

Finalmente, debemos hacer mención también a la sección vigésima, que hace expresa referencia a la no aplicación de esta ley de preferencia de veteranos a determinados puestos federales. El articulado de esta medida quedó redactado, entonces, como a continuación sigue: "Nada de lo contenido en esta Ley se pretende aplicar a cualquier posición en o bajo el poder legislativo o judicial del Gobierno o a cualquier cargo o nombramiento que requiera ser confirmado por el Congreso, o se haga con el consejo y consentimiento del Senado de los Estados Unidos" (*Public Law 78 – 359, 391*).

Como se ha podido comprobar del análisis de la Ley de Preferencia de Veteranos de 1944, esta ley procuraba la preferencia de los veteranos en los casos de empleabilidad en puestos civiles federales a la vez que le concedía una serie de beneficios ante sus posibles competidores como los puntos añadidos o el crédito por el tiempo de servicio. Además, quedaban exentos de cumplir ciertos requisitos físicos y, principalmente, se limitaban los casos en los que podían ser despedidos o suspendidos de empleo y sueldo. Posteriormente se acotó también aquellos puestos que no estaban sujetos a la aplicación de la ley.

7.3. Repercusiones de la aprobación de la ley en la sociedad

En 1944, en cumplimiento de una promesa hecha por el país a los miembros de sus fuerzas armadas, la Ley de Preferencia de Veteranos (*Veterans' Preference Act*) se hizo efectiva. Dicha ley, cuyas raíces databan de la guerra de Independencia, reafirmó en su momento y en décadas posteriores que prestar el servicio militar a la nación confería el derecho a un trato preferencial cuando un veterano solicitaba un puesto civil en el gobierno federal de los Estados Unidos.

A los veteranos de las fuerzas armadas se les ha dado algún tipo de preferencia en los nombramientos para puestos de trabajo federales desde tiempos remotos. Reconociendo su sacrificio, el Congreso promulgó leyes para evitar que los veteranos que buscaban algún empleo federal fuesen penalizados por su tiempo dedicado al servicio militar. Esta preferencia de veteranos reconoce la pérdida económica sufrida por los ciudadanos que han servido a su país de uniforme, restaura para ellos una posición competitiva favorable para obtener un empleo del gobierno y reconoce la obligación contraída con los veteranos discapacitados.

La preferencia de veteranos, en su forma actual, proviene de la Ley de Preferencia de Veteranos de 1944 que posteriormente ha ido siendo enmendada. Por medio de esta ley, los veteranos que están discapacitados o que han estado en servicio activo en las fuerzas armadas durante ciertos periodos de tiempo determinado, o en campañas militares, tienen derecho a la preferencia sobre los demás en la contratación de personal elegible de las listas y también en la retención de su puesto durante las reducciones de mano de obra.

La preferencia, tal y como se aplicaba en esta ley, incluía posiciones en el servicio civil clasificado (*classified civil service*), el servicio civil no clasificado (*unclassified civil service*), y cualquier puesto temporal o de emergencia en alguna agencia, oficina, administración o departamento creado por las leyes del Congreso o mediante una orden ejecutiva presidencial.

Esta ley de preferencia fue aprobada en el Congreso con muy poco debate y casi sin ninguna oposición. En el debate que se produjo en la Cámara el congresista republicano, por el estado de Indiana, Charles LaFollette (1898 – 1974) introdujo algunas enmiendas que finalmente fueron eliminadas en la versión definitiva que aprobó el Senado.

No obstante, algunos críticos afirmaban que la ley de preferencia de veteranos bajaba la calidad del personal federal, mientras que otros temían que esta ley fuese el primer paso en la creación de un sistema de castas militares en todo el país además de constatar que los veteranos masculinos y femeninos no se beneficiaban por igual de la ley.

Sobre esta ley apareció un artículo en un periódico nacional en la que se hacía una reflexión sobre los derechos aportados por esta ley para los veteranos. Su autora, Linda E. Brooks, reconocía que a pesar de todas las ventajas no era un derecho sin limitaciones:

> No es un derecho en blanco. Muchos sirven que no son elegibles para la preferencia de los veteranos, como este derecho se llama. Y, mientras que todos los elegibles de preferencia son los veteranos; no todos los veteranos son elegibles de preferencia. Esto quiere decir que para el ejercicio de esta preferencia debe haber servido en una guerra, o campaña o ganado una cierta medalla. Es un derecho ganado (Brooks 6).

A primera vista esta ley parece justa y equitativa puesto que se reconoce las dificultades que atravesaron en el campo de batalla, el estrés económico del servicio militar, el retraso en la progresión de sus carreras y la tremenda carga emocional para la familia y para ellos mismos.

La preferencia en la contratación se aplica tanto a puestos permanentes como temporales en el servicio civil del gobierno federal, con excepción de posiciones en la rama ejecutiva que requieren de la confirmación del Senado. Los poderes legislativo y judicial del gobierno federal también están exentos de esta ley.

Esta preferencia se aplica en la contratación de los exámenes de la función pública efectuados por la Oficina de Administración de Personal (OPM) y otras agencias a los que se les delega la autoridad de efectuar dichos exámenes, para la mayoría de los puestos en el servicio civil, incluyendo los Nombramientos de Reclutamiento de Veteranos (*Veterans Recruitment Appointments*, VRA) o cuando estas agencias efectúan nombramientos en el extranjero por una duración temporal y limitada. Sin embargo, esta preferencia de veteranos no se aplica para la promoción, el cambio a un nivel inferior o a otro puesto.

El ejercicio de la preferencia de veteranos no requiere que una agencia use ningún proceso de nombramiento en particular. Estas tienen amplia autoridad para contratar a algún candidato de los elegibles, incluyendo además las autorizaciones especiales para los nombramientos.

En la preferencia de veteranos se ha expresado reiteradamente la preocupación acerca de los principios de mérito y discreción en la contratación administrativa. Mientras que el Congreso estaba considerando la expansión de la preferencia de los veteranos en el final de la Primera Guerra Mundial, la Comisión del Servicio Civil de los Estados Unidos respondió: "La ley de servicio civil está basado en el principio de que todos los ciudadanos deben tener igualdad de oportunidades en el nombramiento en el servicio público y que en cada caso el más eficiente debe ser nombrado" (Elliott 311)

La Junta de Protección de Sistemas de Mérito de los Estados Unidos (MSPB) argumentó lo siguiente: "La preferencia de los veteranos y la regla de tres son ampliamente vistos como un obstáculo para las buenas prácticas de contratación" (US Merit Systems Protection Board, xii). De hecho, una buena parte de la evolución de los métodos que se ha producido en la contratación puede haber sido debido a la reacción de las agencias a los efectos combinados de estos dos requisitos más que por el deseo de utilizar las mejores herramientas de selección disponibles.

Una agencia federal puede considerar a candidatos que ya están en la función pública de una lista de promoción de méritos de la agencia o puede reasignar a un empleado actual, transferir a un empleado de otra agencia o incluso restablecer a un ex–empleado federal. A todo esto, se suma el hecho de que las agencias deben dar prioridad a los empleados desplazados antes que utilizar los exámenes de la función pública u otros métodos de contratación similares.

Para recibir dicha preferencia, un veterano debe haber sido dado de baja del servicio activo en las fuerzas armadas bajo condiciones honorables. El título quinto, capítulo veintiuno, sección 2101, referente a la organización y empleados del gobierno de la Ley Pública 554 (*Public Law 89 – 554*) define claramente el término de fuerzas armadas en los siguientes términos: "Las fuerzas armadas significa el Ejército, Armada, Fuerza Aérea, Infantería de Marina y la Guardia Costera; y "servicios uniformados", las fuerzas armadas, el cuerpo comisionado del Servicio de Salud Pública, y el cuerpo encargado de la encuesta sobre la costa y geodésicos" (*Public Law 89 – 554, 408*).

Los militares retirados con el rango de mayor, capitán de corbeta o superior no son elegibles para la preferencia en el nombramiento a menos que sean veteranos discapacitados. Para aquellos que no tienen discapacidades, el servicio activo para el entrenamiento en la guardia nacional o en la reserva no los califica como servicio activo de cara a la preferencia de veteranos. No obstante, este servicio activo sí que se computaba para aquellos veteranos discapacitados.

Cuando solicitaban un puesto federal, los veteranos elegibles debían solicitar la preferencia en su solicitud. Recordemos que a dicha solicitud se le añadían diez puntos extra si el veterano era discapacitado y cinco puntos se añadían a un veterano que hubiera servido en cualquiera de los siguientes supuestos: durante una guerra; durante el período comprendido entre el 28 de abril de 1952 y el 1 de julio de 1955; durante más de ciento ochenta días consecutivos entre el 31 de enero de 1955 y el 15 de octubre de 1976; durante la guerra del Golfo a partir del 2 de agosto de 1990 hasta el 2 de enero de 1992; o en una campaña o expedición para la cual se haya autorizado una medalla de campaña.

Los veteranos discapacitados no están afectados por las limitaciones de tiempo de la época en la que sirvieron, pero a cambio es necesario probar la medida de su incapacidad para ser elegible en una de las tres categorías existentes: la preferencia de discapacidad compensable (*Compensable Disability Preference*, CP), la preferencia de discapacidad del 30% compensable (*30 Percent Compensable Disability Preference*, CPS), y la preferencia de discapacidad (*Disability Preference*, XP).

La preferencia de veteranos fue el resultado de la voluntad de las organizaciones de veteranos de elevar las órdenes ejecutivas y reglamentos existentes sobre preferencia al nivel de la política nacional. A esto se añadió el hecho de que con un final victorioso de la Segunda Guerra Mundial claramente a la vista, tanto el Congreso como la Administración simpatizaban con este objetivo de las organizaciones de veteranos.

La ley, en esencia, era una consideración de las diversas disposiciones sobre preferencia de veteranos ya en vigor por las distintas órdenes ejecutivas o reglamentos. Se dio así un paso más mediante la ampliación y el fortalecimiento de las reglas de preferencia de veteranos existentes al darles sanción legislativa. Además, se dejó meridianamente claro que la preferencia era una recompensa para los deberes patrióticos por un país agradecido y dispuesto a reconocer los sacrificios de sus soldados cuando llegara el tiempo de paz. En su firme apoyo a dicha legislación, el presidente Franklin D. Roosevelt afirmó en una declaración formal:

> Creo que el gobierno federal, que funciona en su calidad de empleador, debe tomar la iniciativa para asegurar a los que están en las fuerzas armadas de que cuando regresen les será dada una consideración especial en sus esfuerzos por obtener un empleo. Es absolutamente imposible llevar a millones de nuestros jóvenes fuera de sus actividades normales con el fin de luchar para preservar la Nación, y luego esperar que reanuden sus actividades normales sin tener ninguna consideración especial (Peters y Woolley).

Esta ley ayudó a asegurar que los veteranos obtuvieran o recuperaran una posición económica que, de otro modo, habrían obtenido si no hubieran servido en las fuerzas armadas. La Ley de Preferencia de Veteranos de 1944 definió a quién y en qué circunstancias se concedía la preferencia. Por lo tanto, procuraba que esta se otorgara en nombramientos a puestos en la administración federal, en el restablecimiento de puestos de trabajo, en la reinserción laboral, en la retención durante la disminución de la carga de trabajo y en aquellos puestos civiles (permanentes o temporales) en todos los departamentos, agencias, oficinas, administraciones o proyectos del gobierno federal.

Esta ley originalmente otorgó preferencia a los veteranos no discapacitados, los veteranos discapacitados, las esposas de los veteranos discapacitados y las viudas de los veteranos discapacitados. Sustancialmente, eran los mismos grupos a los que previamente se les había otorgado ya la preferencia por leyes anteriores.

Sin embargo, también incluía dos excepciones: los veteranos no discapacitados cuyo servicio solo se llevó a cabo en tiempos de paz y las esposas de los veteranos discapacitados no relacionados con el servicio mayores de cincuenta y cinco años no eran aptos para acogerse a este derecho de preferencia.

Así, en 1948, la Ley de Preferencia de Veteranos de 1944 fue enmendada para poder incluir a las madres de los veteranos. Esta preferencia se les concedió a ciertas viudas, divorciadas o separadas legalmente de aquellos veteranos que hubiesen fallecido en condiciones honorables mientras estaban de servicio ya fuese en tiempo de paz o de guerra, o que tuviesen discapacidades permanentes relacionadas con el servicio.

En el caso de las madres viudas, la preferencia se les concedía siempre que pudieran demostrar que eran viudas en el momento de la muerte o incapacidad del veterano y no se habían vuelto a casar. A las madres divorciadas o separadas legalmente se les concedió preferencia solo si el veterano era el único hijo de la madre. Esta disposición fue modificada en 1950 con el fin de permitir la preferencia a las madres que estuvieran viviendo con sus maridos, pero cuyos maridos estuvieran incapacitados de forma total o permanente.

En el año 1952 se aprobó un proyecto de ley que concedía beneficios de preferencia a los veteranos honorablemente separados que sirvieron en el servicio activo en cualquier rama de las fuerzas armadas de los Estados Unidos durante el periodo correspondiente entre el 28 de abril de 1952 y el 1 de julio de 1955. Este proyecto de ley también extendió la preferencia a las viudas y madres de estos veteranos.

La guerra de Vietnam en la década de 1960 dio lugar a varias modificaciones de la ley de Ley de Preferencia de Veteranos de 1944. En 1966 se aprobó una ley que otorgaba preferencia en tiempo de paz a los veteranos de la guerra de Vietnam que hubieran estado en el servicio activo durante más de ciento ochenta días consecutivos entre el 31 de enero de 1955 y el 10 de octubre de 1976.

El final de la guerra de Vietnam trajo consigo una nueva ley, aprobada en 1974. Esta Ley de Asistencia para la Readaptación (*Vietnam Era Veterans' Readjustment Assistance Act*, VEVRAA) puso restricciones extras a los veteranos cuyo servicio hubiese comenzado a partir del 14 de octubre de 1974. Para los veteranos de la época post-Vietnam, solo se garantizaba la preferencia si estos se convirtieron en personas con discapacidad o habían servido en una guerra declarada, una campaña o una expedición.

La Ley de Reforma de la Función Pública (*Civil Service Reform Act*) de 1978 creó nuevos beneficios para los veteranos con un 30% o más de discapacidad. También dio a los veteranos la protección adicional en la contratación y retención de mano de obra. Bajo esta ley, la preferencia ya no se les otorgaba a los veteranos no discapacitados que se hubiesen retirado con el rango de mayor o superior.

La última legislación importante que afecta a la preferencia de los veteranos se produjo en forma de la Ley de Asignaciones de Defensa (*Defense Appropriations Act*) de 1997. En virtud de esta legislación, se concedía la preferencia a cualquier persona que hubiese estado en servicio activo durante el periodo de la guerra del Golfo (*Guf War*) en el periodo comprendido entre el 2 de agosto de 1990 y el 2 de enero de 1992. Recordemos que este nuevo paquete de medidas fue aprobado durante la Segunda Sesión del 104º Congreso (1995 – 1997).

El Congreso creó, en consonancia, autoridades de contratación especial, que son tipos de acceso directo a la función pública que permite que las agencias contraten directamente a los veteranos y con una mínima burocracia: el Nombramiento de Reclutamiento de Veteranos (VRA), los Discapacitados del 30% (*30 Percent Disable*d) y la Ley de Op*ortunidades de Empleo a los Veteranos (Veterans Employment Opportunities Act*, VEOA).

El Nombramiento de Reclutamiento de Veteranos (VRA) fue modificado en el año 2002 para permitir a las diferentes agencias nombrar a veteranos sobre una base no competitiva. Cualquier veterano podía optar a puestos de trabajo a través de VRA durante los diez años siguientes a partir de su separación del servicio activo. No obstante, el gobierno federal no considera esto como un derecho alienable por lo que no hay ninguna garantía que se vaya a utilizar y además no hay vía de recurso si no se utiliza.

Bajo otra autoridad especial de contratación, los Discapacitados del 30%, aquellos veteranos que tengan reconocida esa discapacidad pueden solicitar un nombramiento temporal de una duración de unos sesenta días, o un nombramiento eventual en una posición de servicio competitivo. Asimismo, no hay restricciones sobre el tipo o grado de trabajo que se puede solicitar y si se realiza el trabajo satisfactoriamente, la agencia puede convertirlo en un nombramiento condicional de carrera de la función pública.

El veterano puede estar seguro de que será clasificado, enumerado y se le dará crédito adicional por el tiempo de su servicio militar. Va a tener más seguridad que la mayoría de los candidatos en los Estados Unidos pero la realidad es que no hay garantía absoluta de encontrar un trabajo, incluso en el gobierno federal. Como veterano con preferencia elegible, se le clasifica en los registros de retención tanto por tipo de trabajo como por la permanencia, la antigüedad, el rendimiento y la subcategoría de preferencia de veteranos (una para las personas con una discapacidad relacionada con el servicio del 30% o más, y otra para el resto de los veteranos elegibles incluyendo la preferencia derivada).

La Ley de Oportunidades de Empleo a los Veteranos (VEOA) de 1998 fortaleció la preferencia de los veteranos y mejoró los recursos disponibles para todos aquellos veteranos que creyesen que su beneficio de preferencia había sido violado. Dicha medida fue aprobada mediante la Ley Pública 339 (*Public Law 105 – 339*) el 31 de octubre de 1998. Así, en la sección tercera de la ley, rezaba lo siguiente:

> Un elegible de preferencia que alegue que una agencia ha violado los derechos de tales individuos bajo cualquier ley o regulación relacionada con la preferencia de veteranos, puede presentar una queja ante el Secretario del Trabajo. Una queja bajo este apartado debe ser presentada dentro de los 60 días después de la fecha de la supuesta violación. Dicha denuncia deberá ser por escrito, especificar la agencia contra la cual se formula la demanda, y contener un resumen de las alegaciones que forman la base de la reclamación (*Public Law 105 – 339, 3183*).

Si algún veterano fue dado de alta honorablemente después de al menos tres años de servicio activo continuo, puede solicitar bajo la VEOA cualquier posición de promoción por méritos que estén abiertos a candidatos externos a la agencia. Esto permitía que los veteranos pudiesen competir como empleados no federales contra la corriente de empleados federales dentro del sistema del servicio civil nacional, como quedó reflejado en la sección segunda del articulado de la ley:

> A los elegibles de preferencia o veteranos que han sido separados de las fuerzas armadas bajo condiciones honorables después de 3 años o más de servicio activo no se les puede negar la oportunidad de competir por los puestos vacantes para los que la agencia al hacer el anuncio aceptará solicitudes de personas fuera de su propia mano de obra bajo los procedimientos de promoción por mérito (*Public Law 105 – 339, 3182*).

El veterano superará a los civiles en el registro de retención y tendrá cualquier ventaja que se derive cuando la agencia recorte los que están en puestos más bajos en el registro. Si no hay manera de aferrarse al puesto, se supone que se le ofrecerá por parte de la agencia responsable la posibilidad de tomar una posición inferior hasta que se posibilite otro trabajo en su nivel de pago. Pero, es posible que el veterano pueda perder su trabajo, aunque como veterano con preferencia elegible entonces estaría colocado en la parte superior de la lista.

Otro caso que puede ocurrirle al veterano es si su trabajo federal era eliminado mientras estaba sirviendo, por lo que se le darían ciertas protecciones laborales. Si el veterano sirvió en servicio activo por más de ciento ochenta días, no puede ser despedido durante, al menos, un año después de su regreso. Pero si sirvió por más de treinta días, pero menos de ciento ochenta, no podía ser despedido durante seis meses después de su regreso.

Además, hemos de tener en cuenta que los antiguos empleados federales que regresaron a casa después del servicio militar también se encontraban protegidos por la Ley de Formación y Selección Selectiva (*Selective Training and Service Act*) de 1940. Entre julio de 1944 y julio de 1947, un total de 284.360 de los más de 680.000 empleados federales que se habían unido a los militares regresaron a sus antiguos puestos de trabajo.

Las diferentes leyes de preferencia de veteranos han sido, sistemáticamente, desafiadas desde que se promulgó la Ley de Preferencia de Veteranos de 1944. Ya para el final de la Segunda Guerra Mundial los estatutos de preferencia de los veteranos fueron confirmados por los tribunales, siempre y cuando la práctica discriminatoria se considerara razonable.

Sin embargo, ningún caso alcanzó el Tribunal Supremo de los Estados Unidos (*United States Supreme Court*) hasta el año 1979 con el famoso caso del administrador de personal de Massachusetts contra Feeney (*Personnel Administrator of Massachusetts vs. Feeney*).

Recordemos que en este caso el Tribunal rechazó un desafío de igual protección para las leyes de preferencia de los veteranos de Massachusetts sobre la base de que el interés del estado en la prestación de los beneficios a los veteranos estaba por encima del interés particular de los estados y que no se justificaba adecuadamente la discriminación deliberada por parte del poder legislativo del estado.

Los ataques constitucionales sobre la preferencia de veteranos han tomado una serie de formas diferentes, incluyendo acusaciones de que dichas disposiciones violaban el debido proceso y establecían una clase privilegiada. La base de los principales retos es el argumento de que las preferencias niegan igual protección de la ley mediante el establecimiento de clasificaciones y distinciones entre clases de personas no relacionadas con la finalidad admisible del estatuto.

Los críticos han argumentado que dichas preferencias reducen las oportunidades reales de empleo para las mujeres. Por un razonamiento similar, la concesión de preferencia de promoción a estos veteranos se ha encontrado inadecuada por parte de algunos tribunales federales.

Dichos tribunales han sostenido que una vez que el empleado ha entrado en el servicio público, el avance adicional debía basarse en la capacidad demostrada en el desempeño de la función pública. Por lo tanto, la preferencia otorgada sin tener en cuenta la aptitud para un puesto era inconstitucional. Sin embargo, otros tribunales han considerado que la continuación de la preferencia en la promoción del empleado federal es correcta.

Incluso si las disposiciones de preferencia de los veteranos son constitucionales, puede que sean, al menos, imprudentes o inadecuadas. Los ataques a las preferencias para veteranos se han centrado en la inconsistencia de tales preferencias con la reforma de la función pública y el concepto de mérito y sobre la injustica de tales preferencias a otros empleados públicos potenciales, particularmente las mujeres.

Basado en la suposición de que los veteranos son propensos a usar estas preferencias para obtener las posiciones de más alto rango y mejor remuneradas, se ha argumentado que estos veteranos tienden a copar los puestos más altos, reduciendo así los nombramientos y las oportunidades de promoción para los demás. La concentración de los veteranos en puestos de alto rango ha propiciado la creación de una clase privilegiada que ejerce una influencia política desmesurada en opinión de algunos detractores.

Las justificaciones de las preferencias de los veteranos han tendido a centrarse en los propósitos últimos que subyacen a la concesión de dichas preferencias. Estos propósitos incluyen el deseo del gobierno de ayudar a los veteranos en su reubicación debido a los efectos perturbadores del servicio militar en la vida civil, recompensar a los veteranos por el servicio que han realizado, fomentar el patriotismo y utilizar en el servicio público las cualidades valiosas y las experiencias que poseen los que han estado en el servicio militar activo.

Por otra parte, la forma de disposiciones de preferencia de veteranos sugiere, además, que esta preferencia es una ayuda o recompensa por servicios prestados, estas disposiciones establecen preferencias no solo para el veterano, sino también para las viudas y, en determinadas circunstancias, a cónyuges y madres. La extensión de estas preferencias parecería entonces justificables solo como medio de recompensar a aquellos que vieron, junto con el veterano, alteradas sus vidas por el servicio militar.

Otra consecuencia de esta ley que se suele obviar reside en el hecho de efectuar una mirada al número de mujeres y veteranos empleados en el servicio federal durante el periodo de la Segunda Guerra Mundial, y sugiere que la Ley de Preferencia de Veteranos de 1944 pudo afectar sustancialmente al empleo femenino a nivel nacional de una manera drástica y no esperada.

Según los datos aportados por el propio Departamento de Mujeres del Ministerio de Trabajo (*Women's Bureau, U.S. Department of Labor*), el número de empleadas federales aumentó de 186.000 en 1940 (el 18.6% de la mano de obra federal) a 1.106 millones en 1944 (el 37.6%), pero se redujo de 1.093 millones en 1945 (el 37.5%) a apenas 441.000 en el año 1947 (el 23.8%) (*Women's Bureau* 16).

Además, se unía el hecho de que, en las dos décadas anteriores a la contienda bélica, aproximadamente el 25% de todos los nombramientos federales dentro del servicio civil recaían en veteranos, pero en los dos años siguientes a la finalización de esta, entre 1.150.00 y 2.000.000 de nombramientos (el 57%) fueron a parar a los veteranos con preferencia de elegibilidad en la función pública. Dicho de otro modo, los veteranos copaban el 16% de la fuerza laboral federal en el año 1945 y el 43% en el año 1947 (*Women's Bureau* 63).

En definitiva, el tema del desempleo de los veteranos y su derecho de preferencia está recibiendo en la actualidad una atención considerable en la economía de los Estados Unidos en su racha negativa más larga en décadas. Con la participación estadounidense en las guerras de Afganistán e Irak finalizadas y la consiguiente reducción en los miembros en servicio activo en todas las ramas de las fuerzas armadas, muchos analistas están preocupados por el alarmante aumento de veteranos desempleados.

Las estadísticas de desempleo de veteranos, ofrecida por la "Oficina de Estadística Laboral" (*Bureau of Labor Statistics*), reflejan que la tasa de veteranos desempleados, alrededor del 9,7% en septiembre del año 2012, están muy por encima de la tasa de desempleo de la población general, que es de alrededor del 8% aproximadamente (*Bureau of Labor Statistics*).

De lo que se deduce que la original Ley de Preferencia de Veteranos de 1944, sucedida por otras similares, no haya tenido todo el éxito que originalmente se podía prever a la hora de facilitar el acceso al empleo a los veteranos de guerra, especialmente los discapacitados, por medio de diferentes beneficios de preferencia.

Al igual que con el empleo federal, las preferencias para los veteranos son un aspecto importante e integral de empleo estatal. Estas son generalmente similares a las previstas para el empleo federal. En consecuencia, la mayoría de los estados aumentan las calificaciones de los exámenes de la función pública de la competencia de los veteranos mediante la suma de puntos de preferencia, dando así a los veteranos mayores opciones de copar los primeros puestos en las listas de elegibles.

Según un estudio llevado a cabo por la universidad de Georgia, la naturaleza de la preferencia de veteranos en los diferentes estados nos muestra que existe una variación considerable en cuanto a la amplitud de la preferencia de nombramiento (Lewis, *The Impact of Veterans* 15). Así, por ejemplo, el estado de Texas requiere que todas sus agencias estatales contraten al 40% de veteranos, mientras que otros estados limitan las preferencias a unos organismos o a una única agencia. Este estudio también revela diferencias significativas en la aplicación de dicha preferencia.

De hecho, algunas leyes estatales han limitado la disponibilidad de la preferencia de los veteranos, aunque estas han ido siendo anuladas por diferentes tribunales. Los requisitos de residencia, por ejemplo, han demostrado ser particularmente vulnerables al ataque de los tribunales puesto que un tribunal de distrito revocó una ley que imponía requisitos relativos a la cantidad de tiempo que un veterano tenía que estar domiciliado o ser residente de un estado antes de ser elegible para los beneficios de preferencia. Así pues, el tribunal consideró que este requisito era ilegal.

A pesar de lo anteriormente expuesto y, con independencia de que la mejora para los veteranos en números reales sea modesta o enorme por medio de estos beneficios de preferencia, resulta importante que el poder ejecutivo y el poder legislativo sean capaces de reconocer que es una cuestión de justicia, fundamentalmente, hacer cumplir las intenciones y el espíritu de la Ley de Preferencia de Veteranos de 1944 por medio de la cual el gobierno federal sirve como modelo de empleador.

Algunos prestigiosos investigadores, como Mark C. Berger y Barry T. Hirsch, han considerado la preferencia de veteranos como "programa de contratación preferencial limitado" (Berger y Hirsch 459), pero otros encuentran en este programa un gran impacto. Así, Gregory B. Lewis y Mark A. Emmert indicaron que el 30% de la mano de obras federal y solo el 15% de la no federal eran veteranos (Lewis y Emmert 328).

La participación del veterano en las nuevas contrataciones aumentó después de cada ampliación de la preferencia de veteranos. Los veteranos compusieron el 14% de las nuevas contrataciones en el año 1920 y el 29% en 1921. La participación del veterano de todos los empleados federales se elevó del 14% en 1944 al 49% cinco años después debido tanto al final de la Segunda Guerra Mundial como de la aprobación de la Ley de Preferencia de Veteranos de 1944. Es evidente, sin embargo, que los veteranos son mucho más propensos a convertirse en empleados federales que los no veteranos.

El trato preferencial conducirá a la sobre-representación de los veteranos, sin embargo, solo si otras personas quieren empleos federales que los que pueden conseguir. Diferentes estudiosos de la administración pública, como Sharon P. Smith, argumentan que los trabajadores federales están mal pagados (Smith 197).

Por su parte, algunos economistas laborales, como el caso de Brent R. Moulton (Moulton 270) o Alan B. Krueger (Krueger 567), tienden a encontrar en los estudios que han llevado a cabo que los trabajadores federales ganan sustancialmente más que los trabajadores equiparables en el sector privado.

El anterior jefe del Estado Mayor Conjunto (*Chairman of the Joint Chiefs*), el general Martin Dempsey llamó al diálogo nacional con el fin de "mantener una conversación con América en temas de veteranos y su empleabilidad" (Milburn 10). Expresó su preocupación acerca del desempleo de los veteranos porque los jóvenes estadounidenses creen que tendrán dificultades para encontrar trabajo después de su servicio militar.

En resumen, podemos afirmar que el gobierno de los Estados Unidos ha preferido a los veteranos militares en la contratación como una manera de honrarlos por su servicio y sacrificios. Los últimos datos del censo muestran que los veteranos tienen tres veces más de probabilidades de tener empleos federales, pero solo un 10% más de probabilidades de obtener trabajos en el gobierno estatal que individuos comparables sin el servicio militar.

Este trato preferencial de veteranos ha aumentado dramáticamente el porcentaje de empleados federales que son hombres, pero los efectos sobre la composición de los gobiernos estatales y locales es pequeño. Los nuevos datos del personal federal para la última década muestran que los nuevos empleados veteranos son más viejos y menos formados que los nuevos empleados para no veteranos, y que no avanzan en la medida en los primeros quince años de sus carreras como no veteranos contratados en los mismos grados. Esta aseveración lo que sugiere es que la preferencia de veteranos puede bajar el rendimiento del servicio federal.

En definitiva, la preferencia de veteranos puede tener un gran impacto en la función pública y los que son aptos y elegibles para la preferencia deben ser más propensos que los no veteranos para obtener empleos federales, pero solo un poco más propensos a tener trabajos en los gobiernos estatales y locales, que pagan menos.

CAPÍTULO VIII
La *Veterans' Readjustment Assistance Act*

CAPÍTULO VIII   LA *VETERANS' READJUSTMENT ASSISTANCE ACT*

A lo largo de este octavo y último capítulo de la presente investigación vamos a profundizar en el análisis de una medida que estuvo relacionada con las dos estudiadas en los anteriores capítulos, la Ley de Reajuste del Servicio (*Servicemen's Readjustment Act*) y la Ley de Preferencia de Veteranos (*Veterans' Preference Act*), presentadas ambas durante la Segunda Sesión del 78º Congreso (1943 – 1944), durante el mes de junio del año 1944.

Esta nueva ley, denominada Ley de Ayuda para el Reajuste de los Veteranos (*Veterans' Readjustment Assistance Act*) fue aprobada el 5 de junio de 1952, mediante una Resolución Simple de la Cámara de Representantes (*H.R. 7656*), convirtiéndose en la Ley Pública 550 (*Public Law 82 – 550*) en la Segunda Sesión del 82º Congreso (1951 – 1952).

Analizamos esta ley, aún correspondiendo a otra década, pues complementó las disposiciones relativas al título II, capítulo IV, de la Ley de Reajuste del Servicio, donde se hacía especial énfasis en la educación y formación de los veteranos. Dicho título, recordemos, establecía una serie de medidas que estaban encaminadas a facilitar la reinserción formativa de los veteranos, posibilitando su entrada en universidades o centros de formación profesional. Podemos considerar que se completaban las medidas relativas a los beneficios de los veteranos, iniciadas en el año 1944, con lo que queda plenamente justificada su inclusión en la presente investigación.

Por lo tanto, en el presente capítulo nos vamos a centrar, principalmente, en las repercusiones esenciales que la aprobación de esta ley tuvo en la sociedad estadounidense de comienzos de los años cincuenta con los beneficios educativos a los veteranos de la guerra de Corea, analizando tanto la propuesta del Congreso como la ley misma.

8.1. Aspectos generales de la medida

Un compromiso para con los veteranos de la guerra de Corea fue promulgado por el Congreso en el año 1952. Si la Ley de Reajuste del Servicio de 1944 dio cobertura a los veteranos que regresaban a casa tras la Segunda Guerra Mundial, la Ley de Ayuda de Reajuste de los Veteranos de 1952 otorgó beneficios, principalmente educativos y de formación, a los veteranos que habían servido en las fuerzas armadas después del 27 de junio de 1950 (fecha de inicio de la campaña de Corea).

Esta ley suponía una continuación del programa de beneficios creado en virtud de la Ley de Reajuste del Servicio del año 1944 por medio del cual se les proporcionaba a los veteranos un hogar, préstamos para la adquisición de granjas o la apertura de negocios, planes de educación y formación, y prestaciones por desempleo. Su finalidad era doble. Por un lado, pretendía dar cobertura a los veteranos de la guerra de Corea para que ellos también se beneficiasen de una extensa cobertura de ayudas. Y por el otro, la ley contenía algunos cambios para evitar los abusos que se practicaron con la ley original de 1944.

Por lo tanto, lo que se perseguía era proporcionar un reajuste en la educación o en la formación de los veteranos y una posibilidad de restaurar las oportunidades educativas perdidas a los que habían servido en las fuerzas armadas de los Estados Unidos en o después del 27 de junio de 1950, o con anterioridad a dicha fecha según se determinase oportuno por parte del Congreso o se dictaminase mediante una orden ejecutiva del propio presidente.

Se estima que los beneficios que proporcionaban esta ley tuvieron un costo aproximado de un billón de dólares al año para el país ya que diversos cálculos oficiales de la Administración de Veteranos consideran que se acogieron a esta medida casi un millón de veteranos de esta guerra (CQ Almanac 205).

Como hemos señalado anteriormente, esta nueva legislación de 1952 se basada en la famosa *G.I. Bill of Rights* destinada a los veteranos de la Segunda Guerra Mundial. La legislación original, oficialmente conocida como Ley de Reajuste del Servicio, se promulgó en el año 1944. Y, en consecuencia, había un deseo original en el país de extender los mismos beneficios a los veteranos de la guerra de Corea.

No obstante, para llegar a la aprobación de la ley definitiva, el Comité de Asuntos de los Veteranos (House Committee on Veterans Affairs) analizó unos veinticinco proyectos de ley diferentes con el mismo propósito, conceder substancialmente los mismos beneficios a los veteranos de la guerra de Corea. Para ello se celebraron reuniones en la Cámara desde el 6 de febrero al 11 de marzo de 1952.

Al inicio de las reuniones del Comité de Asuntos de los Veteranos, el señor Cecil Munson, de la Legión Americana (*American Legion*) afirmó que la escolarización de la *G.I. Bill* debería cambiarse para los veteranos de la guerra de Corea para que la Administración de Veteranos (VA) tuviera un completo control del programa de beneficios.

Por su parte, el señor Rufus H. Wilson (1926 – 2006), de los Veteranos Americanos (AMVETS), pidió que a los veteranos de la guerra de Corea se les proporcionara un seguro de trabajo durante veintiséis semanas, un programa formal de educación superior o profesional y un programa de garantía de préstamos para la adquisición de vivienda.

La opinión del señor Wilson era tenida en cuenta debido a su relevancia dentro de la Administración de Veteranos y de la organización de veteranos que presidía. Esto quedó reflejado nítidamente cuando el prestigioso periódico *The Washington Post* le dedicó una columna en la fecha de su muerte:

> Rufus H. Wilson, exadministrador de la Administración de Veteranos (*VA*), murió el 1 de agosto en el Hospital General del Condado de Howard en Columbia, por complicaciones de la perforación del colon. El señor Wilson, que vivía en Columbia, fue administrador adjunto de la *VA* durante la presidencia de Carter y se desempeñó como administrador interino durante los primeros meses de la administración Reagan (Rufus H. Wilson, 80, former VA chief).

Incluso un funcionario de la Oficina de Contabilidad General (*General Accounting Office*, GAO) afirmó ante el Comité de Asuntos de los Veteranos de la Cámara que casi todas las universidades o centros de formación profesional habían celebrado una especie de "puertas abiertas" a expensas del Tesoro de los Estados Unidos (*U.S. Treasury*) en virtud de las disposiciones de la Ley de Reajuste del Servicio. En este sentido, el fiscal Charles E. Eckert aseveró que casi dos tercios de los centros educativos facturaban en exceso por sus servicios al gobierno.

Una notable diferencia entre esta nueva ley que se proponía con la ley original de 1944 era la provisión de pagos globales periódicos directamente al veterano para su subsistencia, la matrícula y otras necesidades educativas. Según la legislación vigente, entonces, el gobierno federal se hacía cargo de pagar los costos de matrícula de los veteranos directamente a los centros educativos.

8.2. Análisis de la ley en el Congreso

El proyecto de ley original fue presentado por el Comité de Asuntos de los Veteranos (*House Committee on Veterans Affairs*) el día 16 de mayo de 1952 por parte de los representantes demócratas Olin E. Teague (1910 – 1981), Walter E. Rogers (1908 – 2001) y John E Rankin (1882 – 1960) y los representantes republicanos Edith N. Rogers (1881 – 1960) por el estado de Massachusetts y Alvin O'Konski (1904 – 1987).

Unos diez días más tarde, el Comité de Normas de la Cámara (*House Rules Committee*) concedió una norma cerrada proporcionando dos horas de debate. La Cámara de Representantes aprobó la ley el quinto día de votaciones con un resultado de una votación nominal de trescientos sesenta y un votos favorables por tan solo un voto en contra.

El único voto desfavorable fue el del representante republicano por el estado de Maryland, James P. Devereux, quien había servido previamente en los Marines durante la Segunda Guerra Mundial. El señor Devereux justificó su oposición afirmando que se oponía al método por el medio que esta ley se introdujo en la Cámara al no estar sujeta a posibles enmiendas.

Cuando el proyecto de ley entró en la Cámara incluía en sus provisiones la educación, beneficios de formación, crédito para préstamos para adquirir una vivienda o una granja, un seguro de crédito para ancianos y veteranos en la seguridad social, pagos aplazados y asistencia para el empleo de los veteranos.

Entonces pasó al Comité de Trabajo y Bienestar Social del Senado (*Senate Labor and Public Welfare Committee*), que la aprobó el día 24 de junio de 1952. En este Comité fue introducido por los senadores demócratas Joseph L. Hill, Paul H. Douglas, John O. Pastore y por los republicanos George Aiken e Irving M. Ives.

El proyecto de ley fue aprobado con algunas enmiendas por el Senado en su versión definitiva el 28 de junio. Pero meses antes de que la Cámara de Representantes tomase ninguna iniciativa al respecto, el Comité de Trabajo y Bienestar Social del Senado celebró audiencias durante tres días, del 17 al 19 de septiembre de 1951 sobre un proyecto de ley para beneficiar a los veteranos de la guerra de Corea. Sin embargo, no se tomó ninguna medida ya que los miembros de dicho Comité del Senado decidieron esperar a un informe del Comité de la Cámara ante la iniciativa del representante Teague.

Durante los tres días que duraron las audiencias en el Senado, se contabilizaron un total de 1.951 audiencias públicas en las que testificaron testigos que representaban al gobierno federal, a las asociaciones nacionales de educación superior y de formación profesional, las asociaciones comerciales y las organizaciones de veteranos.

Después de la aprobación del proyecto de ley (H.R. 7656) por la Cámara de Representantes, el Comité de Trabajo y Bienestar Social del Senado celebró audiencias ejecutivas durante cinco días, entre el 10 y el 17 de junio de 1952. Durante este tiempo, testificaron en el Senado los miembros de la Cámara, los representantes de la Administración de Veteranos y otras agencias gubernamentales y expertos en el campo de la educación.

El Comité de Trabajo y Bienestar Social del Senado recomendó que se cambiara el método por el cual se proporcionaba subsidios a aquellos veteranos que asistían a clase, ya fuese en la universidad o en centros de formación profesional. Para ello, se les concedía una cantidad que oscilaba entre los ochenta dólares mensuales para aquellos veteranos que estuviesen solteros y los ciento treinta dólares para aquellos que tuviesen una o más personas dependientes a su cargo y un cheque adicional para sufragar los gastos de matrícula, concediéndoles hasta cuarenta dólares al mes o un máximo de trescientos sesenta por todo el curso académico. Además, el Comité sugería que se añadiese una cláusula que le otorgase al administrador la autoridad y la potestad de decidir sobre una asignación a entregar a los centros educativos para cubrir gastos administrativos.

Otras recomendaciones efectuadas por el Comité del Senado incluían el requerimiento de que los centros de formación solo hubiesen estado en funcionamiento durante un año con anterioridad para poder capacitar la formación de los veteranos en lugar de los dos años previstos en el proyecto enviado por la Cámara. También redujo el porcentaje asignado requerido en la matrícula a personas no veteranas del 25%, tal y como venía así dispuesto por la Cámara, a un porcentaje recomendado del 10% en su lugar.

Después de un breve debate, el Senado aprobó el proyecto de ley por votación a mano alzada el 28 de junio, manteniendo las enmiendas efectuadas por el Comité de Trabajo y Bienestar Social del Senado y añadiendo tres enmiendas adicionales. Una de estas enmiendas fue la introducida por el senador Homer S. Ferguson.

El señor Ferguson además previó la compensación por desempleo que incluyera a los veteranos de la guerra de Corea. Se diferenciaba de las provisiones de la ley original de 1944, por medio de la cual se le concedía al veterano una cantidad de veinte dólares por un tiempo máximo de cincuenta y dos semanas, en que pretendía que los pagos dependiesen directamente de las leyes estatales. De esta manera, fluctuarían entre los dieciséis y los treinta y seis dólares a la semana y tendrían una duración de acuerdo con las disposiciones de la ley estatal en cuestión.

Además de esta enmienda del señor Ferguson, se aceptaron otras dos enmiendas más, tal y como hemos apuntado con anterioridad. Una de ellas fue presentada por el senador Joseph L. Hill (1894 – 1984) quien introdujo que el pago por la educación adicional y el subsidio de formación consistiría en una tasa que vendría determinada por la Administración de Veteranos (VA) que fuese justa y razonable.

Otra enmienda aprobada fue la presentada por el senador republicano por el estado de Dakota del Sur, Francis H. Case, quien con anterioridad había trabajado como periodista para un periódico de la ciudad de Chicago durante más de quince años. El señor Case pretendía prevenir los casos de pagos duplicados por temas de reajuste y subsidios por re-alistamiento.

Finalmente, se alcanzó una versión de compromiso por ambas Cámaras del Congreso, la Cámara de Representantes y el Senado, el 4 de julio. El presidente Harry S. Truman (1884 – 1972) la convirtió definitivamente en la Ley Pública 550 (*Public Law 82 – 550*) el 16 de julio de 1952.

En la versión definitiva que se había consensuado se aceptó la propuesta de la Cámara de incluir un paquete de subsidios destinados a los pagos educativos y, a la misma vez, se estableció la tasa mínima del 15% para personas no veteranas en aquellos centros educativos a los que asistían los veteranos.

Asimismo, se incluyó en sus disposiciones la provisión del Senado de incluir un pago a todos los centros educativos en concepto de gastos administrativos. La cantidad acordada fue un dólar y medio por veterano y mes. No obstante, la propuesta realizada de la seguridad social no fue considerada debido a las estimaciones del Comité del Senado, ya que se había incluido en otra legislación.

Los congresistas revisaron la enmienda del Senado sobre la compensación por desempleo con el fin de proveer el pago de veintiséis dólares durante un periodo máximo de veintiséis semanas para todos los veteranos. Esta cantidad sería entonces administrada por el Ministerio Trabajo (*Department of Labor*) según las diferentes estipulaciones estatales.

En la Figura 3 se puede comprobar el resultado final del voto de dicha ley en la Cámara, que detalla los diferentes partidos que componían la Cámara en 1952:

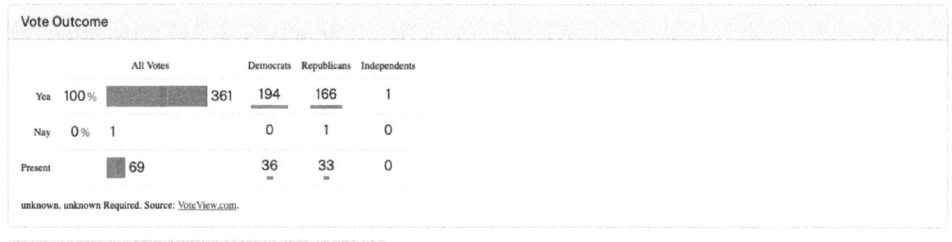

Figura 3. Resultado del voto en la Cámara de Representantes.
GovTrack.US.

Como se desprende de la figura anterior, el resultado final de la aprobación de esta medida en la Cámara obtuvo un apoyo mayoritario por parte de los dos grandes partidos, con trescientos sesenta y un votos favorables y un único voto desfavorable. Los votos a favor por parte del Partido Demócrata fueron ciento noventa y cuatro, la totalidad de sus miembros, mientras que ciento sesenta y seis correspondieron al Partido Republicano, que fue el que ostentó el voto en contra.

Podemos pasar ahora a analizar propiamente la Ley Pública 550 (*Public Law 82 – 550*) a través de sus seis títulos, organizados en partes y secciones y bastante extensa en su redacción con veintinueve páginas, por la cual entró en vigor la Ley de Ayuda de Reajuste de los Veteranos de 1952 con la que se cerraba la preferencia y beneficios a los veteranos de diversas guerras. La Tabla 46 nos ilustra claramente el contenido de todas las secciones de esta Ley:

Título	Parte	Sección	Contenido
I		101	Título breve
		102	Declaración de normas
II	I	201	Definiciones
	II	211	Derecho a la educación o a la formación
		212	Limitaciones de tiempo
		213	Vencimiento de la educación o la formación
		214	Duración de la educación o formación de veteranos
	III	221	Selección de programas
		222	Aprobación de solicitudes
		223	Cambio de programa
		224	Cursos de formación y recreativos
		225	Terminación por progreso insatisfactorio
		226	Número mínimo requerido de estudiantes no veteranos
		227	Periodo de funcionamiento de aprobación
		228	Instituciones listadas por el Fiscal General
	IV	231	Subsidio de educación y formación
		232	Cálculo de subsidio de educación y formación
		233	Cursos a tiempo completo
		234	Cobros excesivos por instituciones educativas
	V	241	Designación
		242	Aprobación de cursos
		243	Cooperación
		244	Uso de la Oficina de Educación y otras agencias
		245	Reembolso de gastos
	VI	251	Aprendizaje u otra formación en el trabajo
		252	Formación institucional en fincas
		253	Aprobación de cursos acreditados
		254	Aprobación de cursos no acreditados
		255	Notificación de aprobación de cursos
		256	Desaprobación de cursos y supresión de subsidios
	VII	261	Autoridad del Administrador
		262	Comité asesor
		263	Control por las Agencias de los Estados Unidos
		264	Conflicto de intereses
		265	Informes de las instituciones
		266	Sobrepago a los veteranos
		267	Examen de los informes
		268	Declaraciones falsas o engañosas
		269	Sanciones penales
		270	Aplicación de otras leyes
		271	Renuncia de recuperación de sobrepagos
		272	Información equipada por la Comisión Federal Comercio
		273	Fecha efectiva
		274	Apropiaciones

III		301	Personas elegibles para préstamos
		302	Poder del Administrador para examinar préstamos
		303	Requisitos adicionales para préstamos garantizados
		304	Normas de planificación y construcción
		305	Elegibilidad para préstamos para refinanciar pasivo
		306	Vencimiento de autoridad para hacer préstamos directos
		307	Negativa a garantizar o asegurar préstamos
IV		401	Compensación a veteranos bajo acuerdos estatales
		402	Compensación a veteranos en ausencia de acuerdos
		403	Pago a los estados
		404	Información
		405	Penalizaciones
		406	Regulaciones
		407	Definiciones
		408	No duplicación de beneficios
		409	Terminación
V		501	Elegibilidad para los pagos
		502	Determinación de los pagos
		503	Limitaciones de tiempo
		504	Miembros fallecidos
		505	Administración del título
		506	Definiciones
VI		601	Asesoramiento laboral y búsqueda de empleo
		602	Autorización de apropiaciones

Tabla 46. Listado de secciones de la medida H. R. 7656.
Elaboración propia.

Comenzamos a analizar el contenido de la presente ley por títulos, capítulos y secciones. Así, el primer título hacía referencia a la nomenclatura abreviada del título en su sección 101 y a la declaración de las normas a seguir en la sección 102.

Por lo que respecta a su nomenclatura, la sección 101 establece que a la presente ley se le conocería con el nombre de Ley de Ayuda de Reajuste de los Veteranos de 1952. Y en su sección 102 declara lo siguiente:

> El Congreso de los Estados Unidos declara que la educación y la formación del programa de los veteranos creado por esta ley tiene el propósito de proporcionar un reajuste vocacional y la restauración de las oportunidades educativas perdidas a esos hombres y mujeres cuyas ambiciones educativas o profesionales se han interrumpido o impedido por razón del servicio activo en las Fuerzas Armadas durante un período de emergencia nacional y con el propósito de ayudar a estas personas en la consecución de la situación educativa y la formación que normalmente podrían haber aspirado a obtener de no haber servido a su país; y que los beneficios de compensación por desempleo, los pagos de alistamiento, así como la asistencia para el empleo previstas en la presente ley son con el propósito de ayudar en el reajuste de dichas personas de la vida militar a la civil (*House Resolution 7656*, 663).

El título II hacía referencia a la ayuda educativa y de orientación profesional por medio de sus siete partes y múltiples secciones en los que se va desgranando la finalidad y funcionamiento de este tipo de ayuda. Las diferentes partes a las que haremos mención dentro de este título eran las siguientes: definiciones, elegibilidad, matriculación, pago a los veteranos, agencias estatales autorizadas, aprobación de cursos de educación y de formación.

Por lo tanto, la parte primera hacía referencia a la definición del tipo de ayuda tanto en el ámbito educativo como en el profesional por medio de la sección en la que se definen términos como los siguientes: periodo básico de servicio, veterano elegible, programa de educación o formación, curso, dependiente, institución académica, centro de formación, fuerzas armadas, estado, administrador (administrador de Asuntos de los Veteranos) o Comisionado (Comisionado de Educación).

Como lo realmente relevante de esta sección era establecer el periodo que se consideraba de servicio para poder acogerse a estas ayudas nos fijaremos en la definición que aparece en la provisión del término de periodo de servicio básico: "El término "periodo de servicio básico" implica el período que comienza el 27 de junio de 1950, y que termina en la fecha que se determinará por proclamación presidencial o resolución concurrente del Congreso" (*House Resolution 7656*, 663).

Es decir, que se incluían a todos los veteranos que hubiesen prestado servicio activo en las fuerzas armadas durante un periodo básico a partir del 27 de junio de 1950, lo que inexorablemente incluía a los veteranos de la guerra de

Corea que hubiesen sido dados de baja del servicio en condiciones que no fuesen deshonrosas.

La parte segunda hacía referencia a la elegibilidad de los veteranos por medio de cuatro secciones: derecho a la educación o a la formación, limitaciones de tiempo, vencimiento de la educación o de la formación y duración de la educción o formación de los veteranos.

Así pues, la sección 211 se centraba en el derecho a la educación o a la formación por parte de los veteranos en la que se reconocía que cada veterano elegible, con respecto a lo dispuesto en las provisiones de este título, tenía derecho a la educación o la formación incluida en el mismo.

La sección 212 era importante puesto que relevaba las limitaciones de tiempo a las que tenían que atenerse los veteranos, pudiéndose leer lo siguiente: "Ningún veterano elegible tendrá derecho a iniciar un programa de educación o formación bajo este título después del 20 de agosto 1954 o después de 2 años después del cumplimiento o sea licenciado del servicio activo, lo que sea más tarde" (*House Resolution 7656, 664*).

El programa de educación y formación de los veteranos elegibles establecía que, a partir de la fecha de delimitación para que el veterano iniciase su programa, debía ser desarrollado de forma continua hasta la finalización excepto que el veterano suspendiera su continuación por un periodo de no más de doce meses consecutivos, si el administrador considera que dicha suspensión se debió a condiciones que escapan al control del veterano.

Entonces la sección 213 establecía el vencimiento de este periodo de educación o formación al que el veterano se podía acoger. En la misma se recogía que no se costearía al veterano ninguna educación o formación más allá de siete años después de ser licenciado o liberado del servicio activo.

Finalmente, por lo que a la parte segunda respecta, la sección 214 limitaba la duración de la educación o formación de aquellos veteranos que se podían acoger al programa con el siguiente enunciado: "Cada veterano elegible tendrá derecho a educación o formación bajo este título por un período igual a una vez y media la duración de su servicio activo en las Fuerzas Armadas durante el período de servicio básico" (*House Resolution 7656, 665*).

Una excepción a esta norma básica se constituyó para el caso de cualquier veterano elegible que estuviera siguiendo un programa educativo o de formación por correspondencia. Para estos casos, se imputaría una cuarta parte del tiempo transcurrido en el seguimiento de estos programas educativos o de capacitación del periodo al que tuviera derecho el veterano.

La parte tercera del título II hacía mención a la matriculación de los veteranos en los diversos programas educativos o de formación por medio de sus ocho secciones en las que se trataban asuntos como los siguientes: selección de programas, aprobación de solicitudes, cambio de programa, cursos de formación y recreativos, terminación por un progreso no satisfactorio, número mínimo requerido de estudiantes no veteranos, periodo de funcionamiento, e instituciones contempladas por el fiscal general.

Así, la sección 221 contemplaba las características para la selección del programa por parte del veterano, aunque el administrador podía denegar o suspender la matrícula de cualquier veterano si tal inscripción no era adecuada para el veterano:

> Sin perjuicio de lo dispuesto en el presente título, cada veterano elegible puede seleccionar un programa de educación o formación para que le ayuden en la consecución de un objetivo educativo, profesional o profesional en cualquier institución educativa o centro de formación elegido por él, con independencia de si se encuentra en el estado en el que reside o no, que lo aceptará y retendrá como estudiante en cualquier campo o rama del conocimiento (*House Resolution 7656*, 665).

La sección 222 hacía referencia a la aprobación de solicitudes de cualquier veterano que desease iniciar un programa educativo a menos que el administrador considere que tal veterano no es elegible para disfrutar del derecho a la educación o la formación solicitada: "Cualquier veterano elegible que desee iniciar un programa de educación o formación bajo este título deberá presentar una solicitud al administrador y contendrá tanta información como el administrador prescriba" (*House Resolution 7656*, 666).

A continuación, la sección 223 mencionaba la posibilidad que tenía el veterano de cambiar de programa educativo. Como resultado, cada veterano elegible podía, en cualquier momento antes del final del período durante el cual tenía derecho a iniciar un programa de educación o formación, realizar solo un cambio de programa. Asimismo, se establecían las condiciones bajo las cuales el administrador podía aprobar dicho cambio: "El administrador deberá aprobar dicho cambio si se entera de que el veterano elegible no está haciendo un progreso satisfactorio en su programa actual y que el fracaso no es debido a su propia mala conducta, negligencia, o su propia falta de aplicación" (*House Resolution 7656*, 666).

Una sección relevante era la sección 224 en la que se especificaban una serie de cursos de formación o recreativos para los que el Administrador no aprobara la matriculación de un veterano. Entre este tipo de cursos podemos mencionar los siguientes: coctelería, baile, desarrollo de la personalidad, fotografía, entretenimiento, música o deporte.

En cierta forma, relacionada con la anterior, estuvo la sección 225 en la que se contemplaba la terminación del programa para el veterano por un progreso no satisfactorio del mismo. En esos casos, el administrador debería suspender la asignación por educación o formación de un veterano elegible si se descubre que su conducta o progreso no es satisfactoria.

Otro aspecto destacado de esta tercera parte quedaba reflejado en la sección 226 en la que se establecía el número mínimo requerido de estudiantes no veteranos para permitir la matriculación de algún veterano. En este sentido se establecía lo siguiente en su articulado:

> El administrador no aprobará la inscripción de cualquier veterano elegible, que no se haya inscrito, en cualquier curso no acreditado por debajo del nivel de la universidad ofertado por una institución educativa con o sin fines de lucro para cualquier período durante el cual el administrador encuentre que más del 85% de los alumnos matriculados en el curso estén teniendo la totalidad o parte de su matrícula, cuota u otros cargos pagados o por la institución educativa o por la Administración de Veteranos" (*House Resolution 7656, 667*).

También se establecían las condiciones que debían cumplir los cursos para aprobar la matrícula de los veteranos en los mismos por medio de la sección 227 en la que se implantaba un periodo mínimo de funcionamiento del curso con anterioridad a su aprobación. Así pues, el administrador no podrá aprobar la inscripción de un veterano elegible en cualquier curso ofrecido por una institución educativa cuando dicho curso hubiese estado en funcionamiento durante menos de dos años.

Quedaban excluidos para los veteranos, como recoge la sección 228, una serie de cursos o instituciones que se encontrasen en una lista del fiscal general. De esta forma, el administrador no podría aprobar la inscripción, o el pago de un subsidio de educación y formación a cualquier veterano elegible en cualquier curso en una institución de formación educativa, mientras estuviera registrada por el fiscal general en virtud del artículo 3 de la Orden Ejecutiva 9835, que prescribía los procedimientos para la administración de un programa de lealtad de empleados en el poder ejecutivo del gobierno en cuanto a la investigación de los solicitantes, los trabajadores, medidas de seguridad y procedimientos.

Pasamos así a la parte cuarta del título II que hacía mención del pago a los veteranos por medio de sus cuatro secciones. En las mismas se contemplaban los siguientes asuntos: subsidio de educación y formación, cálculo de dicho subsidio, cursos a tiempo completo y cobros excesivos por parte de instituciones educativas.

Por lo tanto, en la sección 231 de esta parte se trataba el tema del subsidio concedido a los veteranos por aspectos relativos a educación o formación bajo las siguientes condiciones: "El administrador deberá pagar a cada veterano elegible que esté llevando a cabo un programa de educación o formación en virtud de este título, un subsidio de educación y formación para satisfacer en parte los gastos de su subsistencia, matrícula, cuotas, materiales, libros, y equipo" (*House Resolution 7656, 668*).

Naturalmente, este subsidio de educación y formación para un veterano debía pagarse solo por el período de su inscripción aprobado por el administrador. Dicho subsidio debería, en la medida de lo posible, pagarse dentro de los veinte días siguientes a la recepción por parte del administrador de las certificaciones requeridas por esta sección. Así, la sección 232 establecía el cálculo para el subsidio a pagar a cada veterano en concepto de formación:

> Si se sigue dicho programa sobre una base a tiempo completo, tal indemnización se deber calcular a razón de 110 dólares por mes, si el veterano no tiene ningún dependiente, o por razón de 135 por mes, si tiene un dependiente, o en la tarifa de 160 dólares por mes, si tiene más de un dependiente. Si se sigue dicho programa sobre una base de tiempo parcial, tal indemnización se calcula a razón de 50 dólares por mes, si el veterano no tiene ningún dependiente, o en la tasa de 60 por mes si tiene un dependiente, o en la tarifa de 80 dólares por mes, si tiene más de un dependiente (*House Resolution 7656, 668-669*).

Por otra parte, la asignación por educación y formación de un veterano elegible que estuviera llevando a cabo un programa a tiempo completo que constara de cursos institucionales y la formación en el puesto de trabajo, se computaría a razón de noventa dólares al mes si el veterano no tenía personas dependientes a su cargo, ciento diez dólares por mes si tiene un dependiente, o ciento treinta dólares por mes si tiene más de un dependiente a su cargo.

Otro aspecto que se tenía en cuenta en esta sección era la asignación por educación y formación de un veterano elegible que ejercía de aprendiz en el trabajo. En esos casos, la asignación se computará a razón de setenta dólares por mes si no tiene dependientes, ochenta y cinco por mes si tiene un dependiente o ciento cinco dólares por mes si tiene más de un dependiente a su cargo.

Al final de esta sección también se recogían una serie de prohibiciones en el cálculo del subsidio de educación y formación al que tenían derecho los veteranos, como a continuación recogemos:

> A ningún veterano elegible se le pagará una educación y subsidio de formación bajo este título para cualquier período durante el cual que esté inscrito en un curso de enseñanza o formación pagada por los Estados Unidos en virtud de cualquier disposición de la ley que no sea este título, cuando el pago de tales indemnizaciones constituya una duplicación de beneficios pagados a los veteranos del Tesoro Federal, o que esté llevando a cabo un curso de aprendiz u otro tipo de formación en el trabajo, un curso de formación institucional, o un curso de educación y formación (*House Resolution 7656, 669*).

La sección 233 hacía referencia a los cursos a tiempo completo en los que podían matricularse los veteranos, teniendo en cuenta que el administrador debía definir la formación a tiempo completo en el caso de todos los tipos de cursos de educación o formación distintos de la formación institucional, teniendo en cuenta los siguientes casos:

> Un curso comercial institucional o técnico ofrecido por debajo del nivel universitario que implica la práctica que se entiende como parte integrante del mismo, se considerará un curso a tiempo completo cuando un mínimo de 30 horas semanales de la asistencia sea necesario con no más de 2 horas y media de los períodos de descanso por semana permitido (*House Resolution 7656, 670*).

Esta sección también recogía otros supuestos para tener en cuenta. Por ejemplo, un curso institucional ofrecido por debajo del nivel de la universidad en el que predomina la instrucción teórica o en clase se considerará un curso a tiempo completo cuando se requiere un mínimo de veinticinco horas semanales netas de instrucción.

Y otro caso contemplado era el de cursos de pregrado institucional ofrecidos por una facultad o universidad sobre una base trimestral o cuatrimestral para el que se concede un crédito de un título universitario se considerará un curso a tiempo completo cuando se requiera un mínimo de catorce horas de semestre o su equivalente.

La última sección de la parte IV, la sección 234, consideraba el cobro excesivo por parte de ciertas instituciones educativas. Entonces el administrador podía, si se enteraba de que una entidad había cobrado a cualquier veterano elegible una cantidad excesiva por los cargos establecidos para la matrícula y cuotas que la institución requiere de manera similar a los que no son veteranos en tales circunstancias, desaprobar dicha institución educativa para la inscripción de cualquier otro veterano en ella.

La siguiente parte del título II era la parte quinta en la que se especificaba las agencias estatales que habían obtenido la aprobación del administrador para poder llevar a cabo las provisiones de esta ley. Esta parte constaba de cinco secciones en las que se trataban los siguientes asuntos: designación, aprobación de cursos, cooperación, uso de la Oficina de Educación (*Office of Education*) y otras agencias federales y el reembolso de gastos.

Así en la sección 241 se pedía, a menos que se estableciera lo contrario por la ley del estado de que se trate, al jefe del ejecutivo de cada estado que creara o designara un departamento de estado o agencia como la agencia del Estado que aprueba los cursos para su estado a los efectos de este título.

La aprobación de dichos cursos quedaba claramente definida en la sección 242 en la que se establecía que la aprobación de los cursos por las agencias estatales se haría de conformidad con las disposiciones de este título y las demás normas y políticas que dicha agencia estatal pueda adoptar, pudiéndose leer lo siguiente en su redactado:

> Un veterano elegible recibirá los beneficios de este título mientras esté inscrito en un curso de enseñanza o formación ofrecida por un establecimiento institución o formación educativa solo si dicho curso está aprobado por la agencia de aprobación de Estado para el Estado en que se encuentra dicha institución educativa o centro de formación o por el administrador (*House Resolution 7656, 671*).

El administrador será responsable de la aprobación de los cursos de educación o formación ofrecidos por cualquier agencia del gobierno federal autorizada en virtud de otras leyes para supervisar este tipo de educación o formación, aunque también podía aprobar cualquier curso en cualquier otro establecimiento o institución de formación educativa.

Un aspecto destacado de esta parte venía recogido en la sección 243 por la que se establecían los mecanismos de cooperación entre el administrador por parte del gobierno federal y las agencias estatales, quedando redactado de la siguiente manera:

> El administrador y cada agencia estatal deberán tomar conocimiento del hecho de que determinadas obligaciones, funciones y responsabilidades se confieren al Administrador y a cada agencia estatal dentro de los programas educativos de los veteranos. Para asegurar que se administran con eficacia y eficiencia stos programas, la cooperación del Administrador y la agencia estatal es esencial (*House Resolution 7656, 672*).

Por lo tanto, se hacía necesario establecer un intercambio de información fluida relativa a las actividades de las diferentes instituciones educativas y los centros de formación y se debía prestar atención a la aplicación de las normas de aprobación, ejecución de las limitaciones salariales y de ingresos, la aplicación de las restricciones de matrícula, y las actividades fraudulentas por parte de personas vinculadas a instituciones educativas y centros de formación.

Y la forma en la que se llevaba a cabo este tipo de cooperación era mediante el uso de la Oficina de Educación y de otras agencias federales reconocidas como recoge la sección 244. Esto quedaba refrendado con las siguientes palabras: "El administrador deberá utilizar los servicios de la Oficina de Educación en el desarrollo de acuerdos de cooperación entre el Administrador y agencias estatales y locales relativas a la homologación de los cursos de educación o formación" (*House Resolution 7656, 672*).

Estos servicios deberían ser también utilizados para la revisión del plan de operaciones de los organismos estatales que se aprueben en virtud de dichos acuerdos, y en la prestación de asistencia técnica a dichas agencias estatales y locales en el desarrollo y mejora de las políticas, normas y legislación en relación con sus diversas obligaciones.

Finalmente, otro aspecto para tener en cuenta en esta parte era, como se desprende de la sección 245, el capítulo relativo al reembolso de gastos a las agencias estatales. En este sentido, el administrador estaba autorizado a cerrar contratos o acuerdos con agencias estatales y locales para pagar a dichas agencias por los gastos razonables y necesarios de salario y los viajes efectuados por los empleados de esos organismos.

La parte sexta hacía expresa referencia a la aprobación de cursos de educación y de formación para los veteranos por medio de sus seis secciones. En las mismas se desarrollaron los siguientes temas: aprendizaje u otra formación en el trabajo, formación institucional en fincas, aprobación de cursos acreditados, aprobación de cursos no acreditados, notificación de la aprobación de cursos, y la no aprobación de cursos y la supresión de subsidios.

Esta nueva parte hacía especial mención a la formación laboral de los veteranos en los diferentes puestos de trabajo. Así, la sección 251 hacía referencia a la formación de estos en el trabajo y en qué consistía: "El aprendizaje u otra formación en el trabajo consistirá en cursos ofrecidos por los centros de formación cada vez que este tipo de cursos de formación están diseñados de acuerdo con las disposiciones de esta sección" (*House Resolution 7656, 673*).

La solicitud por escrito para poder cubrir el curso de formación debía incluir la siguiente documentación: el título y la descripción del objetivo específico de trabajo para los que el veterano debe estar capacitado; la duración del período de formación; un horario para los principales tipos de trabajo o tareas que hay que aprender; el sueldo o salario que se pagará al inicio del curso de formación; y el número de horas de instrucción llevadas a cabo.

La sección 252 se centraba pues en la formación institucional agraria. Un veterano elegible tendría derecho a los beneficios de este título mientras esté inscrito en un curso de formación institucional agraria a tiempo completo y que ha sido aprobado por la agencia estatal de conformidad con las disposiciones de esta sección. Esta sección también establecía una serie de requisitos que se debían cumplir, entre los que podemos destacar el siguiente:

> El curso combina instrucción organizada por grupo en temas agrícolas y afines de al menos 200 horas al año en una institución educativa, con experiencia de trabajo supervisado en una granja u otro establecimiento agrícola. El veterano elegible recibirá no menos de 100 horas de instrucción individual por año, no menos de 50 de las cuales serán en granjas u otro establecimiento agrícola (*House Resolution 7656, 674*).

La siguiente sección, la sección 253, establecía las condiciones para la aprobación de aquellos cursos acreditados. Así, en su redacción podemos leer: "Una agencia estatal podrá aprobar los cursos ofrecidos por una institución educativa cuando dichos cursos han sido acreditados y aprobados por una agencia o asociación de acreditación reconocida a nivel nacional" (*House Resolution 7656, 675*).

Con tal finalidad, el Comisionado publicará una lista de entidades y asociaciones de acreditación reconocidos a nivel nacional que se determine como autoridad fiable en cuanto a la calidad de la formación ofrecida por una institución educativa y el Estado agencias aprobar puede, previa concurrencia, utilizar la acreditación de tales asociaciones o agencias de acreditación para la aprobación de los cursos específicamente acreditados y aprobados por dicha asociación de acreditación o agencia.

Relacionada con la anterior estuvo la sección 254, en la que se trataba de la aprobación de cursos no acreditados. En la misma se establece, como condición general, que no se aprobarán este tipo de cursos para veteranos a menos que la agencia estatal enviara una solicitud de aprobación en los siguientes términos:

> Ningún curso de educación o formación que se ofrece por una institución educativa para un público o privado sin fines de lucro será aprobado a los efectos de este título a menos que la institución educativa que ofrece tal supuesto se someta a la agencia estatal de aprobación mediante una solicitud por escrito para la aprobación de tal supuesto (*House Resolution 7656, 676*).

No obstante, hay que reconocer que estos casos eran extremos debido a las numerosas trabas que se les imponían, como la solicitud de numerosa documentación a aportar, o los férreos y duros criterios a aplicar por la agencia estatal para su aprobación.

A pesar de todo, la notificación de la aprobación de estos cursos quedaba remarcada por las provisiones de la sección 255. En la misma, la agencia estatal que lo aprobaba, tras determinar que una institución educativa había cumplido con todos los requisitos, remitiría una carta a dicha institución estableciendo los cursos que habían sido aprobados.

Además, esta carta debía contener la siguiente información complementaria: 1) la fecha de la carta y la fecha efectiva de aprobación de los cursos; (2) la dirección y el nombre de cada institución educativa o centro de formación aprobada; (3) la autoridad para su aprobación y condiciones de aprobación, que se refieren específicamente al catálogo aprobado y publicado por la institución educativa; (4) nombre de cada curso aprobado; (5) las limitaciones de inscripción como números máximos autorizados y la relación estudiante-profesor; (6) la firma del funcionario responsable de la agencia estatal que se aprueba.

De igual manera, la sección 256 establecía aquellos casos en los que no se aprobaban los cursos y se suprimían los subsidios por no cumplir alguno de los requisitos. Pero lo realmente relevante de esta sección era la supresión de los subsidios, como podemos leer a continuación:

> El administrador podrá suspender la asignación por educación o formación de cualquier veterano elegible si se entera de que el curso de educación o formación en el que está inscrito como veterano no cumple alguno de los requisitos de este título o si se entera de que la institución educativa o centro de formación ofreciendo estos cursos ha violado alguna de las disposiciones de este título o deja de cumplir con cualquiera de sus necesidades (*House Resolution 7656, 678*).

Llegamos así a la séptima y última parte del título II que establece una serie de provisiones generales en sus catorce secciones en las que se desarrollan temas como: la autoridad del administrador, el control de las agencias federales, el conflicto de intereses, los informes de instituciones, el sobrepago a los veteranos, el examen de informes, las declaraciones engañosas, o las sanciones legales. De lo que se desprende que dichas provisiones pretendían cubrir todo el espectro de posibilidades o conductas legales.

Esta séptima parte comienza en su sección 261 con la autoridad concedida al Administrador, quien está autorizado a prescribir, promulgar y publicar las normas y reglamentos que sean compatibles con las disposiciones generales de este título y todas aquellas que sean necesarias para llevar a cabo sus propósitos. También se le autoriza a firmar contratos o convenios con organismos públicos o privados, incluidos los servicios que considere factibles.

Tal y como recoge la sección 262, el administrador deberá nombrar un comité asesor para ayudarle y apoyarle, que deberá incluir obligatoriamente al Comisionado y el director de la Oficina de Aprendizaje del Departamento de Trabajo (*Bureau of Apprenticeship, Department of Labor*), en los siguientes términos: "El administrador deberá formar un comité asesor, que estará compuesto por personas que son eminentes en sus respectivos campos de la educación, el trabajo y la gestión, y por representantes de los diversos tipos de instituciones y establecimientos que ofrecen educación y formación a los veteranos inscritos bajo este título" (*House Resolution 7656, 679*).

La sección 263 prohibía expresamente que ningún departamento, organismo o funcionario de los Estados Unidos, en la realización de este título, ejerza ningún tipo de supervisión o control sobre cualquier agencia estatal (agencia educativa o agencia de aprendizaje), o cualquier centro o institución de formación académica.

Una sección relevante de la presente parte la constituía la sección 264 en la que se detallaban aquellos casos en los que hubiese conflicto de intereses y la forma de proceder en dichos casos, pudiéndose leer en su articulado lo siguiente:

Todo funcionario o empleado de la Administración de Veteranos, o de la Oficina de Educación, que tenga algún interés en, o reciba algún salario, dividendo, ganancias, propinas, o servicios de cualquier institución educativa operada con fines de lucro en la que un veterano elegible estaba siguiendo un curso de enseñanza o formación bajo este título será despedido de inmediato de su cargo o empleo (*House Resolution 7656, 679*).

Además, una agencia estatal no podrá aprobar un curso ofrecido por una institución educativa operada con fines de lucro y, si tal curso ha sido aprobado, deberá rechazar cada uno de esos cursos, si considera que cualquier funcionario o empleado de la Administración de Veteranos, la Oficina de Educación, o la agencia estatal que aprueba posee un interés en dicha institución o recibe salario, sueldo, dividendos, ganancias, propinas o servicios. En estos supuestos, como define la sección 265, las instituciones y centros de formación deberían informar al administrador en la forma prescrita por él, la matrícula, interrupción, y la terminación de la educación o formación de cada veterano matriculado.

Otra sección relevante es la 266 en la que se contemplaba las situaciones con sobrepago a algún veterano que, por otra parte, no podría impedir la imposición de cualquier acción civil o penal en virtud de este o cualquier otro estatuto, quedando redactado de la siguiente manera:

En cualquier caso en el que se encuentre por el administrador que se ha hecho un pago en exceso a un veterano como resultado de (1) la omisión intencional o negligente de la institución educativa o de formación educativa para informar, o (2) una falsa certificación por la institución educativa o centro de enseñanza, el monto de dicho pago en exceso constituirá un pasivo de dicha institución o centro, y puede ser recuperado de la misma manera que cualquier otra deuda por los Estados Unidos (*House Resolution 7656, 680*).

Con la finalidad de poder inspeccionar tanto los informes de las diversas instituciones educativas como los posibles casos de sobrepago a veteranos, como se recoge en la sección 267, los registros y cuentas de las instituciones educativas y centros de formación relativos a los veteranos que recibieron educación o formación debían estar disponibles para su examen.

Otra consideración que esta parte tuvo en cuenta fue el caso de aquellas declaraciones por parte de los veteranos que fuesen falsas o engañosas. Así, la sección 268 establece lo siguiente en su redacción: "El administrador no deberá hacer ningún pago bajo este título a cualquier persona que encuentre que voluntariamente ha presentado reclamaciones falsas o engañosas" (*House Resolution 7656, 681*).

En aquellos casos en que el administrador encontraba que una institución educativa o centro de formación había presentado deliberadamente una declaración falsa o engañosa, o cuando un veterano, con la complicidad de una institución educativa o centro de formación, había presentado una reclamación, se debía hacer un informe completo de los hechos y cuando se consideraba necesario se informaba al fiscal general de los Estados Unidos para que tomara la acción adecuada.

Así, en aquellos casos que se hallaba que algún veterano había presentado declaraciones falsas podía ser multado con una cantidad no superior a los cinco mil dólares, o encarcelado por un tiempo inferior a tres años, o ambos supuestos a la vez, como se desprende de la sección 269 en virtud de una serie de leyes que se podían aplicar según la sección 270. Por otra parte, también se contemplaba la posibilidad de que no se encontrase que el veterano había efectuado una declaración falsa o engañosa. La sección 271 especifica lo siguiente en su articulado:

> No habrá recuperación de los pagos de educación y subsidio de formación realizados bajo este título de cualquier persona que, a juicio del administrador, esté sin culpa por su parte, y para el que, a juicio del administrador, dicha recuperación sería contraria al propósito de beneficios autorizado de otra manera o que estaría en contra de la equidad y la buena conciencia (*House Resolution 7656, 681*).

Por lo tanto, según la sección 272, la Comisión Federal de Comercio (*Federal Trade Commission*) mantendrá a todas las agencias estatales orientadas sobre cualquier información que llegue a su atención y que sería de ayuda a esos organismos en el desempeño de sus deberes. Y la fecha efectiva en la que entrarían en vigor todas estas provisiones, como se desprende de la sección 273, sería la fecha de su promulgación, con la excepción de que no se pagaría la educación y la formación por cualquier período anterior al 20 de agosto de 1952.

Tras este extenso segundo título, con siete partes y cuarenta y dos secciones, pasamos al título III de la ley que hacía referencia al tema de los préstamos que se les concedían a los veteranos, regularizado por medio de siete secciones diferentes. En las mismas se analizaban qué personas eran elegibles para concederles los préstamos o, sobre todo, qué requisitos debían cumplir.

Comenzando así con aquellas personas que eran elegibles para la concesión de préstamos por medio de la sección 301, esta ley efectuaba unas enmiendas a la ley original de 1944 en cuanto al tiempo de servicio para lo cual insertaba el siguiente enunciado: "Insertando después de la palabra "guerra" en la primera frase lo siguiente: o en cualquier momento a partir del 27 de junio de 1950 y antes de la fecha que se determinará por proclamación presidencial o resolución concurrente del Congreso" (*House Resolution 7656, 682*).

Es decir, que por medio de esta sección se ampliaban los términos de protección de la ley original de 1944, que recordemos básicamente daba cobertura a los veteranos de la Segunda Guerra Mundial, con el fin de hacerla extensiva a todos los veteranos de la guerra de Corea. Algo parecido sucedía con la sección 302 en la que se efectuaba una enmienda sobre el poder del administrador para examinar los préstamos, pudiendo leer:

> No obstante lo dispuesto en este título, respetando los préstamos garantizados de forma automática, el administrador podrá en cualquier momento mediante notificación de 30 días requerir que se realicen préstamos por cualquier prestamista o clase de prestamistas que se presentará para su aprobación previa, y no deberá existir garantía o seguro de responsabilidad con respecto a este tipo de préstamos a menos que haya evidencia de garantía o seguro emitida por el administrado (*House Resolution 7656, 682*).

Este título también hacía referencia a otro aspecto relevante de la ley original de 1944 como era la concesión de préstamos para la adquisición o compra de vivienda. La sección 304 establecía las normas de planificación y construcción, así como los supuestos de deficiencias en la construcción de estas, haciendo enmiendas sobre la ley original:

> Ningún préstamo para la compra o construcción de inmuebles residenciales cuya construcción se inició con posterioridad a 60 días a partir de la fecha en la que Ley de Asistencia de Reajuste de Veteranos de 1952 entrará en vigor se financiarán a través de la asistencia de las disposiciones de este título a menos que la propiedad cumpla o exceda los requisitos mínimos para la planificación, la construcción, y la aceptabilidad general (*House Resolution 7656, 683*).

Quedaba en manos del administrador la decisión de negarse a valorar cualquier proyecto de vivienda o vivienda en propiedad, o para ser construida por cualquier persona identificada con la vivienda previamente vendida a un veterano bajo este título, como que se hayan descubierto deficiencias sustanciales, o que se haya producido un fallo o incapacidad indicada para liquidar las obligaciones contractuales a los veteranos.

Una última consideración que había que tener en cuenta era la que hacía referencia en este tercer título era a la negativa a garantizar o asegurar los préstamos en algunos casos, como queda recogido en la sección 307, para lo cual se efectuó una enmienda de la ley original de 1944 en los siguientes términos:

> Cada vez que el administrador encuentre con respecto a los préstamos que cualquier prestamista ha fallado a la hora de mantener registros contables de préstamos adecuados, o demostrado la capacidad adecuada para dar servicio a los préstamos de manera adecuada o intencionalmente o por negligencia ha incurrido en prácticas de otro modo perjudiciales para el interés de los veteranos o del Gobierno, que podrá

denegar de forma temporal o permanente para garantizar o asegurar los préstamos realizados por tales prestamista (*House Resolution 7656, 684*).

El siguiente título de la ley, el cuarto, era también muy relevante porque incluía en sus disposiciones la compensación por desempleo a los veteranos que hubiesen prestado servicio en o con posterioridad al 27 de junio de 1950. En sus nueve secciones, incluía aspectos tales como: la compensación a veteranos, el pago a los estados, las penalizaciones y regulaciones, o la finalización de la compensación.

Así pues, la sección 401 mencionaba la compensación a los veteranos bajo acuerdos estatales. El secretario estaba autorizado, en nombre de los Estados Unidos, a llegar a acuerdos con un estado, o con la agencia que administre la ley de compensación por desempleo en dicho estado, en virtud de los cuales dicha agencia se encargaría de efectuar los pagos de compensación a los veteranos. La tasa de compensación quedaba establecida de la siguiente manera:

> Dicho acuerdo deberá, salvo lo dispuesto en el artículo 408, prever que se pagará por el Estado una indemnización a razón de 26 dólares por semana a cualquier veterano de ese estado con respecto a las semanas de desempleo (no más de un total de 26 semanas) que se producen después del nonagésimo día después de la fecha de la promulgación de esta Ley (*House Resolution 7656, 684*).

La siguiente sección, la sección 402, era similar en el tratamiento a la anterior sección puesto que se centraba en la compensación a los veteranos, aunque en este caso se trataba en ausencia de acuerdos con los estados. Así, en el caso de un veterano que resida en un estado que no tiene un acuerdo con el secretario, este, de conformidad con las normas prescritas deberá, a la presentación de dicho veterano de una reclamación de indemnización en virtud de este inciso, efectuarle pagos de compensación en las mismas cantidades y en los mismos periodos que lo dispuesto en la sección 401.

También contemplaba el procedimiento a seguir por parte del veterano en aquellos casos en los que se le negara la compensación: "Cualquier veterano cuya reclamación de indemnización en virtud del inciso (a) o (b) de esta sección ha sido denegada tendrá derecho a un juicio justo de conformidad con los reglamentos prescritos por el Secretario" (*House Resolution 7656, 685*).

La sección 403 estaba relacionada con las dos anteriores ya que mencionaba el tema del pago a los estados. Cada estado tendía derecho a ser pagado por los Estados Unidos una cantidad igual a los pagos de indemnización realizados por dicho estado de conformidad y de acuerdo con este presente título. Este pago debía ser certificado por el Secretario, como se desprende de la siguiente información:

El secretario, de vez en cuando, certificará al secretario del Tesoro por el pago a cada estado sumas pagaderas a dicho estado bajo esta sección. El secretario del Tesoro, previo a la audición o liquidación por la Oficina General de Contabilidad, deberá realizar el pago al estado de conformidad con dicha certificación, los fondos para llevar a cabo los propósitos de este título (*House Resolution 7656, 685*).

Y como recoge la sección 404, todas las agencias del gobierno federal ponen a disposición de los organismos del estado que tienen acuerdos con arreglo al presente título o al secretario, la información con respecto al servicio militar de cualquier veterano que el secretario juzgue factible y necesaria para la determinación del derecho de indemnización. Llegamos así a la sección 405, que recogía las diferentes penalizaciones que se podían llevar a cabo para aquellos veteranos que presentasen declaraciones falsas: "El que efectúe una declaración falsa o una representación de un hecho material a sabiendas de que es falsa para obtener o aumentar para sí mismo o para cualquier otra persona cualquier pago autorizado para ser pagado bajo este título será multado con no más de 1,000 dólares o encarcelado por no más de un año, o ambos casos" (*House Resolution 7656, 686*).

El secretario quedaba autorizado, bajo la sección 406, a realizar las normas y reglamentos que fuesen necesarios para llevar a cabo las disposiciones de este título. El secretario debía consultar con representantes de los organismos de compensación por desempleo del estado antes de la prescripción de las normas o reglamentos que puedan afectar a la actuación de esos organismos.

Y la sección 407 aplicaba una serie de definiciones con las que incluir a las diferentes personas o grupos. Entre las mismas cabe destacar la definición de los siguientes términos: veterano, compensación, secretario (secretario de Trabajo), estado (Hawái, Alaska, Puerto Rico, Islas Vírgenes y Distrito de Columbia) y fuerzas armadas (Ejército, Marina, Fuerza Aérea, Cuerpo de Marines y Guardia Costera).

Otra sección destacada era la sección 408 que hacía referencia a la no duplicación de los beneficios a los veteranos. En ningún caso, ningún veterano podía recibir indemnización en virtud de este título de más de un estado de una sola vez o en una cantidad total superior a los seiscientos setenta y seis dólares. La sección (a) de esta sección quedó redactada así:

> No obstante, cualquier otra disposición de este título, no se efectuará pago alguno en virtud de cualquier acuerdo bajo este título por el Secretario a un veterano por cualquier semana o parte de una semana para la que sea elegible de recibir beneficios de desempleo a una tasa igual o superior de 26 dólares por semana bajo cualquier ley federal o estatal de compensación por desempleo (*House Resolution 7656, 687*).

El título V era el último realmente con contenido importante de la presente ley. En el mismo se trataba el caso de los pagos de aquellos veteranos que dejaban su alistamiento en las fuerzas armadas, aspecto que nuevamente se había tratado en la ley original de 1944. En esta ocasión, por medio de sus seis secciones, el presente título trataba asuntos como los siguientes: elegibilidad y determinación del pago, limitación de tiempo o administración y definición.

La sección 501 establecía ya claramente las condiciones de elegibilidad de los veteranos a la hora de efectuar los pagos y también aquellos a los que no podían acogerse a los mismos. Así podemos leer la siguiente información en su redactado:

> Excepto en lo previsto en la subsección (b) de esta sección, cada miembro de las Fuerzas Armadas que haya estado trabajando en el servicio activo a partir del 27 de junio de 1950, y con anterioridad a la fecha que se determinará por proclamación presidencial o resolución concurrente del Congreso, y que esté relevado del servicio activo bajo condiciones honorables, tendrá derecho a recibir el pago de salida de alistamiento (*House Resolution 7656, 688*).

Y con el fin de evitar la picaresca por parte de algunos veteranos, establecía que un miembro de las fuerzas armadas que fuese elegible para recibir el pago de salida bajo este título y conforme a la Ley de 1944 durante el mismo período de servicio activo deberá optar por recibir dicho pago ya sea bajo este título o dicha ley, pero no bajo las dos disposiciones de la ley.

Por lo tanto, en la sección 502 se determinaba la cantidad de pago a los veteranos, estipulando una cantidad que oscilaba entre los cien dólares a aquellos que hubiesen prestado servicio durante menos de sesenta días, doscientos dólares a los que hubiesen prestado servicio durante sesenta días o más en el territorio continental de los Estados Unidos y los trescientos dólares a los que habían servido sesenta días o más fuera del espacio continental de los Estados Unidos.

Asimismo, se fijaba el método de pago para cada uno de estos supuestos con diferentes tipos de cuotas. Una persona con derecho a recibir la primera cuota del pago en el momento de que haya sido dado de baja o licenciado con el fin de alistamiento o reenganche como componente regular de las fuerzas armadas deberá recibir la totalidad de dicho pago en un solo pago, y no en las diferentes cuotas. También se establecía, por medio de la sección 503, las limitaciones de tiempo que los veteranos debían observar a la hora de solicitar el pago por este concepto bajo las siguientes condiciones:

> A cualquier miembro de las fuerzas armadas con derecho al pago que haya sido dado de baja o relevado del servicio activo bajo condiciones honorables antes de la fecha de vigencia de este título, si la solicitud se hace dentro de los 2 años después de la fecha de entrada en vigencia de este título, le será efectuado dicho pago por el

Departamento del Ejército, Armada o Fuerza Aérea, o el Departamento del Tesoro, según sea el caso, a partir plazo de un mes después de la aplicación se ha recibido y aprobado por dicho departamento (*House Resolution 7656, 690*).

Otra sección importante del quinto título era la sección 505, que hacía referencia a aspectos más técnicos en la aplicación de la ley como era la administración del título y las regulaciones a seguir. Por lo que respecta a la administración, queda redactado su articulado como sigue a continuación:

> Estos pagos por dejar el servicio que deban pagarse en virtud del presente título no serán asignables y los pagos realizados por causa de un veterano estarán exentos de impuestos, estarán exentos de los derechos de los acreedores, incluyendo cualquier demanda de los Estados Unidos, y no estarán sujetos a embargo, gravamen o embargo bajo cualquier procedimiento legal que sea anterior o posterior a la recepción por parte del beneficiario (*House Resolution 7656, 690*).

En cuanto a sus regulaciones se estipulaba que los secretarios del Ejército, Armada, Fuerza Aérea y del Tesoro desarrollarán las regulaciones que no sean incompatibles con este título y que sean necesarias para llevar a cabo las disposiciones de esta, y sus decisiones serán definitivas y no están sujetas a revisión por ningún tribunal o funcionario del gobierno. Finalmente, la sección 506 añadía algunas definiciones usadas en el quinto título, que incluían los siguientes términos: esposa, hijo, padre, y fuerzas armadas.

Llegamos así al sexto y último título de la ley que incluía disposiciones varias en sus dos secciones, como eran el asesoramiento laboral y la búsqueda de empleo, por un lado, y la autorización de las apropiaciones necesarias por el otro. Con respecto a lo primero, según se recoge en la sección 601, se efectuaba una enmienda a la ley original de 1944, quedando redactado de la siguiente manera:

> El término 'veterano', tal como se utiliza en el presente título, se entenderá como una persona que sirvió en el servicio activo de las fuerzas armadas durante un período de guerra en el que los Estados Unidos haya estado involucrado, o durante el período a partir del 27 de junio 27 de 1950, y con anterioridad a la fecha que se puede determinar a partir de entonces por la proclamación presidencial o resolución concurrente del Congreso, y que se ha dado de baja del mismo en condiciones que no sean deshonrosas (*House Resolution 7656, 691*).

Para concluir el extenso redactado de esta ley, la sección 602 hacía referencia a la autorización de apropiaciones, y con el presente artículo quedaban autorizados para asignarse las sumas que sean necesarias para llevar a cabo las disposiciones de esta ley.

8.3. Repercusiones de la aprobación de la ley en la sociedad

Aproximadamente los 5,7 millones de veteranos que sirvieron en la guerra de Corea estuvieron más propensos a sufrir discapacidades relacionadas con el frío como resultado de la exposición a climas fríos severos. El clima representó el 16% del total de las lesiones no de combate sufridas por el ejército y más de 5.000 bajas estadounidenses causadas por lesiones causadas por frío requirieron la evacuación de Corea durante el invierno de 1950 y 1951. En muchos casos, los soldados no podían tener atención médica para sus lesiones debido a las condiciones del campo de batalla.

Así pues, la aprobación de la Ley de Ayuda de Reajuste de los Veteranos permitió que éstos pudieran ser elegibles para una amplia variedad de beneficios que estaban disponibles para todos los veteranos militares estadounidenses. Dichos beneficios incluían una compensación por discapacidad, pensiones, educación y formación, la salud, los préstamos hipotecarios, los seguros, la readaptación profesional, el empleo y el entierro.

El éxito abrumador de la llamada *G.I. Bill* de 1944 llevó a los legisladores estadounidenses a extender programas de beneficios educativos similares para los veteranos de guerras subsiguientes, más concretamente para los veteranos de la guerra de Corea, Así, la segunda versión de la ley original fue la Ley de Ayuda de Reajuste de los Veteranos de 1952 cuyo objetivo general era proporcionarles un subsidio de asistencia educativa mensual para ayudar con los gastos de educación y formación de los mismos, aunque estas ayudas no cubrían totalmente esos gastos.

Al igual que el programa de la Segunda Guerra Mundial, esta ley proporcionó beneficios de educación y formación, así como préstamos de vivienda, agrícolas y comerciales. Pero a diferencia de la prestación de desempleo con fondos federales para los veteranos de la Segunda Guerra Mundial, se hizo el pago de la compensación por desempleo en función de cada estado.

La Ley de Ayuda de Reajuste de los Veteranos de 1952 (también conocida como la *G.I. Bill* coreana), convertida en ley el 16 de julio de 1952 por medio de la Ley Pública 550 bajo el presidente Harry S. Truman, fue autorizada para ayudar a los veteranos que regresaban a casa del conflicto de Corea con el fin de adaptarse a la vida civil.

Para poder acogerse a los beneficios educativos en virtud de este proyecto de ley, un veterano debía haber recibido una licencia que no fuese deshonrosa y haber servido noventa días después del 27 de junio de 1950, o haber sido dado de baja del servicio activo a causa de una lesión imputable al mismo.

El número previsto de veteranos en el conflicto de Corea, casi seis millones (o un 4% de una población nacional en 1952) fue menor que los de la Segunda Guerra

Mundial acogidos a la ley original de 1944, lo que reducía el riesgo de altas tasas de desempleo nacional en comparación con épocas posteriores a la Segunda Guerra Mundial.

El *G.I. Bill* coreano tenía por objeto proporcionar a los veteranos la educación por anticipado por el servicio obligatorio y proporcionar beneficios equitativos, como había sido concedida a los veteranos la Segunda Guerra Mundial. El proyecto de ley también quería evitar los problemas que tuvo la aplicación de la ley original.

La lista de instituciones educativas y los centros de formación elegibles no cambió desde el proyecto de ley original de 1944, excepto que las instituciones que figuraban en la lista de organizaciones subversivas del fiscal general no eran elegibles. Se pidió a los estados que creasen agencias estatales para aprobar los cursos educativos y proporcionar listas de instituciones elegibles.

Para asegurar que los beneficios se utilizaron para la preparación y formación laboral y para evitar algunos malos usos experimentados bajo el proyecto de ley original se agregaron o cambiaron varias disposiciones. Así, los veteranos estaban obligados a declarar un objetivo educativo o aportar un certificado.

Se les permitía cambiar su plan educativo solo una vez, si no hacían un progreso satisfactorio por causas ajenas a la mala conducta, negligencia o falta de aplicación, y si el nuevo programa encajaba mejor con su aptitud que la educación anterior o que el nuevo constituyese una progresión normal del programa existente. La legislación prohibía específicamente que los veteranos recibieran beneficios para cursos vocacionales y recreativos (coctelería, danza, fotografía, música, deporte o desarrollo personal).

Los criterios y normas para la aprobación de los centros de formación e instituciones educativas fueron reforzados en comparación con la G.I. Bill original. Los veteranos no podían inscribirse en los cursos no acreditados por debajo del nivel universitario en instituciones que recibieran más del 85% de sus fondos de la Administración de Veteranos. Sustancialmente no eran elegibles para los veteranos nuevos cursos en instituciones privadas que habían sido ofrecidos de menos de dos años de duración.

Enmiendas al proyecto de ley original que establecían normas estrictas para el aprendiz, la formación en el puesto de trabajo y en la granja se expandieron bajo la Ley de Ayuda de Reajuste de los Veteranos de 1952 con el fin de incluir cursos ya aprobados por las agencias de acreditación reconocidos a nivel nacional y ciertos cursos sin acreditación.

Cabe destacar que este proyecto de ley eliminó el pago de la matrícula completa directamente desde el gobierno federal a las instituciones educativas y a los programas de capacitación aprobados. En cambio, la VA pagaba ciento diez dólares al mes a los veteranos participantes sin personas a su cargo, ciento treinta y cinco con una persona a su cargo y los veteranos con más de un dependiente a su cargo recibían ciento sesenta dólares al mes.

Mientras que a los veteranos de la Segunda Guerra Mundial se les concedía un máximo de cuatro años de beneficios de educación, a los veteranos de la guerra de Corea se limitaron a treinta y seis meses, que es el equivalente a los estudiantes que asisten a escuelas de educación superior tradicionales con veranos libres.

En consonancia, cada veterano era responsable del pago de matrícula, libros, tasas, suministros y otros costes de formación y de vida más allá de los gastos asignados por su educación o formación. Los legisladores señalaron que el pago directo a un veterano tenía la intención de ayudar a fomentar el interés financiero personal del veterano en su formación. Sin embargo, este cambio también fue diseñado para evitar los sobrepagos que se habían hecho a las instituciones educativas y de formación durante la administración de los beneficios bajo la *G.I. Bill d*e 1944.

En el marco de esta nueva ley aprobada en 1952, un veterano debía iniciar su educación o formación antes del 20 de agosto de 1954, o dos años después de su licencia del servicio activo. Además, los beneficios de educación y formación no se le concedían a un veterano elegible después de siete años de su baja o licencia del activo servicio o al final del período de servicio básico, lo que ocurriera primero. Lo realmente relevante de la medida era que estos beneficios estaban disponibles para los nuevos veteranos durante un período de tiempo no superior a treinta y seis meses.

La elegibilidad para la asistencia educativa bajo la ley de 1952 fue establecida para aquellos veteranos que sirvieron en el servicio activo por un período de más de ciento ochenta días en cualquier momento después del 31 de enero de 1955 y antes del 1 de enero de 1977, y que fueron dados de baja del servicio en condiciones honorables. Estos veteranos, bajo esta ley, podrían recibir hasta cuarenta y cinco meses de asistencia educativa en función de la duración del servicio activo. Pero los beneficios educativos no estaban disponibles para los veteranos más allá de los diez años posteriores a su última baja o licencia del servicio activo.

Esta nueva ley fue especialmente significativa en el aspecto de que la elegibilidad se extendió a todos los veteranos que sirvieron después del 31 de enero de 1955, ampliando así la disponibilidad de beneficios educativos y de formación profesional para los que sirvieron tanto en tiempo de guerra como en tiempos de paz.

No había límite de tiempo obligatorio para el inicio de los programas educativos o de formación debido a la dificultad de administrar tal restricción. Sin duda, la aprobación de la Ley de Ayuda de Reajuste de los Veteranos de 1952 ayudó a millones de veteranos en la obtención de formación y se convirtió en el único programa federal que proporcionaba asistencia educacional postsecundaria.

Otra consecuencia para la sociedad era que la *G.I. Bill* coreana hizo pagos solo a los veteranos, a diferencia de los efectuados en el marco del proyecto de ley original de 1944 que los efectuaba a las instituciones educativas. En la Cámara de Representantes, el Comité Selecto para Investigar la Educación, Capacitación y Programas de Garantía de Préstamos bajo la *G.I. Bill* original indicaba que los pagos directos a las instituciones educativas llevaron a abusos.

Un informe posterior de la Cámara en el año 1956 determinó que debido a que el proyecto de ley original era generoso, algunos veteranos utilizaron los beneficios de la renta en lugar de intentar lograr un empleo. También se creía que, si los veteranos eran responsables de pagar una parte del coste de su propia educación, en combinación con el pago de los beneficios directamente a los veteranos, esto frenaría los gastos.

Quienes se oponían a un solo pago, tanto para la matrícula como para la subsistencia, mostraban su preocupación porque se alentaría a los veteranos a asistir a las escuelas públicas de menor precio, posiblemente comprometiendo la calidad de la educación a cambio de un pago mensual mayor para los gastos de subsistencia.

Theodore M. Hesburgh (1915 – 2015), quien fue presidente de la Universidad de Nôtre Dame durante treinta y cinco años, informó que su centro había experimentado una drástica reducción en el número de veteranos inscritos debido a los cambios introducidos a los veteranos de la guerra de Corea.

Sin embargo, el poderoso Consejo Americano de Educación (American Council on Education) se pronunció a favor del cambio, con el argumento de que cualquier cambio en la ley debía esperar indicaciones estadísticas de efectos inequitativos. Incluso la Legión Americana, que había sido instrumental en la aprobación de los primeros *G.I. Bill* ocho años antes y que en un principio se había opuesto a la combinación de matrícula y subsistencia, argumentó en contra de la separación de los dos pagos.

Los veteranos de la guerra de Corea eran un grupo sustancialmente diferente del que había servido durante la Segunda Guerra Mundial. Eran mucho más jóvenes, siendo la edad media de estos veteranos de la guerra de Corea de solo veintitrés años, cinco años más joven que la edad promedio de los veteranos de la Segunda Guerra Mundial que utilizaron el proyecto de ley original.

Por lo tanto, había muchos menos veteranos de la guerra de Corea. En 1953, solo 1,8 millones de veteranos fueron elegibles para la *G.I. Bill* coreana, en comparación con los más de quince millones de veteranos elegibles de la Segunda Guerra Mundial. Por último, los veteranos de la Segunda Guerra Mundial y los de la guerra de Corea fueron reclutados de manera diferente. Mientras que el servicio militar durante la Segunda Guerra Mundial fue casi universal, se desarrolló un complejo sistema de aplazamientos durante la guerra de Corea para que los hombres jóvenes asistieran a la universidad o continuaran estudios de postgrado.

Aunque el Servicio Selectivo (*Selective Service*) informó en 1951 que los estudiantes universitarios solo podían posponer el reclutamiento hasta el final del curso académico, en realidad los alumnos podían retrasarlo por un período de tiempo considerablemente más largo (Peterson 1199). Preocupados porque los Estados Unidos perderían prometedores jóvenes científicos e ingenieros en la guerra, intelectuales como Julius R. Oppenheimer (1904 – 1967) instaron al gobierno a que eximieran a estos estudiantes.

En última instancia, el gobierno federal se decidió por un aplazamiento más amplio para todos los estudiantes universitarios que, o bien tuvieron unas calificaciones en la mitad superior de su clase o que fueron brillantes en el examen nacional diseñado por el Servicio de Exámenes Educativos (*Educational Testing Service*). Esto permitió que todos aquellos que obtuvieron setenta o setenta y cinco puntos aplazar la incorporación a filas hasta que completaron sus estudios. En la práctica, estos aplazamientos permitieron a los que poseían los recursos y el talento retrasar indefinidamente su incorporación al servicio militar.

Y puesto que los máximos beneficios se les ofrecían a los veteranos que estudiaban a tiempo completo, la legislación proporcionó una definición uniforme de tiempo por debajo del nivel universitario, técnico y cursos institucionales ofrecidos sobre una base concreta de horas. Este subsidio no se pagaba si los veteranos estuvieron ausentes de los cursos no acreditados, de formación o en el puesto de trabajo durante más de treinta días y los veteranos no podían suspender sus estudios por más de doce meses sin una renuncia a la VA.

Un ejemplo representativo de la difícil situación de los veteranos de la guerra de Corea fue el caso del senador de Nueva Hampshire, Warren B. Rudman (1930 – 2012). Un veterano de combate de Corea casado que combinó un programa vespertino de estudios con su trabajo durante el día en la gestión de una fábrica de muebles de la familia en New Hampshire. El senador Rudman se encontró que a finales de la década de 1950 el "proyecto de ley de la *G.I.* de Corea solo cubría parcialmente sus gastos de matrícula" (Hersh 6).

Este programa finalizó el 31 de enero de 1955. Durante el transcurso de este, 2.391.000 de los 5.509.000 veteranos recibieron formación, incluyendo: 1.213 millones en las instituciones de educación superior, 860.000 por debajo del nivel de la universidad, 223.000 en el trabajo, y 95.000 en la capacitación institucional en la agricultura. La Tabla 47 nos resume la participación total de veteranos en la *G.I. Bill* coreana.

Concepto	Cantidad
Población total de veteranos	5.509.000
Número total de veteranos formados	2.391.000
Alumnos veteranos universitarios	1.213.000
Alumnos veteranos en otros centros formativos	860.000
Alumnos veteranos formados en la granja	223.000

Tabla 47. Participación en la *G.I. Bill* coreana.
Elaboración propia a partir de los datos obtenidos de *Veterans Administration.*
Veterans Benefits under Current Educational Programs. Washington DC, 28.

Un estudio del Congreso, bajo del congresista Olin E. Teague, concluyó que la Ley de Ayuda de Reajuste de los Veteranos de 1952 había alcanzado los fines específicos para los que fue hecha: la prevención de los problemas graves de desempleo, el malestar y la insatisfacción entre los veteranos, y la restauración de los recursos humanos perdidos o retardados por la guerra.

De hecho, en años posteriores se siguieron aprobando una serie de leyes que procuraban diversos beneficios a los veteranos, ampliando o modificando las ya existentes o extintas. Así, por ejemplo, tres años después de la aprobación y puesta en marcha de la Ley de Ayuda de Reajuste de los Veteranos de 1952 se aprobaron hasta cuatro leyes diferentes, como podemos comprobar en la Tabla 48:

Ley Pública	Finalidad	Fecha aprobación
Public Law 84 – 7	Extensión de los beneficios educativos	15 de febrero de 1955
Public Law 84 – 176	Enmienda a la compensación por desempleo a los veteranos (Título IV)	26 de julio de 1955
Public Law 84 – 180	Enmienda al periodo de reclamación para solicitar pagos	26 de julio de 1955
Public Law 84 – 280	Enmienda al periodo de formación en la granja	9 de agosto de 1955

Tabla 48. Listado de leyes públicas (84º congreso).
Elaboración propia.

CONCLUSIONES

CONCLUSIONES

Para culminar esta investigación, pasamos ahora a presentar las conclusiones más importantes a las que hemos llegado, además de ofrecer unas valoraciones finales de la misma. Todo ello con el firme propósito de terminar y conducir a unas posibles propuestas que abran nuevas vías de investigación que pudieran derivarse de los hallazgos encontrados en el presente estudio o de sus propias limitaciones.

A lo largo de estas conclusiones vamos a repasar cuáles fueron las medidas legislativas que mayor impacto y repercusiones tuvieron para los veteranos de guerra estadounidenses. Medidas que, una vez convertidas en leyes, mejoraron ostensiblemente su calidad de vida y alterando para siempre su estatus dentro de la propia sociedad estadounidense de la época.

Posteriormente, se proporcionarán unas conclusiones concisas de todos los capítulos en los que hemos organizado esta investigación. Y finalmente, como complemento a esta última parte, pasaremos a determinar aquellas limitaciones que sean propias del presente estudio, mientras reflexionamos sobre las posibles sugerencias de cara a una futura continuación investigadora sobre esta temática.

Así pues, el presente trabajo lo empezamos ofreciendo un enfoque global de la situación de los Estados Unidos en los años cuarenta desde múltiples perspectivas con el fin de dotar a la presente investigación de la mayor rigurosidad posible. En un primer estadio, expusimos la situación general del país desde un punto de vista histórico y político, en el que la Segunda Guerra Mundial marcó gravemente su devenir posterior. Y en un segundo, presentamos la visión de la nación desde un contexto económico y sociocultural, y la explicación a cómo emergió de dicho conflicto.

Seguidamente, se analizó cuál era la situación de los veteranos estadounidenses en aquella época, sobre todo la de aquellos que retornaban del frente a la finalización de la contienda. Principalmente consideramos cómo fue la acogida de estos veteranos dentro de la sociedad civil estadounidense, su reinserción social y laboral, y las diferentes asociaciones de veteranos en las que se constituyeron.

A continuación, como parte central de la investigación, nos centramos en las medidas legislativas que se fueron aprobando en los diferentes congresos de los años cuarenta y, muy especialmente, en la segunda mitad de la década, favorables a este segmento de la población. Si por un lado escrutamos aquellas medidas que estaban relacionadas o destinadas a ellos, por el otro se analizaron específicamente las tres leyes que mayor efecto o repercusión tuvieron en ellos. Todo ello con la finalidad de dar cumplida respuesta no solo a la hipótesis de trabajo que nos planteamos inicialmente, sino también a los objetivos principales que se establecieron al inicio de la presente investigación.

En consonancia, los resultados más destacados que hemos conseguido con toda esta investigación han sido, como no podría ser de otra forma, coherentes de una forma directa y proporcional con los objetivos que propusimos y establecimos en la introducción. Y como primer objetivo principal nos planteamos el examen de toda la batería de medidas legislativas que se fueron aprobando en el Congreso a favor de los veteranos de guerra estadounidenses. Debemos recordar, asimismo, que la innovación aportada por el presente estudio radica en ser el primero que evalúa dichas medidas de una manera global y conjunta, no como el análisis de una medida singular en concreto.

Por lo que se deduce que la presente investigación ha resultado ser un reto personal para esta investigadora debido al hecho demostrable de haber solventado el vacío existente sobre el conjunto de leyes, medidas o iniciativas. Cuando menos, difiere este hecho notable con la cantidad de estudios publicados sobre algunas de estas medidas en concreto.

Así pues, este primer objetivo principal ha sido generosamente cubierto con la presencia de los dos capítulos dedicados específicamente al análisis de todas las medidas legislativas presentadas en los diferentes congresos de los años cuarenta. Hemos podido ir viendo, de esta manera, la cantidad de propuestas presentadas con el tema de los veteranos como foco de atención prioritario.

A continuación, hemos acometido el estudio de los otros objetivos establecidos en la introducción y que estaban directamente relacionados con el anterior. Por consiguiente, el segundo objetivo principal de esta investigación era el de profundizar en las leyes más importantes para los veteranos en el momento de su aprobación, reflejando en todo momento su trascendencia para la época.

Como hemos apuntado con anterioridad, si bien es cierto que hay algunos estudios publicados sobre estas medidas que hemos explorado en la presente investigación, no es menos cierto que ninguno contemplaba todas ellas en su conjunto. Y la forma en la que hemos procedido a analizar dichas medidas ha sido por medio de los tres capítulos dedicados al examen de cada medida o ley.

Los otros dos objetivos principales, tal y como aparecen expuestos y enumerados en la introducción, han sido igualmente tratados y motivo de análisis a lo largo de los tres últimos capítulos del estudio. No solo hemos sido capaces de demostrar los beneficios que la aprobación de estas medidas supuso para los veteranos, sino que también hemos discernido sobre las posibles razones que llevaron a su aprobación en el Congreso a la par que hemos debatido sobre sus ulteriores efectos.

Tras haber verificado que se ha dado cumplida respuesta a los objetivos principales que propusimos en la introducción de la investigación, podemos ahora considerar la pregunta de si hemos acreditado la hipótesis de trabajo que nos formulamos al comienzo a la vez que contrastamos si dicha formulación ha sido la conveniente o no.

Obviamente, nuestra contestación a la misma no puede ser más que positiva puesto que hemos podido ir viendo y comprobando cómo algunas de estas medidas facilitaron no solo su reinserción social sino también laboral y profesional en unos años en los que el país estaba transformando su economía a los nuevos tiempos de paz. En definitiva, estas medidas les permitieron poder acceder a estudios universitarios o de formación profesional, a adquirir viviendas o vehículos adaptados de su propiedad, a emprender negocios, o incluso a tener preferencia a la hora de la contratación por parte del gobierno federal de cara a ciertos puestos de trabajo.

Lo que es más importante aún, las repercusiones de algunas de estas medidas no solo afectaron a la sociedad estadounidense de la segunda mitad de los años cuarenta, sino que, sobre todo, fueron el origen y la base sobre la que se sustentan muchos de los beneficios y compensaciones sociales que en la actualidad reciben los veteranos de guerra estadounidenses. Es decir, estas medidas que fueron pioneras en su momento han resultado cruciales y decisivas para este importante grupo de población con la consolidación de muchos de los beneficios establecidos a finales de los años cuarenta. Leyes posteriores no han hecho más que prolongar dichos beneficios a otros grupos de veteranos de diferentes guerras.

A pesar de que ya hemos ido apuntando algunas valoraciones destacadas de los resultados que hemos ido obteniendo a lo largo de la presente investigación, podemos ahora proponer las conclusiones más sobresalientes que se pueden obtener de cada uno de los capítulos en los que hemos organizado la presente investigación, con una aportación personal de las mismas.

Los capítulos uno y dos han constituido la primera parte de nuestro estudio y su finalidad ha sido contextualizar esta investigación de cara a la parte empírica. Si resumir la historia de un país no es una tarea sencilla, mucho menos lo es tratar los años cuarenta en los Estados Unidos en unos capítulos. Así pues, hemos tratado de aportar nuestra visión desde un punto de vista histórico, político, económico y sociocultural.

Desde una perspectiva histórica, es una década marcada por el conflicto bélico de mayores dimensiones y más devastador que ha sufrido la historia de la humanidad, esto es, la Segunda Guerra Mundial. Y aunque los Estados Unidos no entraron en ella hasta después del ataque japonés a Pearl Harbor en diciembre de 1941, su entrada consideramos que fue decisiva no solo para el devenir de la guerra sino, sobre todo, para la construcción de un nuevo mundo tras la finalización de esta. Los Estados Unidos y la Unión Soviética surgieron como las dos nuevas superpotencias mundiales, reemplazando a las devastadas potencias europeas.

Como resultado de esta situación, presentamos dos consecuencias destacables. En primer lugar, la situación mundial posibilitó la descolonización y la creación de nuevos estados y gobiernos, como los de Israel, Pakistán o la India. Y, en segundo lugar, la instauración de la Guerra Fría entre ambas potencias y un choque de estilos y de entender el nuevo orden mundial. Se establecieron organizaciones internacionales como la OTAN para contrarrestar la influencia soviética en el este de Europa y otras de carácter humanitario.

Desde una perspectiva política, esta década marcó el fin de la era del presidente demócrata Franklin D. Roosevelt tras cuatro mandatos consecutivos, siendo sustituido por el vicepresidente Harry S. Truman en 1945. Se considera que la administración de Truman estuvo marcada por tres metas principales: organizar un programa de ayuda económica a los países europeos devastados mediante el Plan Marshall, el establecimiento de un protectorado en Japón para que constituyera instituciones democráticas y el fortalecimiento de instituciones internacionales que aseguraban estabilidad económica y política mediante la creación de las Naciones Unidas.

Los sectores económicos e industriales crecieron exponencialmente durante la guerra, se coordinó la capacidad productiva del país con el fin de cumplir las prioridades militares. Las mujeres jugaron un papel determinante pues ocuparon las vacantes que dejaron los hombres enviados a combatir. Estaban representadas por el icono de *Rosie the Riveter*. Al acabar la guerra, la economía se centró en la producción de bienes civiles. El sector de la construcción también contribuyó a impulsar la economía nacional. Este auge económico fomentó la creación de empleo y, por consiguiente, el movimiento de la población de núcleos rurales a urbanos.

Desde el punto de vista sociocultural, destacamos el espectacular aumento de tasas de matrimonio. El ocio quedó marcado por el cine, los deportes y la música, el barrio de Harlem en Nueva York fue el epicentro del *belop*. En la literatura destacamos a William Faulkner, Tennessee Williams o John Steinbeck.

En el capítulo tres hemos incidido en la situación de los veteranos en los Estados Unidos y cómo han ido evolucionando y mejorando sus prestaciones y beneficios. La problemática de la situación de los veteranos al regresar a casa fue una verdadera preocupación para la administración estadounidense. Se han ido desarrollando una serie de medidas para favorecer su calidad de vida y su integración social.

Muestra del respeto y admiración que el país siente por sus veteranos es la celebración del día de los veteranos, que comenzó a celebrarse el 11 de diciembre de 1919 bajo la presidencia de Woodrow Wilson. En los años sucesivos se adoptaron una serie de leyes que declaraban el 11 de noviembre como día festivo a nivel nacional. En 1954, incluso se creó el Comité Nacional del día de los Veteranos para coordinar las actividades de ese día.

El listado oficial de asociaciones de veteranos incluye a cuarenta y cinco que podemos agrupar según su temática. Hemos presentado algunas de ellas teniendo en cuenta su relevancia y ofreciendo datos significativos como su año de creación o su fundación institucional en el Congreso.

A continuación, hemos contemplado su representación en los diferentes órganos de gobierno. Por un lado, el Departamento de Asuntos de Veteranos de Estados Unidos está dirigido por el propio gobierno federal y se encarga de gestionar el sistema de beneficios a los veteranos. Cuenta con casi 300.000 empleados y tiene tres subdivisiones principales conocidas como administraciones, encabezadas cada una de ellas por un subsecretario: Administración de Salud de Veteranos, responsable de proporcionar atención sanitaria; Administración de Beneficios de Veteranos, encargada del registro, beneficios y prestaciones; y la Administración Nacional de Cementerios, proporcionando las gestiones necesarias.

Por otro lado, los Comités de Asuntos de los Veteranos tanto en la Cámara de Representantes como en el Senado son los que ostentan la representación legislativa, ampliando o reduciendo las leyes existentes en materia de ayuda a veteranos. El Comité de Asuntos de Veteranos de la Cámara está compuesto por un total de veintisiete congresistas, perteneciendo dieciséis al Partido Demócrata y doce al Partido Republicano. Como dato anecdótico, hay que señalar que el Comité de Asuntos de Veteranos del Senado está compuesto por dicisiete senadores que representan a tantos estados diferentes.

Los capítulos cuatro y cinco analizan la intensa actividad legislativa desarrollada en los congresos celebrados en la década de los años cuarenta en los Estados Unidos. Hay que destacar de ellos la preocupación extrema de la congresista Edith N. Rogers para facilitar su integración y mejorar su calidad de vida en su condición de presidenta del Comité de Veteranos de la Cámara de Representantes.

El capítulo seis es uno de los más relevantes de toda nuestra investigación. En él hemos analizado detalladamente la llamada Ley de Reajuste del Servicio de 1944 (*Servicemen's Readjustment Act*, o *G.I. Bill of Rights*), convertida en la Ley Pública 346. Reconocemos que proporcionó a los veteranos que regresaban de la Segunda Guerra Mundial beneficios, asistencia sanitaria, oportunidades de educación, garantías de préstamos, servicio de empleo, prestaciones de desempleo y contribuyó, por tanto, al crecimiento económico del país.

Por lo tanto, estimamos que cada uno de sus títulos iba encaminado a la reinserción laboral de los veteranos y esta ley objeto de nuestra investigación permitió la instrucción educativa, técnica o profesional para los veteranos sin recursos. No solo elevó la clase social, la posición y la percepción de los estudiantes, sino que cambió la población de estudiantes que estaban aún por venir. La consecuencia directa de esta mejora de su nivel de vida fue la adquisición de viviendas y apertura de negocios, lo que supuso la creación de barrios residenciales en las periferias de las grandes ciudades, que previamente estaban habitados por clases adineradas.

Sin embargo, esta ley dedicada a veteranos no afectó a todos por igual. Pensamos que una carencia de esta reside en su carácter discriminatorio pues a las mujeres ni tan siquiera se les había considerado como elegibles para estos beneficios y grupos minoritarios como los hispanos o los negros tampoco fueron tenidos en cuenta.

En el capítulo siete hemos analizado la Ley de Preferencia de Veteranos (*Veterans' Preference Act*) de 1944, convertida en la Ley Pública 359. A través de sus veintiuna secciones, a aquellos veteranos retirados con honor se les ofreció una serie de preferencias para solicitar trabajos temporales o permanentes dentro del gobierno federal. Solo podían ser excluidos de este trato de preferencia si se razonaba con motivos médicos o si no cumplían los requisitos de educación necesarios en puestos científicos y técnicos. No podían, sin embargo, acceder a cargos en los poderes legislativo o judicial.

El conjunto de preferencias incluía no solo la contratación sino también derechos en materia de disciplina de los empleados como no ser despedido, suspendido, degradado, no poder reducir la retribución sin una buena causa justificada y el derecho a apelar las decisiones basadas en reglas de disciplina de los empleados.

Sin duda, esta ley permitió cubrir la deuda que la sociedad estadounidense mantenía con aquellos que se habían enfrentado a los horrores del combate en defensa de la libertad y de los valores tradicionales. Esta muestra de patriotismo también respondió a la necesidad de utilizar en el servicio público las valiosas cualidades y experiencias de los que habían estado en el servicio militar activo.

Estimamos que el hecho de incluir en esta ley a las mujeres de los veteranos con discapacidades y a sus viudas supuso también una forma de honrar sus servicios prestados. Los últimos datos del censo muestran, en consonancia, que los veteranos tienen tres veces más posibilidades de acceder a empleos federales.

En el capítulo ocho, y cerrando el círculo de medidas aprobadas para favorecer la integración de veteranos, tratamos la Ley de Ayuda de Reajuste de los Veteranos (*Veterans' Readjustment Assistance Act*) de 1952, convertida en la Ley

Pública 550. Reiteramos que el motivo que nos ha llevado a analizar una ley de otra década es que esta ley supone una continuación del programa de beneficios en virtud de la Ley de Reajuste del Servicio y estimamos oportuno justificar las diferencias entre ambas.

El éxito abrumador de la llamada *G.I. Bill* de 1944 llevó a los legisladores estadounidenses a extender programas de beneficios educativos similares para los veteranos de guerras subsiguientes, en esta ocasión, para los veteranos de la guerra de Corea. Además, una notable diferencia con respecto a la ley de 1944 era proporcionar a los veteranos un subsidio de asistencia educativa mensual para ayudar con los gastos efectuados debido a la educación y formación de estos. Según la legislación vigente de 1944, era el gobierno federal el que se hacía cargo de pagar los costos directamente a los centros educativos.

Se incluyó en sus disposiciones la provisión del Senado de realizar un pago de un dólar y medio por veterano y mes a todos los centros educativos en concepto de gastos administrativos. Asimismo, se estableció una tasa mínima del 15% para personas no veteranas en aquellos centros educativos en los que asistían veteranos. Mientras que a los veteranos de la Segunda Guerra Mundial se les concedía un máximo de cuatro años de beneficios de educación, a los de la guerra de Corea se limitaron a treinta y seis meses, que es el equivalente para los estudiantes que asisten a escuelas de educación superior tradicionales.

Es una firme creencia que esta ley fue especialmente significativa pues la elegibilidad se extendió a todos los veteranos que sirvieron después del 31 de enero de 1955. El motivo reside en el hecho que los veteranos que sirvieron en Corea eran mucho más jóvenes, siendo la media de veintitrés años, cinco años más jóvenes que el promedio de la Segunda Guerra Mundial. Por lo tanto, había muchos menos veteranos en la guerra de Corea.

Una vez presentadas estas conclusiones más notorias, podemos concentrarnos en este punto en establecer cuáles han sido las principales limitaciones que hemos observado a lo largo del presente estudio. Y quizás una de las más obvias ha sido la de compendiar de una manera ortodoxa, ajustada y científica toda la batería de medidas legislativas que se fueron aprobando en el Congreso estadounidense durante la década de los años cuarenta. Realmente nos haría falta poder ampliar la dimensión de la investigación para poder dar cabida exhaustiva a todas y cada una de las medidas de dichos congresos.

Prácticamente podríamos haber escrito un capítulo por cada congreso analizado de los años cuarenta de la cantidad de medidas iniciadas en ambas cámaras y cuyos destinatarios eran los veteranos. Por lo tanto, poder condensar toda esta información de una manera fiable ha resultado ser una tarea bastante laboriosa.

Por otra parte, una segunda limitación al estudio nos ha venido impuesta por el criterio temporal. Al ceñir la presente investigación a los años cuarenta, hemos excluido aquellas medidas destinadas, por ejemplo, a los veteranos de la guerra de Vietnam y otras sucesivas que se fueron sucediendo en décadas posteriores. No obstante, como expusimos con anterioridad, algunas de las medidas que se aprobaron en los años cuarenta han tenido su continuación hasta la actualidad. Aunque para cada conflicto casi hubo una medida aprobada con posterioridad, la esencia de estas tenía sus raíces en las leyes aprobadas a finales de los años cuarenta.

ANEXO. ABREVIATURAS Y SIGLAS

ANEXO. ABREVIATURAS Y SIGLAS.

Siglas	Inglés	Español
ABC	American Broadcasting Company	Compañía Americana de Transmisión TV
AFL	American Federation of Labor	Federación Estadounidense del Trabajo
AMC	American Veterans Center	Centro de Veteranos Estadounidenses
ANTA	American National Theater Company	Academia Nacional Americana de Cine
BVA	Blinded Veterans Association	Asociación de Veteranos Ciegos
BoVA	Board of Veterans Appeals	Junta de Apelaciones de los Veteranos
CBOCs	Community Based Outpatient Clinics	Ambulatorios basados en la Comunidad
CBS	Columbia Broadcasting System	Sistema de Transmisión Televisivo de Columbia
CEA	Council of Economic Advisors	Consejo de Asesores Económicos
CP	Compensable Disability Preference	Preferencia de discapacidad compensable
CPS	30 Percent Compensable Disability Preference	Preferencia de discapacidad del 30% compensable
CSC	Civil Service Commission	Comisión de la Función Pública
CWF	Child Welfare Foundation	Fundación por el Bienestar Infantil
CWV	Catholic War Veterans	Veteranos de Guerra Católicos
DAMA	Disability Assistance and Memorial Affairs	Asistencia a la Discapacidad y Asuntos Conmemorativos
DAV	Disabled American Veterans	Veteranos Americanos Discapacitados
DNC	Democratic National Convention	Convención Nacional Demócrata
DoD	Department of Defense	Departamento de Defensa
EO	Economic Opportunity	Oportunidad Económica
ERP	European Recovery Program	Programa de Recuperación Económica
FAP	Federal Art Project	Proyecto Federal de Arte
FBI	Federal Bureau of Investigation	Oficina Federal de Investigación
FLRA	Federal Labor Relations Authority	Autoridad Federal de Relaciones Laborales
GAO	General Accounting Office	Oficina de Contabilidad General
GDP	Gross Domestic Product	Producto Interior Bruto
HUD	Housing and Urban Development	Vivienda y Desarrollo Urbano
JWV	Jewish War Veterans	Veteranos de Guerra Judíos
MIAs	Missing in Action	Desaparecidos en Acción
MOMA	Museum of Modern Art	Museo de Arte Moderno
MSPB	Merit Systems Protection Board	Junta de Protección de Sistemas de Mérito
NAF	National Amputation Foundation	Fundación Nacional de Amputados

NBC	National Broadcasting Company	Compañía de Transmisión Nacional
NCA	National Cemetery Association	Asociación Nacional de Cementerios
NCS	National Cemetery System	Sistema Nacional de Cementerios
NCUSA	Navy Club of the United States of America	Club Naval de los Estados Unidos de América
NEF	National Emergency Fund	Fondo de Emergencia Nacional
NPS	National Park Service	Servicio de Parques Nacionales
NWLB	National War Labor Board	Consejo Nacional del Trabajo de la Guerra
O & I	Oversight & Investigations	Supervisión e Investigaciones
OPA	Office of Price Administration	Oficina de la Administración de Precios
OPM	Office of Personnel Management	Oficina de Administración de Personal
POWs	Prisoners of Wars	Prisioneros de Guerra
PVA	Paralyzed Veterans of America	Veteranos Paralíticos de América
RCA	Radio Corporation of America	Empresa de Radio de América
UMW	United Mine Workers	Trabajadores Unidos de la Minería
USERRA	Uniformed Services Employment and Reemployment Rights Act	Ley de Derechos de Empleo y Desempleo de Servicios Uniformados
USMC	United States Maritime Commission	Comisión Marítima de los Estados Unidos
VA	Veterans' Administration	Administración de Veteranos
VBA	Veterans Benefits Administration	Administración de Beneficios de los Veteranos
VEVRAA	Vietnam Era Veterans' Readjustment Assistance Act	Ley de Asistencia para la Readaptación
VFW	Veterans of Foreign Wars	Veteranos de Guerras Extranjeras
VHA	Veterans Health Administration	Administración de Salud de los Veteranos
VEOA	Veterans Employment Opportunities Act	Ley de Oportunidades de Empleo a los Veteranos
VRA	Veterans Recruitment Appointments	Nombramientos de Reclutamiento de Veteranos
VSO	Veterans Service Organizations	Organizaciones de Servicio a los Veteranos
VVnW	Veterans of the Vietnam War	Veteranos de la Guerra del Vietnam
WAAC	Women's Auxiliary Army Corps	Cuerpo Auxiliar de Mujeres del Ejército
WAC	Women's Army Corps	Cuerpo de Mujeres del Ejército
WACVA	Women's Army Corps Veterans Association	Asociación de Mujeres Veteranas del Ejército
WAVES	Women Accepted for Volunteer Emergency Services	Mujeres Aceptadas para los Servicios Voluntarios de Emergencia
WPB	War Production Board	Junta de Producción de Guerra
WRB	War Refugee Board	Consejo de Refugiados de Guerra
XP	Disability Preference	Preferencia de discapacidad

REFERENCIAS

REFERENCIAS

1. Fuentes Primarias

1.1 Fuentes Hemerográficas: Artículos de prensa

Higgins, Doria. "After the Army-What? Women in Uniform Ask". *The Washington Post*. 19 de agosto de 1944.

"The Presidency: McCarthyism vs. Trumanism". *Time Magazine*. 27 de agosto de 1950.

Hersh, Burton. "He spoke his mind". *Concord Monitor*. 25 de octubre de 1999.

Reed, Cheryl L. "VA Chief order inspector to probe disability rating system". *The Chicago Sun Time*s, 11 de diciembre de 2004.

Camire, Dennis. "New fees, limits face ailing veterans". *Albany Times Union*. 10 de febrero de 2005.

Reiss, Cory. "VA fighting losing battle against backlog of veterans' claims". *Sarasota Herald Tribune*. 27 de mayo de 2005.

"Rufus H. Wilson, 80, former VA chief". *The Washington Post*. 14 de agosto de 2006.

"Over 75,000 Veterans Are Homeless". *USA Today*. 10 de febrero de 2011.

Milburn, John. "Joint Chiefs Chair Seeks Dialogue About Veterans". *The Milwaukee Times*. 1 de octubre de 2012.

"US President accepts with regret Veterans Affairs Chief's resignation". *Chicago Chronicle*. 31 de mayo de 2014.

Kelly, Lori. "President Obama Announces 75,000 Job Solar Initiative for Military Veterans". *Reuters*. 4 de abril de 2015.

Brooks, Linda E. "The Grey Twilight of Veterans' Preference". *The Huff Post*. 25 de julio de 2015.

1.2 Compilaciones documentales

Arthur & Elizabeth Schlesinger Library. Radcliffe Institute for Advanced Study. Harvard University.

Congressional Record. 76th Congress, 1st Session. 1939.

State of the Union Addresses by Franklin D. Roosevelt. 1934 – 1945.

The Public Papers and Addresses of Franklin D. Roosevelt. 1941.

Franklin D. Roosevelt Presidential Papers. World War II: Pearl Harbor Attack. 1941.

Congressional Record. 78th Congress, 2nd Session. 1944.

State of the Union Addresses by Harry S. Truman, 1946 – 1953.

CQ Almanac 1952. Congressional Quarterly, 8th edition. 1953.

United States Statutes at Large. Volume 69. 1955.

Hearings in the Records of the US Senate and Joint Committees of Congress. 1972.

Veterans Administration. Veterans Benefits under Current Educational Programs. 1984.

Schlesinger Library, Radcliffe Institute for Advanced Study, Harvard University, USA. 2012.

United States House of Representatives. House Operating Status. 2014.

The National Archives of the United States. 2015.

1.3 Documentos históricos

Department of Commerce, Bureau of the Census. *The Act providing for the Fourteenth Census*. 1926.

Hoover, Herbert. *Executive Order 5398*. 21 de julio de 1930.

Roosevelt, Franklin D. *Four Freedoms Speech*. 6 de enero de 1941.

Roosevelt, Franklin D. *Executive Order 8802*. 25 de junio de 1941.

Roosevelt, Franklin D. *Executive Order 9066*. 21 de agosto de 1941.

Roosevelt, Franklin D. *Joint Address to the Congress*. 8 de diciembre de 1941.

Roosevelt, Franklin D. *On Progress of War and Plans for Peace*. 28 de julio de 1943.

Roosevelt, Franklin D. *Letter on Preference for veterans on Federal Employment*. 26 de febrero de 1944.

Roosevelt, Franklin D. *Statement on Signing the G.I. Bill*. 22 de junio de 1944.

Act of Military Surrender of Germany. 7 de mayo de 1945.

Act of Military Surrender of Japan. 2 de septiembre de 1945.

Truman, Harry S. *Presidential Proclamation 2667*. 28 de septiembre de 1945.

Truman, Harry S. *Executive Order 9835. 21 de marzo de 1947.*

Declaración de Harry S. Truman sobre el Estado de Israel. 14 de mayo de 1948.

Truman, Harry S. Executive Order 9981. 26 de julio de 1948.

Eisenhower, Dwight D. *Proclamation 3071, Veterans' Day 1954*. 12 de octubre de 1954.

Proclamation 3724. Eighty-Second Birthday of Harry S. Truman. 9 de mayo de 1966.

US Code Chapter 1543. *Navy Club of the United States of America.* 1998.

Kennedy, John F. *Executive Order 10987*. 12 de enero de 1962.

1.4 Fuentes estadísticas

Women's Bureau, US Department of Labor. "Women in the Federal Service, 1923 – 1947". US Government Printing Office. 1949.

Air Force History Support Office. "Army Air Forces Aircraft: A Definitive Moment". US Air Force.US Government Printing Office. 1993.

US Merit System Protection Board. "Entering Professional Positions in the Federal Government".US Government Printing Office. 1994.

Johnston, Louis & Samuel H. Williamson. "The Annual Real and Nominal GDP for the United States, 1789 – Present". Economic History Service. 2004.

Bureau of Labor Statistics. "Employment Status of the Civilian Population, 1940 to date". US Government Printing Office. 2008.

1.5 Legislación

House Resolution 2538. 76th Congress, 1st Session. 13 de enero de 1939.

House Resolution 2650. 76th Congress, 1st Session. 16 de enero de 1939.

House Resolution 2897. 76th Congress, 1st Session. 19 de enero de 1939.

House Resolution 4639. 76th Congress, 1st Session. 1 de marzo de 1939.

House Resolution 2073. 76th Congress, 1st Session. 13 de marzo de 1939.

House Resolution 4167. 76th Congress, 1st Session. 20 de marzo de 1939.

House Resolution 5622. 76th Congress, 1st Session. 6 de abril de 1939.

House Resolution 3946. 76th Congress, 1st Session. 3 de abril de 1939.

House Resolution 805. 76th Congress, 1st Session. 17 de abril de 1939.

House Resolution 2296. 76th Congress, 1st Session. 17 de abril de 1939.

House Resolution 2320. 76th Congress, 1st Session. 17 de abril de 1939.

Public Law 76 – 39. 76th Congress, 1st Session. 20 de abril de 1939.

Senate Resolution 1243. 76th Congress, 1st Session. 20 de abril de 1939.

Private Law 76 – 33. 76th Congress, 1st Session. 26 de abril de 1939.

House Resolution 2875. 76th Congress, 1st Session. 1 de mayo de 1939.

House Resolution 5452. 76th Congress, 1st Session. 1 de mayo de 1939.

Public Law 76 – 62. 76th Congress, 1st Session. 3 de mayo de 1939.

Senate Resolution 2454. 76th Congress, 1st Session. 29 de mayo de 1939.

House Resolution 5402. 76th Congress, 1st Session. 5 de junio de 1939.

Public Law 76 – 123. 76th Congress, 1st Session. 13 de junio de 1939.

Senate Resolution 2288. 76th Congress, 1st Session. 18 de junio de 1939.

Public Law 76 – 146. 76th Congress, 1st Session. 21 de junio de 1939.

House Resolution 6898. 76th Congress, 1st Session. 5 de julio de 1939.

House Resolution 6899. 76th Congress, 1st Session. 5 de julio de 1939.

Senate Resolution 522. 76th Congress, 1st Session. 18 de julio de 1939.

House Resolution 985. 76th Congress, 1st Session. 12 de julio de 1939.

Public Law 76 – 196. 76th Congress, 1st Session. 19 de julio de 1939.

Public Law 76 – 198. 76th Congress, 1st Session. 19 de julio de 1939.

Senate Resolution 2365. 76th Congress, 1st Session. 24 de julio de 1939.

House Resolution 5982. 76th Congress, 3rd Session. 31 de julio de 1939.

Senate Resolution 2867. 76th Congress, 3rd Session. 1 de agosto de 1939.

Senate Resolution 2866. 76th Congress, 3rd Session. 1 de agosto de 1939.

Public Law 76 - 257. 76th Congress, 1st Session. 4 de agosto de 1939.

Public Law 76 – 279. 76th Congress, 1st Session. 5 de agosto de 1939.

Public Law 76 – 324. 76th Congress, 1st Session. 7 de agosto de 1939.

Public Law 76 – 257. 76th Congress, 1st Session. 14 de agosto de 1939.

Public Law 76 – 418. 76th Congress, 3rd Session. 2 de marzo de 1940.

House Resolution 7660. 76th Congress, 3rd Session. 4 de marzo de 1940.

House Resolution 8238. 76th Congress, 3rd Session. 4 de marzo de 1940.

Public Law 76 – 432. 76th Congress, 3rd Session. 14 de marzo de 1940.

Senate Resolution 1088. 76th Congress, 3rd Session. 15 de marzo de 1940.

Public Law 76 – 435. 76th Congress, 3rd Session. 15 de marzo de 1940.

Senate Resolution 2328. 76th Congress, 3rd Session. 10 de abril de 1940.

House Resolution 7733. 76th Congress, 3rd Session. 15 de abril de 1940.

Public Law 76 – 473. 76th Congress, 3rd Session. 22 de abril de 1940.

Public Law 76 – 491. 76th Congress, 3rd Session. 30 de abril de 1940.

House Resolution 5180. 76th Congress, 3rd Session. 6 de mayo de 1940.

House Resolution 8930. 76th Congress, 3rd Session. 6 de mayo de 1940.

House Resolution 444. 76th Congress, 3rd Session. 13 de mayo de 1940.

House Resolution 9000. 76th Congress, 3rd Session. 13 de mayo de 1940.

Senate Resolution 3749. 76th Congress, 3rd Session. 28 de mayo de 1940.

Senate Resolution 3707. 76th Congress, 3rd Session. 29 de mayo de 1940.

House Resolution 7731. 76th Congress, 3rd Session. 5 de junio de 1940.

House Resolution 8243. 76th Congress, 3rd Session. 5 de junio de 1940.

Public Law 76 – 553. 76th Congress, 3rd Session. 6 de junio de 1940.

Public Law 76 – 614. 76th Congress, 3rd Session. 13 de junio de 1940.

Public Law 76 – 663. 76th Congress, 3rd Session. 25 de junio de 1940.

House Resolution 6901. 76th Congress, 3rd Session. 5 de julio de 1940.

Private Law 76 – 985. 76th Congress, 3rd Session. 11 de julio de 1940.

Private Law 76 – 504. 76th Congress, 3rd Session. 12 de julio de 1940.

House Resolution 10267. 76th Congress, 3rd Session. 19 de agosto de 1940.

House Resolution 9989. 76th Congress, 3rd Session. 23 de septiembre de 1940.

House Resolution 6450. 76th Congress, 3rd Session. 30 de septiembre de 1940.

Public Law 76 – 796. 76th Congress, 3rd Session. 5 de octubre de 1940.

Public Law 76 – 797. 76th Congress, 3rd Session. 5 de octubre de 1940.

Public Law 76 – 799. 76th Congress, 3rd Session. 5 de octubre de 1940.

Public Law 76 – 866. 76th Congress, 3rd Session. 17 de octubre de 1940.

House Resolution 590. 77th Congress, 1st Session. 3 de marzo de 1941.

House Resolution 4256. 77th Congress, 1st Session. 6 de mayo de 1941.

Senate Resolution 1420. 77th Congress, 1st Session. 15 de mayo de 1941.

Senate Resolution 1421. 77th Congress, 1st Session. 15 de mayo de 1941.

House Resolution 1091. 77th Congress, 1st Session. 29 de mayo de 1941.

House Resolution 1094. 77th Congress, 1st Session. 29 de mayo de 1941.

House Resolution 1095. 77th Congress, 1st Session. 29 de mayo de 1941.

House Resolution 2855. 77th Congress, 1st Session. 29 de mayo de 1941.

House Resolution 238. 77th Congress, 1st Session. 30 de junio de 1941.

House Resolution 4692. 77th Congress, 1st Session. 7 de julio de 1941.

Public Law 77 – 182. 77th Congress, 1st Session. 18 de julio de 1941.

Public Law 77 – 122. 77th Congress, 1st Session. 21 de junio de 1941.

Public Law 77 – 123. 77th Congress, 1st Session. 21 de junio de 1941.

Public Law 77 – 193. 77th Congress, 1st Session. 30 de julio de 1941.

House Resolution 1782. 77th Congress, 1st Session. 4 de agosto de 1941.

House Resolution 2096. 77th Congress, 1st Session. 4 de agosto de 1941.

House Resolution 2310. 77th Congress, 1st Session. 4 de agosto de 1941.

House Resolution 3261. 77th Congress, 1st Session. 4 de agosto de 1941.

House Resolution 5339. 77th Congress, 1st Session. 4 de agosto de 1941.

Senate Resolution 876. 77th Congress, 1st Session. 5 de agosto de 1941.

Public Law 77 – 232. 77th Congress, 1st Session. 21 de agosto de 1941.

Public Law 77 – 242. 77th Congress, 1st Session. 21 de agosto de 1941.

House Joint Resolution. 77th Congress, 1st Session. 8 de septiembre de 1941.

Public Law 77 – 249. 77th Congress, 1st Session. 18 de septiembre de 1941.

House Resolution 143. 77th Congress, 1st Session. 6 de octubre de 1941.

House Resolution 4853. 77th Congress, 1st Session. 6 de octubre de 1941.

House Resolution 4905. 77th Congress, 1st Session. 6 de octubre de 1941.

House Resolution 5305. 77th Congress, 1st Session. 6 de octubre de 1941.

House Resolution 5637. 77th Congress, 1st Session. 6 de octubre de 1941.

House Resolution 333. 77th Congress, 1st Session. 6 de noviembre de 1941.

Senate Resolution 1916. 77th Congress, 1st Session. 13 de noviembre de 1941.

Senate Joint Resolution 116. 77th Congress, 1st Session. 8 de diciembre de 1941.

House Resolution 5798. 77th Congress, 1st Session. 10 de diciembre de 1941.

Public Law 77 – 334. 77th Congress, 1st Session. 12 de diciembre de 1941.

Public Law 77 – 357. 77th Congress, 1st Session. 19 de diciembre de 1941.

Public Law 77 – 361. 77th Congress, 1st Session. 20 de diciembre de 1941.

Public Law 77 – 365. 77th Congress, 1st Session. 22 de diciembre de 1941.

Public Law 77 – 382. 77th Congress, 1st Session. 26 de diciembre de 1941.

House Resolution 4787. 77th Congress, 2nd Session. 2 de febrero de 1942.

House Resolution 5652. 77th Congress, 2nd Session. 3 de febrero de 1942.

Public Law 77 – 434. 77th Congress, 2nd Session. 7 de febrero de 1942.

Public Law 77 – 443. 77th Congress, 2nd Session. 7 de febrero de 1942.

House Resolution 2226. 77th Congress, 2nd Session. 26 de febrero de 1942.

House Resolution 6728. 77th Congress, 2nd Session. 17 de marzo de 1942.

Senate Resolution 2356. 77th Congress, 2nd Session. 30 de marzo de 1942.

Senate Resolution 658. 77th Congress, 2nd Session. 4 de abril de 1942.

Private Law 77 – 363. 77th Congress, 2nd Session. 8 de abril de 1942.

House Resolution 6824. 77th Congress, 2nd Session. 20 de abril de 1942.

House Resolution 4167. 77th Congress, 2nd Session. 21 de abril de 1942.

House Resolution 1030. 77th Congress, 2nd Session. 3 de mayo de 1942.

House Resolution 6646. 77th Congress, 2nd Session. 4 de mayo de 1942.

House Resolution 6926. 77th Congress, 2nd Session. 4 de mayo de 1942.

Public Law 77 – 548. 77th Congress, 2nd Session. 9 de mayo de 1942.

Public Law 77 – 553. 77th Congress, 2nd Session. 13 de mayo de 1942.

House Resolution 6961. 77th Congress, 2nd Session. 25 de mayo de 1942.

House Resolution 7036. 77th Congress, 2nd Session. 28 de mayo de 1942.

Public Law 77 – 591. 77th Congress, 2nd Session. 5 de junio de 1942.

Public Law 77 – 601. 77th Congress, 2nd Session. 10 de junio de 1942.

House Resolution 5569. 77th Congress, 2nd Session. 10 de junio de 1942.

Public Law 77 – 661. 77th Congress, 2nd Session. 16 de junio de 1942.

House Resolution 7282. 77th Congress, 2nd Session. 27 de junio de 1942.

House Resolution 4845. 77th Congress, 2nd Session. 7 de julio de 1942.

Public Law 77 – 668. 77th Congress, 2nd Session. 15 de julio de 1942.

Public Law 77 – 690. 77th Congress, 2nd Session. 30 de julio de 1942.

Senate Resolution 876. 77th Congress, 2nd Session. 11 de agosto de 1942.

House Resolution 7482. 77th Congress, 2nd Session. 30 de septiembre de 1942.

House Resolution 7482. 77th Congress, 2nd Session. 6 de octubre de 1942.

House Resolution 6763. 77th Congress, 2nd Session. 17 de octubre de 1942.

House Resolution 7661. 77th Congress, 2nd Session. 19 de octubre de 1942.

House Resolution 7615. 77th Congress, 2nd Session. 16 de noviembre de 1942.

Senate Resolution 2822. 77th Congress, 2nd Session. 23 de noviembre de 1942.

House Resolution 7288. 77th Congress, 2nd Session. 1 de diciembre de 1942.

Public Law 77 – 778. 77th Congress, 2nd Session. 1 de diciembre de 1942.

Public Law 77 – 783. 77th Congress, 2nd Session. 2 de diciembre de 1942.

Senate Resolution 1889. 77th Congress, 2nd Session. 5 de diciembre de 1942.

Public Law 77 – 791. 77th Congress, 2nd Session. 7 de diciembre de 1942.

Senate Resolution 2080. 77th Congress, 2nd Session. 15 de diciembre de 1942.

Private Law 77 – 628. 77th Congress, 2nd Session. 22 de diciembre de 1942.

Public Law 77 – 601. 77th Congress, 2nd Session. 24 de diciembre de 1942.

House Resolution 1749. 78th Congress, 1st Session. 10 de febrero de 1943.

Senate Resolution 786. 78th Congress, 1st Session. 5 de marzo de 1943.

Public Law 78 – 10. 78th Congress, 1st Session. 10 de marzo de 1943.

House Resolution 2023. 78th Congress, 1st Session. 15 de marzo de 1943.

Public Law 78 – 13. 78th Congress, 1st Session. 23 de marzo de 1943.

Public Law 78 – 16. 78th Congress, 1st Session. 24 de marzo de 1943.

House Resolution 986. 78th Congress, 1st Session. 8 de junio de 1943.

House Resolution 2703. 78th Congress, 1st Session. 21 de junio de 1943.

Senate Resolution 964. 78th Congress, 1st Session. 8 de julio de 1943.

Public Law 78 – 144. 78th Congress, 1st Session. 13 de julio de 1943.

Public Law 78 – 170. 78th Congress, 1st Session. 25 de octubre de 1943.

House Resolution 3356. 78th Congress, 2nd Session. 16 de noviembre de 1943.

Senate Resolution 1543. 78th Congress, 2nd Session. 17 de diciembre de 1943.

Public Law 78 – 225. 78th Congress, 2nd Session. 3 de febrero de 1944.

Senate Resolution 698. 78th Congress, 2nd Session. 15 de febrero de 1944.

Public Law 78 – 242. 78th Congress, 2nd Session. 1 de marzo de 1944.

Public Law 78 – 250. 78th Congress, 2nd Session. 10 de marzo de 1944.

Senate Resolution 1665. 78th Congress, 2nd Session. 14 de marzo de 1944.

Senate Resolution 1767. 78th Congress, 2nd Session. 24 de marzo de 1944.

House Resolution 4115. 78th Congress, 2nd Session. 27 de marzo de 1944.

Senate Resolution 872. 78th Congress, 2nd Session. 2 de abril de 1944.

House Resolution 86. 78th Congress, 2nd Session. 17 de abril de 1944.

House Resolution 4115. 78th Congress, 2nd Session. 17 de abril de 1944.

House Resolution 4519. 78th Congress, 2nd Session. 2 de mayo de 1944.

Senate Resolution 1726. 78th Congress, 2nd Session. 5 de mayo de 1944.

House Resolution 540. 78th Congress, 2nd Session. 10 de mayo de 1944.

House Resolution 4464. 78th Congress, 2nd Session. 10 de mayo de 1944.

Public Law 78 – 300. 78th Congress, 2nd Session. 11 de mayo de 1944.

Senate Resolution 1767. 78th Congress, 2nd Session. 13 de mayo de 1944.

House Resolution 539. 78th Congress, 2nd Session. 19 de mayo de 1944.

House Resolution 1744. 78th Congress, 2nd Session. 19 de mayo de 1944.

Public Law 78 – 309. 78th Congress, 2nd Session. 24 de mayo de 1944.

Public Law 78 – 312. 78th Congress, 2nd Session. 27 de mayo de 1944.

Public Law 78 – 346. 78th Congress, 2nd Session. 22 de junio de 1944.

Public Law 78 – 359. 78th Congress, 2nd Session. 27 de junio de 1944.

Senate Resolution 1250. 78th Congress, 2nd Session. 3 de julio de 1944.

House Concurrent Resolution 100. 78th Congress, 2nd Session. 19 de septiembre de 1944.

House Resolution 5041. 78th Congress, 2nd Session. 19 de septiembre de 1944.

Public Law 78 – 439. 78th Congress, 2nd Session. 27 de septiembre de 1944.

Private Law 78 – 418. 78th Congress, 2nd Session. 24 de noviembre de 1944.

Public Law 78 – 462. 78th Congress, 2nd Session. 6 de diciembre de 1944.

Public Law 78 – 471. 78th Congress, 2nd Session. 8 de diciembre de 1944.

Public Law 78 – 483. 78th Congress, 2nd Session. 14 diciembre de 1944.

House Resolution 2350. 78th Congress, 2nd Session. 15 de diciembre de 1944.

House Resolution 1666. 79th Congress, 1st Session. 22 de enero de 1945.

Senate Resolution 210. 79th Congress, 1st Session. 12 de febrero de 1945.

Public Law 79 – 7. 79th Congress, 1st Session. 28 de febrero de 1945.

Senate Resolution 530. 79th Congress, 1st Session. 15 de marzo de 1945.

Senate Resolution 531. 79th Congress, 1st Session. 15 de marzo de 1945.

Senate Resolution 638. 79th Congress, 1st Session. 9 de abril de 1945.

Public Law 79 – 36. 79th Congress, 1st Session. 23 de abril de 1945.

Public Law 79 – 37. 79th Congress, 1st Session. 23 de abril de 1945.

Public Law 79 – 45. 79th Congress, 1st Session. 27 de abril de 1945.

House Resolution 3118. 79th Congress, 1st Session. 4 de junio de 1945.

Senate Resolution 880. 79th Congress, 1st Session. 12 de junio de 1945.

Public Law 79 – 93. 79th Congress, 1st Session. 29 de junio de 1945.

Private Law 79 – 140. 79th Congress, 1st Session. 5 de julio de 1945.

Public Law 79 – 138. 79th Congress, 1st Session. 6 de julio de 1945.

House Resolution 3749. 79th Congress, 1st Session. 18 de julio de 1945.

House Resolution 3644. 79th Congress, 1st Session. 20 de julio de 1945.

Public Law 79 – 182. 79th Congress, 1st Session. 20 de septiembre de 1945.

House Resolution 3868. 79th Congress, 1st Session. 24 de septiembre de 1945.

Public Law 79 – 241. 79th Congress, 1st Session. 3 de diciembre de 1945.

House Resolution 4717. 79th Congress, 1st Session. 7 de diciembre de 1945.

Senate Joint Resolution 122. 79th Congress, 1st Session. 11 de diciembre de 1945.

Public Law 79 – 268. 79th Congress, 1st Session. 28 de diciembre de 1945.

Public Law 79 – 292. 79th Congress, 1st Session. 31 de diciembre de 1945.

Public Law 79 – 293. 79th Congress, 1st Session. 3 de enero de 1946.

Public Law 79 – 299. 79th Congress, 2nd Session. 14 de febrero de 1946.

Senate Resolution 182. 79th Congress, 2nd Session 26 de febrero de 1946.

House Resolution 4884. 79th Congress, 2nd Session. 5 de marzo de 1946.

House Resolution 4761. 79th Congress, 2nd Session. 7 de marzo de 1946.

Private Law 79 – 552. 79th Congress, 2nd Session. 19 de marzo de 1946.

Public Law 79 – 336. 79th Congress, 2nd Session. 28 de marzo de 1946.

House Resolution 5574. 79th Congress, 2nd Session. 1 de abril de 1946.

House Resolution 5149. 79th Congress, 2nd Session. 2 de abril de 1946.

House Resolution 5991. 79th Congress, 2nd Session. 9 de abril de 1946.

Public Law 79 – 341. 79th Congress, 2nd Session. 12 de abril de 1946.

Senate Resolution 1757. 79th Congress, 2nd Session. 12 de abril de 1946.

House Resolution 6114. 79th Congress, 2nd Session. 13 de abril de 1946.

House Resolution 5641. 79th Congress, 2nd Session. 15 de abril de 1946.

House Resolution 5626. 79th Congress, 2nd Session. 18 de abril de 1946.

Public Law 79 – 365. 79th Congress, 2nd Session. 24 de abril de 1946.

Senate Resolution 1955. 79th Congress, 2nd Session. 1 de mayo de 1946.

Public Law 79 – 375. 79th Congress, 2nd Session. 3 de mayo de 1946.

Public Law 79 – 385. 79th Congress, 2nd Session. 18 de mayo de 1946.

Public Law 79 – 388. 79th Congress, 2nd Session. 22 de mayo de 1946.

House Joint Resolution 5907. 79th Congress, 2nd Session. 3 de junio de 1946.

Senate Resolution 706. 79th Congress, 2nd Session. 14 de junio de 1946.

Public Law 79 – 423. 79th Congress, 2nd Session. 22 de junio de 1946.

Public Law 79 – 458. 79th Congress, 2nd Session. 27 de junio de 1946.

House Resolution 4842. 79th Congress, 2nd Session. 2 de julio de 1946.

Senate Resolution 1578. 79th Congress, 2nd Session. 2 de julio de 1946.

Public Law 79 – 494. 79th Congress, 2nd Session. 9 de julio de 1946.

Public Law 79 – 513. 79th Congress, 2nd Session. 16 de julio de 1946.

House Resolution 5148. 79th Congress, 2nd Session. 17 de julio de 1946.

Public Law 79 – 529. 79th Congress, 2nd Session. 24 de julio de 1946.

Public Law 79 – 601. 79th Congress, 2nd Session. 2 de agosto de 1946.

Public Law 79 – 622. 79th Congress, 2nd Session. 7 de agosto de 1946.

Public Law 79 – 716. 79th Congress, 2nd Session. 10 de agosto de 1946.

Public Law 79 – 718. 79th Congress, 2nd Session. 10 de agosto de 1946.

Public Law 79 – 731. 79th Congress, 2nd Session. 14 de agosto de 1946.

House Resolution 1353. 80th Congress, 1St Session. 29 de enero de 1947.

Public Law 80 – 5. 80th Congress, 1St Session. 21 de febrero de 1947.

House Resolution 1327. 80th Congress, 1St Session. 13 de marzo de 1947.

House Resolution 1888. 80th Congress, 1St Session. 9 de abril de 1947.

House Resolution 1844. 80th Congress, 1St Session. 10 de abril de 1947.

House Resolution 1997. 80th Congress, 1St Session. 14 de abril de 1947.

Public Law 80 – 34. 80th Congress, 1St Session. 15 de abril de 1947.

House Resolution 2181. 80th Congress, 1St Session. 12 de mayo de 1947.

Senate Resolution 1135. 80th Congress, 1St Session. 22 de mayo de 1947.

Public Law 80 – 83. 80th Congress, 1St Session. 31 de mayo de 1947.

Public Law 80 – 91. 80th Congress, 1St Session. 14 de junio de 1947.

Public Law 80 – 94. 80th Congress, 1St Session. 14 de junio de 1947.

Public Law 80 – 154. 80th Congress, 1St Session. 1 de julio de 1947.

Public Law 80 – 216. 80th Congress, 1St Session. 23 de julio de 1947.

Senate Joint Resolution 163. 80th Congress, 1St Session. 23 de julio de 1947.

Public Law 80 – 275. 80th Congress, 1St Session. 30 de julio de 1947.

Public Law 80 – 377. 80th Congress, 1St Session. 6 de agosto de 1947.

Public Law 80 – 396. 80th Congress, 2nd Session. 14 de enero de 1948.

Public Law 80 – 398. 80th Congress, 2nd Session. 19 de enero de 1948.

Senate Resolution 1493. 80th Congress, 2nd Session. 2 de febrero de 1948.

Public Law 80 – 411. 80th Congress, 2nd Session. 14 de febrero de 1948.

House Resolution 4478. 80th Congress, 2nd Session. 1 de marzo de 1948.

House Resolution 4943. 80th Congress, 2nd Session. 1 de marzo de 1948.

House Resolution 333. 80th Congress, 2nd Session. 16 de marzo de 1948.

Senate Resolution 1771. 80th Congress, 2nd Session. 29 de marzo de 1948.

Public Law 80 – 473. 80th Congress, 2nd Session. 3 de abril de 1948.

House Resolution 4244. 80th Congress, 2nd Session. 6 de abril de 1948.

Public Law 80 – 474. 80th Congress, 2nd Session. 13 de abril de 1948.

House Resolution 1562. 80th Congress, 2nd Session. 20 de abril de 1948.

Public Law 80 – 512. 80th Congress, 2nd Session. 4 de mayo de 1948.

Public Law 80 – 531. 80th Congress, 2nd Session. 18 de mayo de 1948.

Senate Resolution 1035. 80th Congress, 2nd Session. 24 de mayo de 1948.

Public Law 80 – 577. 80th Congress, 2nd Session. 3 de junio de 1948.

Private Law 80 – 341. 80th Congress, 2nd Session. 9 de junio de 1948.

Senate Resolution 595. 80th Congress, 2nd Session. 10 de junio de 1948.

House Resolution 4962. 80th Congress, 2nd Session. 16 de junio de 1948.

Public Law 80 – 720. 80th Congress, 2nd Session. 19 de junio de 1948.

Public Law 80 – 741. 80th Congress, 2nd Session. 22 de junio de 1948.

Public Law 80 – 748. 80th Congress, 2nd Session. 24 de junio de 1948.

Public Law 80 – 762. 80th Congress, 2nd Session. 24 de junio de 1948.

Private Law 80 – 430. 80th Congress, 2nd Session. 29 de junio de 1948.

Public Law 80 – 876. 80th Congress, 2nd Session. 2 de julio de 1948.

Senate Resolution 2794. 80th Congress, 2nd Session. 3 de julio de 1948.

Senate Resolution 1394. 80th Congress, 2nd Session. 19 de julio de 1948.

House Resolution 1426. 80th Congress, 2nd Session. 21 de julio de 1948.

House Resolution 3889. 80th Congress, 2nd Session. 21 de julio de 1948.

Senate Resolution 1393. 80th Congress, 2nd Session. 25 de julio de 1948.

House Resolution 4055. 80th Congress, 2nd Session. 26 de julio de 1948.

Public Law 80 – 904. 80th Congress, 2nd Session. 3 de agosto de 1948.

House Joint Resolution 445. 80th Congress, 2nd Session. 7 de agosto de 1948.

Senate Resolution 460. 81st Congress, 1st Session. 8 de febrero de 1949.

House Resolution 2681. 81st Congress, 1st Session. 16 de febrero de 1949.

House Joint Resolution 222. 81st Congress, 1st Session. 4 de marzo de 1949.

Senate Resolution 683. 81st Congress, 1st Session. 11 de abril de 1949.

Senate Resolution 1185. 81st Congress, 1st Session. 11 de abril de 1949.

Public Law 81 – 43. 81st Congress, 1st Session. 15 de abril de 1949.

House Resolution 2662. 81st Congress, 1st Session. 2 de mayo de 1949.

Senate Resolution 811. 81st Congress, 1st Session. 6 de mayo de 1949.

Public Law 81 – 67. 81st Congress, 1st Session. 21 de mayo de 1949.

Public Law 81 – 38. 81st Congress, 1st Session. 23 de mayo de 1949.

Private Law 81 – 67. 81st Congress, 1st Session. 24 de mayo de 1949.

House Resolution 3341. 81st Congress, 1st Session. 8 de junio de 1949.

House Resolution 4646. 81st Congress, 1st Session. 20 de junio de 1949.

Senate Resolution 974. 81st Congress, 1st Session. 21 de junio de 1949.

Public Law 81 – 88. 81st Congress, 1st Session. 1 de agosto de 1949.

Public Law 81 – 193. 81st Congress, 1st Session. 1 de agosto de 1949.

Public Law 81 – 195. 81st Congress, 1st Session. 1 de agosto de 1949.

House Resolution 5598. 81st Congress, 1st Session. 2 de agosto de 1949.

Public Law 81 – 233. 81st Congress, 1st Session. 16 de agosto de 1949.

House Resolution 6022. 81st Congress, 1st Session. 25 de agosto de 1949.

Public Law 81 – 269. 81st Congress, 1st Session. 26 de agosto de 1949.

Public Law 81 – 339. 81st Congress, 1st Session. 10 de octubre de 1949.

Public Law 81 – 349. 81st Congress, 1st Session. 12 de octubre de 1949.

Senate Resolution 1385. 81st Congress, 1st Session. 29 de octubre de 1949.

Senate Resolution 2115. 81st Congress, 1st Session. 31 de octubre de 1949.

House Resolution 6632. 81st Congress, 2nd Session. 6 de marzo de 1950.

House Resolution 7057. 81st Congress, 2nd Session. 20 de marzo de 1950.

House Resolution 7609. 81st Congress, 2nd Session. 22 de marzo de 1950.

House Resolution 5920. 81st Congress, 2nd Session. 15 de mayo de 1950.

House Resolution 6217. 81st Congress, 2nd Session. 5 de junio de 1950.

Senate Resolution 648. 81st Congress, 2nd Session. 8 de junio de 1950.

Senate Resolution 3582. 81st Congress, 2nd Session. 8 de junio de 1950.

Public Law 81 – 546. 81st Congress, 2nd Session. 14 de junio de 1950.

Private Law 81 – 522. 81st Congress, 2nd Session. 16 de junio de 1950.

Public Law 81 – 569. 81st Congress, 2nd Session. 21 de junio de 1950.

Public Law 81 – 571. 81st Congress, 2nd Session. 23 de junio de 1950.

Public Law 81 – 598. 81st Congress, 2nd Session. 30 de junio de 1950.

Public Law 81 – 610. 81st Congress, 2nd Session. 13 de julio de 1950.

Public Law 81 – 661. 81st Congress, 2nd Session. 15 de julio de 1950.

Public Law 81 – 661. 81st Congress, 2nd Session. 4 de agosto de 1950.

Senate Resolution 3263. 81st Congress, 2nd Session. 9 de agosto de 1950.

House Resolution 4692. 81st Congress, 2nd Session. 15 de agosto de 1950.

Public Law 81 – 791. 81st Congress, 2nd Session. 19 de septiembre de 1950.

Senate Resolution 2596. 81st Congress, 2nd Session. 12 de octubre de 1950.

Public Law 81 – 887. 81st Congress, 2nd Session. 27 de diciembre de 1950.

House Resolution 7656. 82nd Congress, 1st Session. 28 de junio de 1952.

Public Law 82 – 550. 82nd Congress, 1st Session. 16 de julio de 1952.

Public Law 89 – 554. 89th Congress, 2nd Session. 6 de septiembre de 1966.

Public Law 105 – 339. 105th Congress, 2nd Session. 31 de octubre de 1998.

House Resolution 203. 114thCongress, 1stSession. 21 de enero de 2015.

Senate Resolution 32. 114thCongress, 1stSession. 21 de enero de 2015.

1.6 Correspondencia

Carta de Albert Einstein a Franklin D. Roosevelt. 2 de agosto de 1939.

Carta de John Edgar Hoover (Director F.B.I.) a Edwin M. Watson. 10 de diciembre de 1941.

Carta de James H. Rowe a Grace Tully. 2 de febrero de 1942.

Carta de Francis Biddle a Franklin D. Roosevelt. 17 de febrero de 1942.

Carta de Harley M. Kilgary a Franklin D. Roosevelt. 19 de febrero de 1942.

Carta de Adolph Gotlieb y Mark Rothko. 19 de junio de 1943.

Carta de John Stelle & Francis M. Sullivan a Edith Nourse Rogers. 19 de mayo de 1944.

Carta de Harry S. Truman a Eleanor Roosevelt. 21 de diciembre de 1945.

Carta del congresista Clyde Doyle a Edith Nourse Rogers. 26 de marzo de 1947.

Carta de Thomas J. Combs a Edith Nourse Rogers. 4 de septiembre de 1947.

Carta de Emily Allen a Edith Nourse Rogers. 3 de febrero de 1948.

Carta de Dwight D. Eisenhower a Harvey V. Highley. 8 de octubre de 1954.

1.7 Discursos

Discurso de Franklin D. Rossevelt. *Four Freedoms*. 1941. 6 de enero de 1941.

Discurso de Franklin D. Roosevelt ante el Congreso. 7 de diciembre de 1941.

Discurso de Harry S. Truman ante Sesión Conjunta del Congreso. 12 de marzo de 1947.

2. Fuentes Secundarias

2.1. Historia general de los Estados Unidos

Arroyo Vázquez, María Luz y Antonia Sagredo Santos. *Historia y Cultura de los Países de Habla Inglesa*. UNED, 2005.

—. *Los Estados Unidos en sus Documentos*. UNED, 2008

Baran, Paul & Paul Sweezy. *El capital monopolista*. Editores Siglo XXI, *1979.*

Boehm, Lisa K. *America's Urban History*. Routledge, 2014.

Bosh, Aurora. *Historia de Estados Unidos*. Crítica, *2005.*

Carnes, Mark C. & John A. Garraty. *The American Nation: A History of the United States*. Pearson, 2011.

Castleman, Harry & Walter J. Podrazik. *Watching TV: Four Decades of American Television*. McGraw-Hill Companies, 1982.

Cheney, Dick. *Exceptional: Why the Word Needs a Powerful America*. Threshold, 2015.

Cooke, Donald E. *Atlas of the Presidents*. Hammond Incorporated, 1977.

Cushman, Charles B. *An Introduction to the US Congress*. M.E. Sharpe, 2006.

Davidson, James W. *A Little History of the United States*. Yale University Press, 2015.

Degler, Carl N. *Out of Our Past: The Force that Shaped Modern America*. Harper, 1984.

Dewhirst, Robert E. *Encyclopedia of the United States Congress*. Facts on File, 2007.

Divine, Robert A. *America: Past and Present*. Pearson, 2012.

Engel, Jeffrey A. *America in the World*. Princeton University Press, 2014.

English, Ross M. *The United States Congress*. Manchester University Press, 2003.

Former, Eric. *Give Me Liberty! An American History*. W.W. Norton & Company, 2011.

Gerber, David A. *American Immigration: A Very Short Introduction*. Oxford University Press, 2011.

Gilbert, Martin. *The Routledge Atlas of American History*. Routledge, 2010.

Goldin, Claudia. "The Great Compression: Wage Structure in the United States at Mid Century". *Quarterly Journal of Economics* 107/2, febrero 1992, pp. 1-62.

Goldsmith, William. *The Growth of Presidential Power: A Documentary History*. Chelsea House, 1974.

Grant, Susan M. *A Concise History of the United States of America*. Cambridge University Press, 2012.

Gray, Edward G. *The Oxford Handbook of the American Revolution*. Oxford University Press, 2012.

Hamilton, Lee. *How Congress Works and Why You Should Care*. Indiana University Press, 2004.

Herring, George C. *The American Century and Beyond*. Oxford University Press, 2015.

Jenkins, Philip. *Breve Historia de Estados Unidos*. Historia Alianza Editorial, 2005.

Jezer, Marty. *The Dark Ages: Life in the US, 1945 – 1960*. South End Press, 1999.

Kazin, Michael. *The Concise Princeton Encyclopedia of American Political History*. Princeton University Press, 2011.

Kennedy, David M. *The American Pageant: A History of the Republic*. Houghton Mifflin, 2012.

—. *Freedom from Fear: The American People in Depression and War*. Oxford University Press, 1999.

Kirby Martin, James. *America and Its People: A Mosaic in the Making*. Pearson Longman, 2004.

Kluger, Richard. *How America Grew from Sea to Shining Sea*. Vintage, 2008.

McMaster, John B. *A Brief History of the United States*. Blackmask, 2002.

Morris, Richard B. *Encyclopedia of American History*. Harper & Row, 1995.

Newman, John J. *United States History*. Amsco School Publications, 2014.

Patterson, Clifford. *American Foreign Policy: A History*. D.C. Health, 1977.

Patterson, James T. *Grand Expectations, The United States, 1945 – 1974*. Oxford University Press, 1997.

Peters, G. & Wooley, J.T. *The American Presidency Project*, 2015.

Raymond, William. *The Glory and the Dream: A Narrative History of America*. Blackstone, 2013.

Rockoff, Hugh. "Price and Wage Controls in Wartime Periods". *Journal of Economic History* 41/2, junio 1981, pp. 381 – 401.

Russell, Thaddeus. *A Renegade History of the United States*. Free Press, 2011.

Sagredo Santos, Antonia & Mª Luz Arroyo Vázquez. *History and Culture of the United States*. UNED, 2007.

Samuelson, Robert J. *The Concise Encyclopedia of Economics*. Liberty Fund Inc., 2002.

Schwarz, Benjamin. "Estados Unidos y la Dirección del Mundo". Nueva Sociedad 198, marzo-abril 1997, pp. 84 – 97.

Schweikart, Larry & Dave Dougherty. *A Patriot's History of the Modern World*. Sentinel, 2012.

Shannon, David A. *Between the War: America 1919 – 1941*. Houghton Mifflin, 1965.

Slotten, Hugh R. *The Oxford Encyclopedia of the History of American Science, Medicine, and Technology*. Oxford University Press, 2014.

Smith, Andrew F. *The Oxford Companion to American food and drink*. Oxford University Press, 2007.

Stone, Oliver & Peter Kruznick. *La historia silenciada de Estados Unidos. La esfera de los libros, 2015.*

Taylor, Alan. Colonial America: A Very Short Introduction. Oxford University Press, 2012.

Tindall, George B.& David E. Shi. *America: A Narrative History*. Norton, 2007.

Trowbridge, David J. *A History of the United States*. Southern Author Press, 2012.

Whitfield, Stephen J. *A Companion to 20th-Century America*. Blackwell Publishing, 2007.

Williams, William A. *The Contours of American History*. Verso, 2011.

Zinn, Howard. *A People's History of the United States. Longman, 2003.*

2.2. Historia de Estados Unidos en los años cuarenta: la Segunda Guerra Mundial

Adams, Michael C. *The Best War Ever: America and World War II*. John Hopkins University Press, 1994.

Anderson, Karen. *Wartime Women: Sex Roles, Family Relations, and the Status of Women during World War II*. Greenwood Press, 1981.

Atkinson, Rick. *The Guns at Last Night: The War in Western Europe*. Picador, 2014.

Blum, John M. *V Was for Victory: Politics and American Culture during World War II*. Harcourt Bruce, 1976.

Bondi, Victor. *American Decades: 1940 – 1949*. A Manly Inc. Book, 1995.

Brinkley, Douglas. *The World War II*. Harper Collins, 2014.

Cantril, Hadley. "America Faces the War: A Study in Public Opinion". *Public Opinion Quarterly* 4/3, 1940, pp. 464 – 484.

Connery, Robert. *Industrial Mobilization in World War II*. Princeton University Press, 1951.

Dallas, Gregory. *The War that Never Ended*. Yale University Press, 2005.

Douglas, Ray M. *Orderly and Humane: The Expulsion of the Germans After the Second World War*. Yale University Press, 2012.

Dower, John. *Embracing Defeat: Japan in the Wake of World War II*. Norton, 2000.

Field, Alexander J. "The Most Technologically Progressive Decade of the Century". *American Economic Review* 93/4, septiembre 2003, pp. 1399 – 1413.

Forrest, Glen & Anthony Evans. *The Illustrated Timeline of Military History*. The Rosen Publishing Group, 2012.

Gilbert, Martin. *The Second World War: A Complete History*. Holt Paperbacks, 2014.

Gluck, Sherna B. *Rosie the Riveter Revisited: Women, the War and Social Change*. Twayne Publishers, 1987.

Harrison, Mark. *The Economics of World War II*. Cambridge University Press, 1998.

Higgs, Robert. "Wartime Prosperity? A Reassessment of the US Economy in the 1940s". *Journal of Economic History* 52/1, 1992, pp. 41 – 60.

Hillenbrand, Laura. *Unbroken: A World War II Story of Survival, Resilience and Redemption*. Random House, 2014.

Hooks, Gregory. *Forging the Military-Industrial Complex*. University of Illinois Press, 1991.

Janeway, Eliot. *The Struggle for Survival: A Chronicle of Economic Mobilization in World War II*. Yale University Press, 1951.

Klien, Maury. *A Call to Arms: Mobilizing America for World War II*. Bloomsbury Press, 2015.

Kryder, Daniel. *Divided Arsenal: Race and the American State during World War II*. Cambridge University Press, 2000.

Lame, Frederick. *Ships for Victory: A History of Ship building under the US Maritime Commission in World War II*. John Hopkins University Press, 2001.

Lichtenstein, Nelson. *Labor's War at Home: The CIO in World War II*. Cambridge University Press, 1992.

McMillan, James E. *Ernest W. McFarland: a biography*. The University of Arizona Press, 2006.

Milkman, Ruth. *Gender at Work: The Dynamics of Job Segregation by Sex during World War II*. University of Illinois Press, 1987.

Milward, Alan S. *War, Economy, and Society, 1939 – 1945*. University of California Press, 1979.

Nash, Gerald D. *The American West Transformed: The Impact of the Second World War*. University of Nebraska Press, 1985.

Overy, Richard. *How the Allies Won*. W.W. Norton, 1995.

Roberts, Mary L. *What Soldiers Do: Sex and the American GI in World War II*. University of Chicago Press, 2014.

Toll, Ian W. *The Conquering Tide: The War in the Pacific Islands, 1942 – 1944*. W.W. Norton & Company, 2015.

Vander, Jacob M. *Building the B – 29*. Smithsonian Institution Press, 1995.

2.3. La presidencia de Franklin D. Roosevelt

Asbell, Bernard. *The FDR Memoirs*. Doubleday & Company, 1973.

Badger, Anthony J. *The First Hundred Days*. Hill and Wang, 2008.

Buhite, Russell D. & David W. Levy. *FDR's Fireside Chats*. Penguin Books, 1993.

Burns, James M. *Roosevelt: The Lion and the Fox*. Harcourt Brace & Co., 1984.

Davis, Kenneth S. *FDR: The War President, 1940 – 1943*. Random House, 2000.

Evans, Hugh E. *The Hidden Campaign: FDR's Health and the 1944 Election*. Routledge, 2002.

Federer, William J. *The Faith of FDR*. Amerisearch Inc., 2006.

Fleming, Thomas. *The New Dealers' War: FDR and the War within World War II*. Basic Books, 2001.

Flyn, John T. *El mito de Roosevelt*. Mateu, 1962.

Folsom, Burton W. *New Deal or Raw Deal? How FDR's Economic Legacy Has Damaged America*. Threshold Editions, 2009.

Goldsmith, William M. *The Growth of Presidential Power: A Documentary History*. Chelsea House, 1974.

Gosnell, Harold F. *Franklin D. Roosevelt: Champion Campaigner*. The MacMillan Co., 1952.

Graham, Otis L. & Megham R. Wander. *Franklin D. Roosevelt: His Life and Times*. Da Capo Press, 1985.

Halasz, Nicholas. *Roosevelt through Foreign Eyes*. D. Van Nostrand Co., 1961.

Harness, Cheryl. *Franklin & Eleanor*. Dutton Juvenile, 2004.

Houck, Davis W. *FDR's Body Politics: The Rhetoric of Disability*. Texas A & M University Press, 2003.

Hunt, Gabriel J. *The Essential Franklin D. Roosevelt*. Portland House, 1996.

Klein, Jonas. *Beloved Island: Franklin & Eleanor and the Legacy of Campobello*. Paul S. Eriksson, 2000.

Larrabee, Eric. *Commander in Chief: Franklin Delano Roosevelt, His Lieutenants, and Their War*. Naval Institute Press, 2004.

Leuchtenburg, William E. *Franklin D. Roosevelt and the New Deal*. Harper & Row Publishers, 1963.

Maney, Patrick J. *The Roosevelt Presence: The Life and Legacy of FDR*. University of California Press, 1992.

Perkins, Frances. *The Roosevelt I Knew*. The Viking Press, 1946.

Robinson, Edgar E. *They Voted for Roosevelt: The Presidential Vote, 1932 – 1944*. Octogon Books, 1970.

Rosenbaum, Herbert. *FDR, the Man, the Myth, the Era, 1882 – 1945*. Greenwood Press, 1987.

Rosenman, Samuel I. *Working with Roosevelt*. Harper & Brothers Publishers, 1952.

Ryan, Halford R. *Franklin D. Roosevelt: Rhetorical Presidency*. Greenwood Press, 1988.

Sargent, James E. *Roosevelt, and the Hundred Days*. Garland Publishing Inc., 1981.

Savage, Sean J. *Roosevelt the Party Leader, 1932 – 1945*. The University Press of Kentucky, 1991.

Schlesinger, Arthur M. *The Age of Roosevelt: The Crisis of the Old Order*. Houghton Mifflin Co., 1957.

Simpson, Michael. *Franklin D. Roosevelt*. Basil Blackwell, 1989.

Swift, Will. *The Roosevelts and the Royals: Franklin and Eleanor, the King, and Queen of England, and the Friendship That Changed History*. Wiley, 2004.

Winik, Jay. *1944: FDR and the year that changed history*. Simon & Schuster, 2015.

2.4. La presidencia de Harry S. Truman

Acheson, Dean. *Affection and Trust: The Personal Correspondence of Harry S. Truman*. Knopf, 2010.

Benson, Michael T. *Harry S. Truman, and the Founding of Israel*. Praeger, 1997.

Bernstein, Barton J. *Politics of the Truman's Administration*. Quadrangle Books, 1980.

—. *La Administración de Truman: Una historia educativa*. Harper Collins, 1966.

Burnes, Brian. *Harry S. Truman: His Life and Times*. Kansas City Star Books, 2003.

Carlin, J. *Truman Diaries Press Conference*. Archives Digital Public Library of America. 2003.

Cochran, Bert. *Harry Truman and the Crisis Presidency*. Funk & Wagnall, 1973.

Donovan, Robert J. *Conflicts and Crisis: The Presidency of Harry S. Truman, 1945 – 1948*. Norton, 1977.

—. *Tumultuous Years: The Presidency of Harry S. Truman, 1949 – 1953*. W.W. Norton, 1982.

Ferrell, Robert H. *The Autobiography of Harry S. Truman*. University of Missouri Press, 2002.

—. *Harry S. Truman: A Life*. University of Missouri Press, 1996.

—. *Off the Records: The private documents of Harry S. Truman*. New York. 1980.

Gallen, David. *The Quotable Harry Truman*. Carroll & Graf Publishers, 1994.

Goldsmith, William. *The Growth of Presidential Power: A Documentary History*. Chelsea House, 1974.

Gosnell, Harry F. *Truman's Crises: A Political Biography of Harry S. Truman*. Greenwood Press, 1980.

Keyes, Ralph. *The Wit and Wisdom of Harry Truman*. Garmercy, 1999.

Hamby, Alonzo L. *Man of the People: A Life of Harry S. Truman*. Oxford University Press, 1995.

Hogan, Michael J. *A Cross of Iron: Harry S Truman and the Origins of the National Security State, 1945 – 1954*. Cambridge University Press, 2001.

McGillough, David. *Truman*. Simon & Schuster, 1992.

Miller, Merle. *An Oral Biography of Harry S. Truman*. Berkley Publishing Corporation, 1974.

Neal, Steve & Robert V. Remini. *Miracle of '48: Harry Truman's Major Campaign Speeches & Selected Whistle-Stops*. Southern Illinois University Press, 2003.

Poen, Monte M. *Letters Home by Harry Truman*. Missouri: University of Missouri Press, 2003.

Reicher, Harry. *The Post-Holocaust World and President Harry S. Truman*. University of Pennsylvania Law School, 2002.

Spalding, Elizabeth E. *The First Cold Warrior: Harry Truman, Containment, and the Remaking of Liberal Internationalism*. The University Press of Kentucky, 2006.

Truman, Harry S. *Memoirs*. Doubleday & Company, 1955.

Weber, Ralph E. *Talking with Harry: Candid Conversations with President Harry S. Truman*. Rowman & Littlefield Publishers, 2001.

2.5. *Los veteranos en los Estados Unidos*

Altschuler, Glen C. *The GI Bill: A new deal for veterans*. Oxford University Press, 2009.

Batten, Dayne D. "The GI Bill, Higher Education and American Society". *Grove City College Journal of Law & Public Policy*, vol. 21, 2011, pp. 13 – 30.

Bennett, Michael J. *When dreams come true: The GI Bill and the making of modern America*. Brasseys, 1996.

Berger, Mark C. & Barry T. Hirsch. "The Civilian Earnings Experience of Vietnam-Era Veterans". *The Journal of Human Resources* no. 18, 1983, pp. 455 – 479.

Bigelow, Brandon L. "The Impact of the GI Bill on Legal Education". *The Boston College Law School*, 1959.

Bronstein, Scott. "A Fatal Wait: Veterans languish and die on a VA hospital's secret list". *CNN News*, 30 de mayo de 2014.

Cahn, Frederic. *Federal Employees in War and Peace*. The Brookings Institution, 1949.

Carter, Julie. "Where Veterans Day Began". *VFW Magazine*, noviembre 2003, pp. 110 – 121.

Conrad, Peter R. "The Servicemen's Readjustment Act of 1944: The History, People, and Effects on Minorities". *Southern Illinois University Carbondale*, 5, 2005, pp. 1 – 29.

Dulles, Foster R. *The American Red Cross: A History*. Harper & Brothers, 1950.

Elliott, Robert H. "The Fairness of Veterans' Preference in a Merit System". *Public Personnel Management*, no. 15, 1986, pp. 311 – 323.

Feller, Ben. "President Bush Signs the GI Bill". *ABC News*, 1 de agosto de 2008.

Gilba, Patrick. *The American Red Cross*. Chelsea House, 1987.

Greenberg, Milton. *The GI Bill: The law that changed America*. Lickle Publishing, 1997.

Griffin, Drew. "Obama vows action on any VA misconduct". *BBC News*, 30 de mayo de 2014.

Herbold, Hilary. "Never a Level Playing Field: Blacks and the GI Bill". *The Journal of Blacks in Higher Education* 6, 1994, pp. 104 – 108.

Himes, Frank T. "Helping the Veteran to Find His Place in Post-War America". *The American City*, 60, 1945.

Humes, Edward. *Over Here: How the GI Bill Transformed the American Dream*. Harcourt Brace, 2006.

—. *When Dreams Come True*. Potomac Books Inc., 1999.

Hurd, Charles. *The Compact History of the American Red Cross*. Hawthorn Books, 1969.

Johnson, Howard. "The Negro Veteran Fights for Freedom". *Political Affairs* 26, 1947, pp. 1 – 13.

Kammener, Gladys. *Impact of War on Federal Personnel Administration*. University of Kentucky Press, 1951.

—. "The Veterans' Administration in Transition". *Public Administration Review* 8/2, (1948), pp. 103 – 109.

Kathleen, Frydl. *The GI Bill*. Cambridge University Press, 2009.

Keane, Jennifer. *Doughboys, the Great War, and the Remaking of America*. John Hopkins University Press, 2001.

Krueger, Alan B. "The Determinants of Queues for Federal Jobs". *Industrial and Labor Relations Review*, no. 41, 1988.

Lashbrook, Lora D. "Analysis of the GI Bill of Rights". *Notre Dame Law Review* 20/2, 2014, pp. 121 – 133.

Lewis, Gregory B. *The Impact of Veterans' Preference on the Composition and Quality of the Civil Service*. Georgia State University, 2013.

—. "Who Pays for Veterans' Preference?". *Administration and Society* 16, 1984, pp. 328 – 345.

Lim, Steven. "The Effects of Veterans' Reemployment Rights, Veterans Preference Laws in the World War II Period". *Hofstra Labor and Employment Law Journal* 2/2, 1985, pp. 300 – 354.

Mettler, Suzanne. "The Creation of the GI Bill of Rights of 1944". *Journal of Policy History* 345, 2005, pp. 345 – 374.

Moulton, Brent R. "A Reexamination of the Federal-Private Wage Differential in the United States". *Journal of Labor Economics* 8, 1990, pp. 270 – 293.

Nam, Charles. "Impact of the GI Bill on the Educational Level of the Male Population". *Social Forces* 26, 1964, pp. 26 – 32.

Oakes, John W. "How The Servicemen's Readjustment Act of 1944 Impacted Women's Career Opportunities". *Visual Culture & Gender* 1, 2006, pp. 23 – 31.

Olson, Keith. *The GI Bill, the Veterans, and the Colleges*. University Press of Kentucky, 1974.

—. "The GI Bill and Higher Education". *American Quarterly* 25, 1973, pp. 596 – 610.

Ortiz, Stephen R. *Beyond the Bonus March and the GI Bill*. New York University Press, 2010.

Peterson, Carl R. *Avoidance and Evasion of Military Service: An American History*. International Scholars Publications, 1997.

Pratt, George K. *Soldier to Civilian: Problems of Readjustment*. Whittlesey House, 1994.

Ramos, Henry A. *American GI Forum*. Arte Publico Press, 1998.

Rawl, Michael J. *President Bush and the Veterans of America*. Publish America, 2006.

Ross, David B. *Preparing for Ulysses: Politics and Veterans during World War II*. Columbia University Press, 1969.

Simon. P. A GI Bill for Today. *The Review*, 31 octubre de 2020.

Smith, Sharon P. *Pay Differential between Federal Government and Private Sector Workers*. Industrial and Labor Relations Review, 1976.

Snedden, David. *Problems of Educational Readjustment*. Houghton Mifflin, 1973.

The Watson Institute for International Studies. *Costs of War*. Brown University Press, 2011.

Thomas, Karen. *The GI Bill: The Law that Changed America*. PBS Video, 1997.

Turner, Sarah. "The Effects of the GI Bill and World War II on the Educational Outcomes of Black Americans". *The Journal of Economics History* 63, (2003), pp. 145 – 177.

—. "Going to War and Going to College". *Journal of Labor Economics* 784, 2002, pp. 1 – 50.

Van Ells, Mark D. *To Hear Only Thunder again: America's World War II Veterans Come Home*. Lexington Books, 2001.

Vaughn, Robert G. "Preferences in Public Employment". *Principles of Civil Service Law*, 1976.

"Veterans Secretary Eric Shinseki resigns after report". *BBC News, 31 de mayo de 2014*.

Waller, Willard. *The Veteran Comes Back*. Dryden, 1944.

—. *On the family, education, and war: selected writings*. University of Chicago Press.

2.6. Metodología de la investigación

Delgado García. G. Conceptos y metodología de la investigación histórica. *Revista Cubana de Salud Pública,* 36(1), 9-18, 2010.

Grajales Guerra, T. *La metodología de la investigación histórica: una crisis comparada. Enfoques,* XIV (1), 5-21, 2002.

3. Páginas web

BACM Research Papers. Paperless Archives. https://downloads.paperlessarchives. com/

US Army Center of Military History. https://www.history.army.mil/.

U.S. Bureau of Labor Statistics. http://www.bls.gov/archives/empsit_10052.012.

"US Government Track Votes. 78th Congress". GovTrack.US. http://www.govtrack. us/congress/votes/78-1944/s1767.

"US Government Track Votes. 82nd Congress". GovTrack.US. http://www.govtrack. us/congress/votes/82-1952/h152.

Margaret C. Harrel y Nancy Berglass. "Perdiendo la batalla: el desafío del suicidio entre militares". Infonews. http://www.infonews.com.

The American Presidency Project. http://www.presidency.ucsb.edu.

Times News Weekly. http://www.timesnewsweekly.com.

REFERENCIAS DE LAS TABLAS Y FIGURAS

Tabla 1.

Elaboración propia a partir del artículo de Louis Johnston & Samuel H. Williamson. "The Annual Real and Nominal GDP for the United States, 1789 – Present". Economic History Services, marzo de 2004.

Tabla 2.

Fuente: Elaboración propia de los datos extraídos de Alan S. Milward. War, Economy, and Society, 1939 – 1945. Berkeley: University of California Press, 1979, p. 86.

Tabla 3.

Fuente: Bureau of Labor Statistics. Employment Status of the Civilian Population, 1940 to date. Washington: US Government Printing Office, 2008.

Tabla 4.

Gerald D. Nash. The American West Transformed: The Impact of the Second World War. Lincoln: University of Nebraska Press, 1985.

Tabla 5.

Air Force History Support Office. "Army Air Forces Aircraft: A Definitive Moment". US Air Force, Washington, 1993, p. 61.

Tabla 6.

Louis Johnston & Samuel H. Williamson. "The Annual Real and Nominal GDP for the United States, 1789 – Present". Economic History Services, marzo de 2004, p. 94.

Tabla 7.

Elaboración propia con los datos obtenidos de la página oficial de la House Committee on Veterans' Affairs.

Tabla 8.

Elaboración propia con los datos obtenidos de la página oficial de la Senate Committee on Veterans' Affairs.

Tabla 9, 10, 11, 12, 13, 14, 15, 16, 17, 18, 19, 20, 21, 22, 23, 24, 25, 26, 27, 28, 29, 30, 31, 32, 33, 34, 35, 36, 37, 38, 39, 40, 41, 42, 43, 44, 45, 46 y 48.

Elaboración propia.

Tabla 47.

Elaboración propia a partir de los datos obtenidos de *Veterans Administration. Veterans Benefits under Current Educational Programs.* Washington DC, 28.

Figura 1.

"To pass S. 1767, the Serviceman's Readjustment Act of 1944". GovTrack.US. https://www.govtrack.us/congress/votes/78-1944/h120.

Figura 2.

"To suspend the rules and pass H.R. 4115"

https://www.govtrack.us/congress/votes/78-1944/h116.

Figura 3.

"HR. 7656. provide vocational readjustment and restore lost educational opportunities". GovTrack.US. https://www.govtrack.us/congress/votes/82-1952/h152.